HIPPIAS MINEUR
HIPPIAS MAJEUR

Paru dans Le Livre de Poche :

ALCIBIADE
APOLOGIE DE SOCRATE / CITRON / PHÉDON
LE BANQUET
GORGIAS
MÉNON
PHÈDRE
PROTAGORAS
LA RÉPUBLIQUE

Collection dirigée par Jean-François Balaudé

PLATON

Hippias mineur
Hippias majeur

TRADUCTION, INTRODUCTION, NOTES ET INDEX
PAR JEAN-FRANÇOIS BALAUDÉ

LE LIVRE DE POCHE

Jean-François Balaudé, ancien élève de l'École normale supérieure et agrégé de philosophie, est professeur de philosophie à l'Université de Paris-Ouest Nanterre-La Défense, et directeur de l'UFR Phillia. Ses travaux portent principalement sur la philosophie ancienne (il a également traduit Épicure et Diogène Laërce pour Le Livre de Poche) et la philosophie morale. Il dirige la collection « Classiques de la philosophie » au Livre de Poche.

ISBN : 978-2-253-08107-4 – 1re publication LGF

Pour Camille et Aliénor,
belles jeunes filles chères à Hippias.

Les deux *Hippias* de Platon – Préambule*

De la supériorité du menteur intentionnel sur le menteur involontaire, à la beauté du singe et à celle de la marmite mises en balance avec la beauté de la jeune fille, les deux *Hippias* ne laissent pas de dérouter, en paraissant soutenir des paradoxes extrêmes et de surprenantes incongruités. Est-ce la raison principale ? Faut-il également invoquer la personnalité d'Hippias, toujours mentionné par les historiens parmi les grands sophistes, mais guère étudié pour lui-même ? Quoi qu'il en soit, les deux dialogues se sont vus, dans le passé des interprétations modernes, malmener tour à tour, qu'on ait attaqué ou négligé leur contenu, ou que l'on ait même contesté leur authenticité [1]. Les raisons

---

* Je remercie avec gratitude, pour leur lecture et leurs précieuses remarques, Catherine Treilhou-Balaudé et Anissa Castel-Bouchouchi.

1. Le plus malmené à ce point de vue a été l'*Hippias majeur*, depuis Ast (*Platons Leben und Schriften*, Leipzig, 1816, p. 457-462), dont la position a fait florès. Mais le même Ast mettait également en question l'authenticité de l'*Hippias mineur*, précédé en cela quelques années auparavant par Schleiermacher (*Platons Werke. Uebersetzung mit Einleitungen*, t. 1, vol. 2, 1809, rééd. *in* Schleiermacher, *Über die Philosophie Platons*, Hambourg, 1996). Aujourd'hui, l'*Hippias mineur* est très généralement reconnu

invoquées à l'encontre de chacun d'eux sont distinctes, mais elles se ramènent assez clairement au constat de l'aspect atypique offert par l'un et l'autre dialogues, dans lesquels les historiens ne retrouvaient pas les traits de la philosophie platonicienne, voire socratique, qu'ils avaient, s'appuyant sur certains dialogues, définis au préalable. C'est ainsi que l'*Hippias mineur* semble à peu près inverser les rôles attendus de Socrate et d'Hippias, en montrant un Socrate sophiste et immoral faire l'apologie du mensonge et du mal, face à un Hippias défenseur de la bonne moralité, sans jamais se soucier de définir une vertu ou une valeur quelconque. C'est ainsi également que l'*Hippias majeur* semble présenter des traits parfaitement hybrides, tirant du côté des dialogues socratiques (dialogue réfutatif et aporétique), mais aussi du côté des dialogues de la maturité (recherche d'une Forme essentielle, cause de ce qui est). Il va sans dire que cette approche normative, regorgeant de préjugés sur ce qu'est « réellement » la philosophie socratico-platonicienne, est aujourd'hui passée de saison. Comment en effet prétendre reconstituer sérieusement la philosophie platonicienne, en décidant d'éliminer par avance certains dialogues gênants, que pourtant la tradition antique a constamment tenus pour authentiques [1] ? C'est nécessairement en partant des

---

comme authentique, l'*Hippias majeur* plus souvent contesté (cf. ainsi, récemment, Ch. Kahn, *Plato and the Socratic Dialogue. The philosophical use of a literary form*, Cambridge, 1996).

1. Les deux *Hippias* ouvrent la septième tétralogie dans le catalogue de Thrasylle, où ils voisinent avec l'*Ion* et le *Ménexène*. Cf. Diogène Laërce, *Vies et doctrines des philosophes illustres*, III, 62, sur les dialogues considérés comme inauthentiques dans l'Antiquité.

textes, et sans gommer leurs aspérités et points de résistance, leurs « anomalies », que l'on peut espérer approcher, dans toute sa richesse et sa dimension créative, la démarche platonicienne. Rappeler ce principe ne revient pas toutefois à dire que les questions d'interprétation sont *ipso facto* inexistantes ; le caractère assez atypique de ces dialogues demeure, et il est particulièrement intéressant d'essayer d'en rendre compte, afin d'enrichir, ou de nuancer, certaines appréciations portées sur les positions soutenues par Platon, dans son propre dialogue créatif avec le maître sans doctrine, Socrate, au cours de la première période de son œuvre.

S'agissant des *Hippias*, toutefois, la difficulté de l'interprète est redoublée : non seulement chacun des dialogues pris à part présente un caractère atypique, mais de plus ils constituent un couple de dialogues offrant à Socrate un même interlocuteur principal, le personnage d'Hippias, qui prête de ce fait son nom aux deux dialogues. Cela paraît d'autant plus curieux qu'Hippias n'est généralement pas tenu pour le plus intéressant, ou encore le plus consistant, des anciens sophistes. Comment ne pas être amené à supposer que l'un des deux, à défaut des deux, est inauthentique ? La question de la double éponymie, qui n'a pas excessivement troublé les interprètes de l'un ou l'autre dialogue, est pourtant sérieuse : selon quelle nécessité, unique, Platon aurait-il écrit deux *Hippias*, et placé à deux reprises Hippias face à Socrate, pour aborder de fait des questions totalement différentes, tout en faisant ressortir en gros les mêmes traits du personnage[1] ?

---

1. Cela est en fait à nuancer : les descriptions d'Hippias dans l'un et l'autre dialogues coïncident ou se complètent, mais l'Hip-

On pourrait opposer à cette remarque le cas des deux *Alcibiade* ; mais le second est pour le coup, et de l'avis général, manifestement apocryphe. Supposons donc, pour ne pas tomber dans la solution facile de l'inauthenticité partielle, que Platon a bien écrit deux *Hippias* : pourquoi cette réitération ? Plus précisément, étant donné que, par ses caractéristiques formelles et son contenu doctrinal, l'*Hippias mineur* semble indubitablement avoir été conçu avant l'*Hippias majeur*, pourquoi Platon a-t-il écrit un second *Hippias*, après en avoir composé un premier ?

On peut envisager deux types de réponse, dont l'un tient à la figure même d'Hippias, et l'autre, plus hypothétique, laisse imaginer l'interférence d'une polémique née entre Platon et certains autres contemporains, notamment Antisthène, disciple de Socrate (mais proche aussi de certains sophistes), le précurseur du mouvement cynique.

Le prestigieux et flamboyant Hippias d'Élis

Hippias lui-même, pour commencer. Il a été souvent moqué, en raison précisément de la caricature dont il fait l'objet dans les *Hippias*. Mais il y a à l'évidence à faire la part du jeu, et du parti pris comique adopté par Platon. La dérision qui s'abat sur Hippias est à la hauteur du lustre et du prestige public du personnage, que sa renommée soit apparue dès les années 420 (il était jeune, étant né autour de 450[1]), ou un peu plus

pias de l'*Hippias majeur* est plus « engagé », au risque de passer pour borné, tandis que l'Hippias de l'*Hippias mineur* défend une position traditionnelle, et passablement ordinaire.

1. Untersteiner (1993, p. 101, et n. 3, p. 105-106) proposait

tard. Que l'on se souvienne en tout cas du tableau des sophistes rassemblés dans la maison de Callias au début du *Protagoras* ; Hippias y est dépeint (non sans une forte ironie, évidemment, dont est empreint tout le passage), trônant en majesté :

> « Et après lui, comme dit Homère, je vis aussi... » Hippias d'Élis, assis dans la partie opposée du vestibule sur un siège élevé. Autour de lui se tenaient assis sur des bancs, Éryximaque, fils d'Acoumène, Phèdre de Myrrhinonte et Andron, fils d'Andron, et des étrangers, parmi lesquels des concitoyens d'Élis ; ils interrogeaient Hippias sur la nature et sur le ciel, en posant des questions d'astronomie, et lui, du haut de son siège, tranchait et dissertait, pour chacun d'entre eux, des questions posées [1].

De fait, Hippias est considéré par Platon comme un sophiste. Il est en tout cas ce que l'on pourrait décrire comme un intellectuel de renom, à défaut d'être un philosophe, selon les critères que l'historiographie a fixés [2].

---

conjecturalement la date de 443 ; s'il était plus âgé, ce n'était de toute façon pas de beaucoup (cf. *infra*, p. 55-56).

1. *Protagoras*, 315b-c, trad. Trédé-Demont (Le Livre de Poche, 1993). **2**. Disant cela, j'use de deux catégories anachroniques, celle d'intellectuel bien sûr, mais aussi celle de philosophe. Car l'adjectif *philosophos* existe avant Platon et de son temps, avec un sens moins déterminé que celui qu'il lui assigne, et le substantif *philosophia* ne devient véritablement définitionnel qu'à l'époque de Platon précisément, et largement de son fait, par différence avec ce qui sera désigné génériquement comme « sophistique » (mais un Isocrate s'attache aussi fortement à fonder cette distinction, avec d'autres critères ; cf. *infra*, p. 34-35). Dans la perspective platonicienne, une polémique telle que celle qu'illustrent les deux *Hippias*,

Il enseigne de nombreuses disciplines, et se fait chèrement payer pour cela, comme y fait allusion Socrate dans l'*Apologie de Socrate* (19e), où il l'associe aux figures de Gorgias et de Prodicos, et comme l'*Hippias majeur* en particulier se plaît à l'évoquer. Or, Platon a beau plaisanter à ce propos, dans l'*Hippias mineur* en particulier, il est certain qu'Hippias illustre un idéal de savoir encyclopédique impressionnant, et véritablement remarquable. Ne serait-ce pas justement parce que la conception du savoir que défend Hippias est un enjeu, que Platon s'en prend si fortement à lui ? Mais alors, pourquoi une telle charge, répétée ? On pourrait après tout imaginer que Platon ait reconnu un certain intérêt à l'entreprise encyclopédique d'Hippias.

Voyons justement les mérites qui lui sont attribués, et sur lesquels Platon tout spécialement nous informe : d'après l'*Hippias mineur*, il excelle dans la rhétorique et l'exégèse littéraire, mais aussi dans le calcul, la géométrie, l'astronomie, et encore dans la poésie, la

---

loin de reposer sur l'opposition philosophie-sophistique, contribue au contraire à la fonder. Socrate, prototype du philosophe platonicien, face au rhéteur-sophiste maître en effets langagiers creux, apparaît comme celui qui analyse (= *Hippias mineur*), et qui va finalement s'acheminer vers la recherche de l'essence (= *Hippias majeur*). La critique hippiasienne ne voit, elle, dans la démarche socratico-platonicienne, que morcellement du discours, et recherche d'abstractions vides. Si l'on s'accorde pour dire que le philosophe consacre son activité de recherche à la question de l'être et de la connaissance fondamentale, alors une figure telle que celle d'Hippias, dont les activités couvrent un champ sensiblement plus large et diversifié, devrait être qualifiée autrement, par exemple d'« intellectuel », si l'on veut s'affranchir de la charge dévalorisante que comporte le terme de sophistique. Cf., sur philosophie et sophistique, *infra*, p. 27-35.

musique, la grammaire, la mnémotechnie (368c-d) ; dans l'*Hippias majeur*, il assume (sans toutefois le revendiquer lui-même [1]) le titre de sophiste (281d), et cela signifie, d'après l'énumération que propose Socrate dans ce dialogue (285b-286a), qu'il est maître dans l'art rhétorique, mais aussi dans l'astronomie, la géométrie, l'arithmétique, la grammaire, les généalogies et l'histoire, enfin dans la mnémonique, et ce que l'on pourrait désigner comme les questions éthiques, même si le concept n'est pas encore forgé [2] ; enfin, l'on aura garde d'oublier ce passage du *Protagoras*, où l'énumération par Protagoras de l'enseignement que délivrent certains sophistes de l'arithmétique, l'astronomie, la géométrie et la musique, est clairement présentée comme une allusion défavorable et expresse à Hippias (318e). Le fait est que Platon a valorisé plusieurs de ces disciplines, et il y aurait quelque raison de supposer un intérêt de sa part pour les recherches d'Hippias.

Et puis, il y a ce que Platon ne mentionne pas, ces travaux d'Hippias auxquels il est vraisemblablement redevable. Nous savons en effet qu'Hippias a sans doute été le premier auteur à recueillir systématique-

---

1. Cf., à ce propos, *infra*, p. 27-28. **2.** De surcroît, un des points forts de l'enseignement hippiasien concerne la justice. Dans l'optique de l'opposition entre nature et convention, Hippias soutenait la supériorité de la nature, supposée constituer le fondement de toute norme (cf. Balaudé, 1996, p. 49-55). Platon fait allusion à cela dans le *Protagoras* (337c-338b), lorsque Hippias en appelle, contre la loi, à la nature qui fonde la véritable amitié. On lira également dans cette perspective le substantiel dialogue entre Socrate et Hippias sur la question de la justice dans Xénophon, *Mémorables*, IV, IV, 5-25.

ment des opinions de poètes anciens et d'auteurs rassemblés aujourd'hui sous le titre de présocratiques, et il est ainsi le précurseur des écrits du genre doxographique, dont les écoles philosophiques de l'Antiquité feront un large usage. Un passage de Clément d'Alexandrie, qui cite le début d'un ouvrage d'Hippias, qui pourrait être la *Sunagôgè*, le *Recueil*[1], laisse entrevoir le type d'enquête auquel ce dernier s'était livré :

> Parmi ces sujets, c'est à égalité que certains ont été traités par Orphée, et d'autres par Musée, en peu de mots et dans des manières différentes, certains par Hésiode, certains par Homère, d'autres par les autres poètes, dans des écrits soit grecs, soit barbares[2]. Et pour ma part, j'ai rassemblé d'entre tous ces écrits les passages les plus importants et apparentés, pour en faire le discours que voici, nouveau et multiforme[3].

Il ne fait pas de doute que Platon, et aussi bien Aristote, connaissaient ces travaux, et s'en sont inspirés[4]. Un autre passage, de Diogène Laërce cette fois,

1. Le titre est mentionné par Athénée (cf. B 4 DK). Cf. Kerferd, 1999, p. 96-97 ; Rankin, 1983, p. 57. **2**. Affirmation remarquable, qui dénote une ouverture d'esprit exceptionnelle, et bat en brèche l'idée reçue selon laquelle les Grecs n'avaient aucun intérêt pour les langues barbares (même si Hippias est un cas isolé). Voir Guthrie, 1971, p. 283, n. 3. **3**. Clément d'Alexandrie, *Stromates*, VI, 15, 1 (= 86 B 6 DK) ; je traduis. Cf. aussi 86 B 7, B 9, B 12 DK. **4**. Cf. Snell, 1944, et Classen, 1965, qui repèrent des réminiscences platoniciennes d'Hippias, dans le *Cratyle* (402b) et le *Banquet* (178a), et maintenant Patzer, 1986, concernant le *Théétète* (152e) ; cf. encore, sur cette question, Mansfeld, 1986 et 1999, p. 26-27. Cf. enfin Untersteiner, 1948 et 1993, p. 103-105 ; dans

semble d'ailleurs nettement suggérer qu'Aristote s'était directement appuyé sur Hippias pour reconstituer la théorie de Thalès selon laquelle les êtres inanimés aussi étaient pourvus d'une âme : « Mais Aristote et Hippias disent qu'il attribuait des âmes même aux êtres inanimés, prenant comme indice la pierre magnétique et l'ambre [1]. »

Quels sont, dans ces conditions, les griefs de Platon à l'encontre d'Hippias ? Après tout, son propre programme éducatif, tel qu'il s'esquisse dans la *République* (musique, arithmétique, géométrie, stéréométrie, astronomie, précédant l'acquisition de la dialectique), n'est pas loin de frayer les mêmes voies que celles d'Hippias ; et comme on l'a dit, on peut légitimement supposer que Platon a tiré profit des recueils d'opinions d'Hippias, auxquels diverses allusions sont faites, dans l'*Hippias majeur* en particulier. Mais voilà, Platon a les plus grandes préventions contre la rhétorique sophistique, et contre l'idéal, qu'il juge vain et dangereux, de polymathie, cette prétention à l'omnicompétence que la personne et l'enseignement d'Hippias cristallisent. Et le fait est que Platon voit cette rhétorique, telle qu'elle est illustrée par Hippias, comme un art de ne pas traiter réellement, voire pas du tout, les problèmes : ils ne le sont qu'en surface, car le savoir encyclopédique d'Hippias repose sur un principe de pure et simple accumulation

---

l'article de 1948, M. Untersteiner soutient que la polémique philosophique de la Lettre VII de Platon est lancée contre Hippias.

1. Diogène Laërce, *Vies et doctrines des philosophes illustres*, I, 24, trad. R. Goulet (86 B 7 DK). De fait, Aristote expose succinctement la théorie en question au début du *De anima*, 405a19-21.

de connaissances de toutes sortes, que la maîtrise de l'art mnémonique encourage, et sur une ridicule prétention à l'autarcie, caricaturée par le fait qu'Hippias se vantait d'être allé à Olympie en ayant fabriqué tout ce qu'il portait sur lui-même (cf. *Hippias mineur*, 368b-c). Hippias ne semble-t-il pas modifier ses positions en permanence, comme cela ressort tout au long de l'*Hippias majeur*, ne se vantait-il pas de tenter « de dire en permanence quelque chose de nouveau » (cf. Xénophon, *Mémorables*, IV, IV, 6) ? Bref, le savoir d'Hippias est un savoir superficiel, radicalement incapable d'analyse et de critique. En un sens, d'ailleurs, Hippias revendique cela : comme il en fait lui-même le reproche à Socrate à la fin de l'*Hippias majeur* (301b-c), ce dernier est incapable de voir la continuité et l'unité des choses, qui procèdent de la nature ; il se complaît au contraire dans « les rognures de discours ». On peut imaginer qu'un tel discours, séduisant parce qu'il autorisait des investigations variées et curieuses, qu'il tissait des liens entre divers sujets, et laissait espérer l'acquisition de la « culture » à ses auditeurs, recueillait un franc succès. De surcroît, Hippias semble avoir défendu une théorie ontologique soutenant et organisant ses recherches, qui s'appuie sur la notion de nature (*phusis*) contrastée avec celle de loi ou de convention (*nomos*), et amenait à se représenter l'idée d'une continuité naturelle de la réalité [1], corrélée à un véritable nominalisme, clairement présent en filigrane tout au long de l'*Hippias majeur* [2].

---

1. Qu'il appelle l'*ousia* ; cf. *Hippias majeur*, 301b. **2**. Cf. *infra*, Introduction à l'*Hippias mineur*, et Introduction à l'*Hippias majeur*. Cf. Dupréel, 1948 ; Untersteiner, 1993, p. 113-131 ; pour un point de vue réservé sur la question, cf. par exemple Rankin, 1983, p. 54-55.

L'enseignement polymathe d'Hippias, prétendant couvrir le champ de la parole et de la connaissance, représentait ainsi un danger réel pour la future discipline philosophique que Platon commençait à méditer, non moins que l'enseignement d'un Isocrate [1]. Cela permet de comprendre pourquoi ce dernier a voulu mettre à nu le personnage tant vanté d'Hippias, dénoncer son prestige, montrer le vide de son enseignement boursouflé. Ainsi, dans l'*Hippias mineur*, Platon fait apparaître comment ce vaste savoir qui met en avant la notion de « caractère » (*tropos*) cache en fait une conception très ordinaire et peu réfléchie de la moralité – et c'est par contraste l'occasion de mettre en évidence la thèse socratique de la prééminence du savoir dans le domaine moral. Dans l'*Hippias majeur*, écrit un peu plus tard, il fait apparaître, à un niveau spéculatif supérieur, que le savoir naturaliste d'Hippias s'avère incapable d'accéder à une conception sérieuse de l'universel – et c'est ainsi l'occasion de montrer comment la démarche socratique fait déboucher sur la recherche d'une forme primitive, au fondement de toute valeur, appelée ici « le beau ».

Derrière Hippias, Antisthène ?

Tentons maintenant d'esquisser l'hypothèse, pure conjecture, susceptible néanmoins de fournir un argument supplémentaire en faveur de l'existence de ce doublon constitué par les deux *Hippias*, et à même d'enrichir notre représentation de l'arrière-plan polémique du

---

1. On peut le supposer indirectement touché par l'attaque de Platon. Cf. en tout cas *infra*, p. 34-35, à propos du rhéteur Isocrate et de son opposition à Platon.

dialogue. Je précise que cette hypothèse n'est nullement à mes yeux la clé de lecture essentielle de chacun de ces dialogues ; elle permet seulement de donner sens à l'existence de *deux Hippias*, et ajoute un relief supplémentaire à certains de leurs aspects doctrinaux, ni plus ni moins.

Comme on le vérifiera, l'*Hippias mineur* est un dialogue élenctique, autrement dit un dialogue de mise à l'épreuve critique, à visée non définitionnelle [1] ; il semble faire toucher à un fond proprement socratique, l'entretien n'ayant pas spécifiquement pour visée une définition, mais au moins la remise en question d'opinions acquises. Or, il semble bien que les traits offerts là par Socrate, les arguments et les thèmes qu'il développe, soient peu platoniquement déterminés, si je puis dire, et donc fortement socratiques ; de fait, on n'est pas sans remarquer l'éloge appuyé d'Ulysse, contre Achille, qui rappelle avec insistance la valorisation analogue d'Ulysse opérée par Antisthène, autour de plusieurs œuvres s'appuyant directement sur Homère. C'est ainsi qu'il avait écrit un *Ajax*, mais aussi un *Ulysse*, que nous avons conservés [2]. Par ailleurs, dans un extrait que nous devons à Porphyre, l'on voit Antisthène opposer, en un dialogue fictif portant sur Ulysse, deux voix, l'une fort ressemblante à celle d'Hippias, tandis que l'autre soutient la position de l'auteur (soit Antisthène se mettait lui-même en scène, soit il utilisait la figure de Socrate, comme Platon). Le passage se présente ainsi :

1. Cf. *infra*, p. 42. **2**. Cf. Decleva Caizzi, 1966, Giannantoni, 1990, II, p. 137-225 pour les fragments, et IV, n. 26, p. 257-264, pour l'analyse des œuvres ; pour la traduction et le commentaire, Goulet-Cazé, 1992, ainsi que Romeyer-Dherbey, 1991.

– Homère, selon Antisthène, ne loue pas plus qu'il ne blâme Ulysse, lorsqu'il le qualifie de roué [*polutropos*].

– Pourtant, il n'a pas présenté Agamemnon et Ajax comme « roués », mais comme authentiques et généreux ; et le sage Nestor, par Zeus, il ne lui a pas prêté un tempérament rusé et versatile, mais il en a fait un compagnon sincère d'Agamemnon et de tous les autres, qui donnait, lorsqu'il en avait, de bons conseils à l'armée, bien loin de les dissimuler. Et Achille était si peu enclin à admettre un tel caractère [*tropos*], qu'il estimait aussi détestable que la mort

« celui qui recèle une chose dans son cœur, et en avoue une autre ».

Antisthène ajoute : – Eh quoi donc ? Ulysse est-il donc méchant pour avoir été qualifié de « roué » [*polutropos*], et n'est-ce pas, au contraire, parce qu'il est habile [*sophos*], qu'on l'a surnommé ainsi ? Car il n'est nullement exact que *tropos* signifie tantôt le tempérament moral [*èthos*], et tantôt signifie l'usage du discours. Car il est d'un bon caractère [*eutropos*] l'homme dont le tempérament est tourné vers le bien, et les tours du discours sont des configurations de telle ou telle sorte. Et il [Homère] se sert de *tropos* pour désigner la voix et les variations mélodiques, comme à propos du rossignol

« qui souvent changeant le tour de son chant répand un son aux tons multiples »[1].

---

1. Porphyre, *schol. ad Od.* α 1 (= fr. 51 Decleva Caizzi = *SSR*, V A 187, p. 391-392 Giannantoni).

Ce riche développement mériterait de longs commentaires[1]. Pour nous en tenir à l'essentiel, on voit clairement comment Antisthène mettait en évidence l'intérêt et l'importance de la *polutropia* ulysséenne, renversant une position dont la similitude avec celle exprimée par Hippias dans l'*Hippias mineur* est frappante. Pour Antisthène, être *polutropos*, c'est être *sophos*, car l'habileté à parler, à user de tropes du langage, est une manifestation du *tropos*-caractère. On comprend donc qu'il y a une quasi-réversibilité entre *eutropos* et *polutropos*. Bref, de là à penser qu'une certaine consonance existe entre les thèses du Socrate de l'*Hippias mineur* et les thèses (socratiques ou d'inspiration socratique) soutenues par Antisthène, il n'y a qu'un pas, qu'il est peut-être hasardeux d'effectuer trop vite, mais qu'il est tentant d'esquisser. De fait, pour le Socrate de l'*Hippias mineur* comme pour Antisthène, Ulysse, en tant que *polutropos*, manifeste une compétence, un savoir et une habileté (il est donc *sophos*), bien plus évidemment qu'Achille (ou Ajax), qui symbolise plutôt la bravoure, sous la forme de la force brute et peu réfléchie. Socrate fait voir que le savoir s'accompagne d'une capacité (*dunamis*), comme le montre la fin de l'*Hippias mineur*, et cette association n'est pas sans rappeler également la position d'Antisthène, pour lequel la sagesse (*phronèsis*) doit s'allier à la force, l'*ischus*.

Bien entendu, on ne doit pas occulter le fait qu'il y a, entre la position d'Antisthène et celle du Socrate de

---

1. Voir pour cela Patzer, 1970, p. 168-190 ; Brancacci, 1990, p. 45-60, qui étudie l'essentiel de ce passage sous l'aspect de la rectitude des noms ; Kahn, 1996, p. 122-124.

l'*Hippias mineur*, des différences, et l'on pourrait même supposer que s'est instauré entre Antisthène et Platon un jeu de démarquage [1]. Si une rivalité est déjà présente, et si un différend théorique a commencé à s'exprimer, il ne faut pourtant pas les surévaluer au point de ne plus apercevoir ce qui, pour commencer, rapproche fondamentalement les deux démarches. En effet, Platon s'oppose à la *même* position qu'Antisthène, et l'un et l'autre valorisent de la *même* façon la figure d'Ulysse, et sa *polutropia.* L'interprétation de cette dernière, il est vrai, n'est pas identique selon Platon et selon Antisthène : Platon ramène le faux à une capacité (*dunamis*), qui est la même que celle qui produit le vrai ; voilà pourquoi Ulysse, face à Hippias, se trouve valorisé. En revanche, Antisthène donne sa préférence au héros homérique dans une perspective sensiblement distincte : c'est que, par sa *polutropia,* Ulysse sait tenir des discours différents, discours adaptés aux circonstances. Cela n'implique donc pas qu'Ulysse dise faux, bien au contraire. En effet, Antisthène s'était fermement opposé, semble-t-il, à l'idée qu'il soit possible de dire faux [2]. Et, de fait, il s'agit clairement là d'un point de discorde majeur avec Platon, qui fera un sort définitif et grandiose à cette thèse dans le *Sophiste*, en même temps qu'il réformait l'ontologie issue de Parménide [3]. Mais l'important reste ici de

1. Cf. à ce propos Brancacci, 1990, p. 48-55, et en particulier 51-52 ; également Kahn, 1996, p. 121-124. **2**. L'exorde de l'*Hélène* d'Isocrate permet de le soutenir ; cf. Brancacci, 1990, p. 255-262. **3**. Le sophiste existe, mais comment est-il possible ? Comment comprendre son art aux multiples facettes ? L'art de la controverse et de l'antilogie, avec sa prétention à l'universalité, suppose une capacité à l'imitation, laquelle implique, lorsque l'imi-

souligner les éléments globalement convergents, qui ramènent assez manifestement en direction de Socrate. Même si ce dernier a marqué une grande défiance envers les finasseries des exégètes d'Homère, il a dû avancer à certains moments sur ce terrain, et adopter à l'occasion certaines positions paradoxales et littéralement renversantes, comme celle de la supériorité d'Ulysse. Quant à savoir lequel des deux, entre Platon et Antisthène, était le plus proche de la position de Socrate, si ce dernier admettait effectivement la possibilité du mensonge, c'est là assurément un problème à peu près insoluble. Mais après tout, aussi bien Antisthène que Platon pouvaient souscrire à l'idée qu'il n'y a pas *en réalité* de mensonge volontaire, ce qui revient à dégager un consensus socratique minimum [1].

Ainsi, un certain nombre de détails laissent imaginer que Platon, au moment où il écrit l'*Hippias mineur*, se trouve encore dans le relatif consensus socratique que je viens d'évoquer – et cela donne à penser qu'il a bien existé, un certain temps, une sorte de front commun des auditeurs de Socrate, soutenu sur la base de ce que ce dernier avait été conduit à argumenter.

La chose peut pourtant sembler relativement étonnante, quand on connaît la rivalité entre les deux hommes, que se plaisent à rappeler les biographes anciens. Qu'en penser ? Il faut d'abord noter que

---

tation n'est pas conforme à l'original (*phantastikè*), de reconnaître l'existence du faux – partant, celle d'un relatif non-être.

1. Solution de Platon : celui qui peut mentir à volonté en réalité ne le veut pas ; solution d'Antisthène : ou l'on dit quelque chose, et l'on dit vrai, ou l'on dit quelque chose d'inapproprié (*allotrion*), et en fait ce n'est pas que l'on ment, mais on ne dit rien. Sur cette position d'Antisthène, cf. Brancacci, 1990, p. 256-257.

l'hostilité entre eux s'est, selon la tradition, cristallisée autour de la question de la contradiction, et de la théorie platonicienne des Formes, à laquelle Antisthène se serait ouvertement et ironiquement opposé (preuve s'il en est que la théorie n'est pas d'origine socratique...). Il n'est dès lors pas aberrant de penser qu'à un moment la rivalité a pris la forme d'une polémique ouverte, lorsque Platon a soutenu, contre Antisthène en particulier, la possibilité de la contradiction, dans l'*Euthydème*[1], et a « intensifié » la recherche de l'essence (orientée par la question *ti esti* : « qu'est-ce que ? »), avançant *en direction* de la théorie de l'*ousia-eidos* – cette essence-forme qui acquerra finalement le statut de Forme dans le *Phédon* –, tandis qu'Antisthène adoptait des positions diamétralement opposées, soutenant l'impossibilité de la contradiction[2], et refusant, dans une posture nominaliste, d'admettre l'existence d'universels (la question *ti esti*, « qu'est-ce que ? », se résout en *poion ti esti*, « de quelle sorte est-ce ? », et c'est là l'objet de l'*oikeios logos*, le

1. Cf. *Euthydème*, 285e-287a en particulier. Mais la réfutation porte aussi expressément sur Protagoras, qui soutenait également la thèse de l'impossibilité de contredire (286c). Dans son affrontement avec Antisthène, on comprend bien que Platon ait eu la conviction d'avoir finalement affaire à quelqu'un qui relevait de la sophistique plutôt que de la philosophie. On note toutefois que la thèse de Protagoras se concilie chez lui avec une pratique de l'*antilogia*, au nom d'une relativité des discours étrangère à Antisthène (cf. *Sophiste*, 232d-e : c'est la liaison antilogie-apparence qui va conduire à saisir à bras-le-corps la question du non-être – ce repaire du sophiste).

2. Ou l'on dit ce qui est, selon le discours approprié (*oikeios*), ou l'on passe à côté, et dans ce cas le discours *allotrios* n'est même pas corrélé au discours approprié ; il est tout autre chose ; cf. Brancacci, 1990, p. 249-255, et spécialement 250-251.

« discours approprié »[1]). Grâce à Diogène Laërce, nous disposons d'ailleurs de quelques anecdotes, qui permettent de cerner ce tournant dans les relations Platon-Antisthène. Ainsi : « On raconte qu'Antisthène, qui allait donner lecture de ses écrits, invita Platon à assister à la lecture. Et, comme Platon lui demandait sur quoi allait porter la lecture, Antisthène répondit que ce serait sur l'impossibilité de porter la contradiction. Alors, Platon s'exclama : "Comment donc peux-tu écrire précisément là-dessus ?" Comme Platon lui montrait qu'il se réfutait lui-même, Antisthène écrivit un dialogue qu'il intitula *Sathon*. À partir de ce moment-là, ils furent constamment brouillés l'un avec l'autre[2]. » La thèse de l'impossibilité de la contradiction s'accompagne en fait d'attendus anti-platoniciens, puisqu'elle s'articule au refus de tout universel, et à la promotion du discours approprié (*oikeios logos*), qui convient singulièrement à une chose, et une seule[3].

Le rapport avec les deux *Hippias*, dès lors ? Le point troublant est que, tandis que l'*Hippias mineur* met en

---

1. Cf. Brancacci, 1990, p. 228-249. **2**. Diogène Laërce, *Vies*..., III, 35 (trad. L. Brisson). *Sathon* est une déformation polémique – et grossière – du nom de Platon (*sathè* désigne le sexe mâle ; peut être dit *sathôn* quelqu'un qui a un beau membre ; « bien membré » pourrait rendre l'adjectif ; mais ici, l'intention grossière du titre, visant à ridiculiser Platon, pourrait peut-être correspondre à quelque chose comme « couillon »). Sur le *Sathon* d'Antisthène et la polémique anti-platonicienne, cf. Brancacci, 1990, chap. 6. **3**. C'est le principe du *hen eph'henos*, « un pour un », c'est-à-dire un discours correspondant à une chose (cf. Aristote, *Métaphysique*, (Δ 29, 1024b26-1025a1, et Brancacci, 1990, p. 241-243).

scène un *sokratikos logos*, dans lequel est soutenue, comme le fait aussi Antisthène, la thèse de la supériorité d'Ulysse (bien que les raisons alléguées, encore une fois, soient différentes), dans l'*Hippias majeur* s'amorce une argumentation en faveur des formes, même si leur statut n'est pas encore défini [1], qui fait de ce dialogue un moment ou encore un témoin du cheminement qui conduit à la formulation de l'hypothèse des Formes dans le *Phédon*. Ainsi, il contient déjà (ou reflète) tous les ingrédients de l'affrontement théorique *de fond* avec Antisthène. En contrepartie, Platon dénonce dans le personnage d'Hippias une position qui tente de faire précisément l'économie des essences-formes, soit une position de style nominaliste assez facilement assimilable, dans une perspective polémique, à la position antisthénienne [2]. Autrement dit, quand l'*Hippias mineur* apparaissait en somme assez proche d'Antisthène, quoique déjà sur le mode de l'émulation, l'*Hippias majeur* présente quant à lui des implications anti-antisthéniennes

1. On se gardera donc de les hypostasier d'une quelconque manière ; cf. *infra*. **2**. Sans doute déformée. Le problème de Platon n'est évidemment pas de rendre justice à la position d'un adversaire, mais de montrer à quoi reviennent un certain nombre de positions concurrentes de la sienne. Qu'un Hippias ne veuille même pas envisager la définition d'une essence, ou qu'un Antisthène ne reconnaisse que la définition d'un « de quelle sorte c'est » (*poion ti esti*), plutôt que d'un « ce que c'est » (*ti esti*), cela revient à tourner le dos à la délimitation de l'essence, qui est au fond pour Platon l'enjeu majeur. Pour l'élucidation de la position d'Antisthène sur ce point, cf. Brancacci, 1990, chap. 7, qui explicite la définition rapportée par Diogène Laërce : « Le premier, il [Antisthène] définit le *logos*, en disant : “Le *logos* est ce qui dévoile ce qui était ou qui est” » (*Vies*..., VI, 3 ; cf. Brancacci, 1990, p. 199-204 ; cf. également Goulet-Cazé, 1999, n. 1, p. 769).

nettes. Voilà donc qui peut nous aider à rendre raison de l'existence de deux *Hippias* : derrière Hippias, c'est peut-être aussi une confrontation avec Antisthène qui est en jeu, un Antisthène qui est devenu ouvertement un rival ; et s'il faut interpréter le redoublement que constituent les deux dialogues, je serais tenté de dire, à la lumière du rapprochement avec Antisthène, que Platon en vient désormais à montrer dans l'*Hippias majeur* comment la position si faible, si superficielle, d'Hippias est en connivence avec celle d'Antisthène, ainsi présenté comme l'indigne héritier de Socrate, choisissant de fait le camp de la sophistique [1]. Mais je dis bien « peut-être *aussi* », car il ne s'agit pas de suggérer qu'Hippias n'est qu'un prétexte, étant donné les raisons invoquées pour commencer : disons même qu'il constitue à n'en pas douter la cible principale de Platon, sans toutefois représenter – il me semble vraisemblable de le soutenir sous cette forme – la cible unique [2].

1. Rappelons qu'en réalité Antisthène s'opposait à la démarche rhétorique et encyclopédique, caractéristique d'Hippias ; cf. à ce propos Brancacci, 1990, p. 92, n. 19. **2**. Antisthène et Hippias avaient sensiblement le même âge (les dates du premier sont 445 ou 442-365 av. J.-C. ; Hippias est, quant à lui, né vers 450), et ils se sont bien connus. D'après Xénophon, Antisthène avait introduit Callias auprès d'Hippias pour qu'il apprenne de ce dernier la mnémotechnique, et il était aussi en relation avec Prodicos (cf. *Banquet*, IV, 62). Enfin, la *Vie d'Antisthène* de Diogène Laërce (*Vies*..., VI, 1) indique clairement qu'Antisthène avait au départ beaucoup fréquenté Gorgias. Cf. encore Diogène Laërce, *Vies*..., IX, 53, extrait de la *Vie de Protagoras* : « Il [Protagoras] fut le premier à lancer la forme socratique des arguments ; et il fut le premier à proposer l'argument d'Antisthène, qui essaie de démontrer qu'il n'est pas possible de contredire, comme le dit Platon dans l'*Euthydème* » (trad. J. Brunschwig).

Platon, la philosophie et les sophistes : petite mise au point historique et terminologique

Les considérations qui précèdent resteraient incomplètes si l'on n'y ajoutait un éclaircissement touchant la question générale des sophistes et de la sophistique. Il est en effet banal d'épouser le point de vue platonicien à ce propos : l'attitude se défend pour qui s'installe dans la perspective de la philosophie platonicienne, mais elle interdit en même temps de porter un regard exact sur la question historique de la sophistique et de l'émergence de la discipline philosophique.

Si l'on examine la chose avec attention, l'on s'aperçoit qu'il n'est jamais question de sophiste et de sophistique dans l'*Hippias mineur*. Hippias ne revendique pas le titre, et Socrate ne mentionne pas le terme ; il parle seulement des « savants » (*sophoi*), dont Hippias est un représentant. Dans l'*Hippias majeur* en revanche, l'art sophistique est évoqué par Socrate, qui l'attribue à Hippias ; ce dernier se contente de donner son assentiment sans revendiquer particulièrement le terme, comme peut le faire au contraire Protagoras dans le *Protagoras*. On peut s'étonner de la discrétion du motif sophistique dans les *Hippias*. Le fait qu'Hippias ne se présente à aucun moment lui-même comme sophiste peut être tenu pour significatif, car, contrairement à l'idée répandue qui voit dans la sophistique du Ve siècle une profession dûment définie, le terme générique de « sophistique » ressemble fort à une création historiographique. Certes, on note que, dans le *Protagoras*, Protagoras revendique le titre de sophiste (316c-317c), mais dans le même passage il montre bien aussi qu'il cherche à promouvoir le titre et la discipline, prétendant que beaucoup ont pratiqué cet art avant lui, sans oser s'en réclamer. L'illusion rétrospective est alors de s'imaginer que tous ceux que nous classons dans le courant sophistique s'identifiaient eux-mêmes ainsi, qu'ils aient dissimulé ou revendiqué le titre. De fait, nous voyons aujourd'hui Gorgias comme un sophiste, quand lui-même se présentait bien plutôt comme un rhéteur [1]. Supposons toutefois qu'il y ait eu des sophistes conscients de l'être, et que certains l'aient dissimulé, ou l'aient tu : quelles sont alors les caractéristiques communes à ces « sophistes » ? Platon, qui s'est efforcé de les produire dans le *Sophiste*, parce qu'il avait postulé lui-même l'existence d'une essence du sophiste, a éprouvé ces difficultés, et n'est parvenu à une réduction qu'en faisant du sophiste l'autre du philosophe, et en lui attribuant les traits du contrefacteur, du falsificateur [2]. On peut estimer peu satisfaisante cette solution platonicienne : cela revenait en effet à retourner en argument à charge la pluralité des apparences des sophistes, ainsi que leur relative contiguïté avec les philosophes (entendons en fait : les platoniciens), traduite en négativité intéressée, voire malintentionnée. Platon parvenait de la sorte à valider sa version de l'histoire intellectuelle de la Grèce dans la deuxième moitié du Ve siècle av. J.-C. : un essaim de sophistes corrompus par l'attrait de l'argent, et face à eux un homme pur et

---

1. À en croire du moins Platon ; cf. *Gorgias*, 449a. Le *Gorgias* laisse d'ailleurs apercevoir l'hostilité que provoquaient les sophistes chez les partisans de Gorgias ; cf. *infra*, p. 31.
2. Mais n'était-ce pas le postulat de départ, à savoir que le philosophe et le sophiste sont différents ? Cf. en ce sens *Sophiste*, 217a-b.

miraculeux, Socrate, donnant naissance à la philosophie. L'histoire est belle, à ceci près que Platon, trop épris de vérité pour être entièrement malhonnête, ne dissimulait pas entièrement la complexité du problème, et évoquait notamment, à propos de sa sixième définition du *Sophiste*, une « noble sophistique » s'exerçant à la réfutation (l'*elenchos*), dont les traits semblaient devoir beaucoup à Socrate lui-même [1]. Certes, le sophiste est vraisemblablement dans la contrefaçon lorsqu'il pratique la purification de l'âme par l'*elenchos*, mais ne faut-il pas supposer, comme Platon semble bien à cet endroit en convenir, qu'une certaine indistinction initiale associe des pratiques élenctiques de même apparence, celles menées par Socrate et ses proches, celles menées par d'autres ? Cela revient à dire qu'il devait aussi se trouver, dans la sophistique, une certaine contiguïté avec le souci du bien et de la vertu, et qu'en dénonçant le sophiste mercenaire, trafiquant, Platon voulait avant tout dénoncer le dévoiement d'une certaine pratique du discours, à laquelle Socrate, toujours lui, avait donné ses lettres de noblesse. Il faut d'ailleurs rappeler que l'on trouve dans l'œuvre platonicienne plusieurs occurrences du terme « sophiste » qui sont dépourvues de toute connotation négative [2].

---

1. *Sophiste*, 230a-231c. **2**. Faut-il rappeler que la divine Diotime, dans le *Banquet*, qualifie Éros de sophiste, en un contexte où il est également décrit comme philosophant : « son père lui a valu d'être toujours à l'affût du beau et du bien, courageux, entreprenant, ardent, redoutable chasseur, toujours à tendre d'autres pièges, passionné d'inventions, fertile en expédients ; d'être enfin toujours philosophant, un sorcier, un magicien, et un sophiste redoutables » (203d, trad. Jaccottet, Le Livre de Poche) ? Cf. aussi *Cratyle*, 403e, qualifiant de « sophiste » le dieu bienfaiteur, dit Plouton, et *Répu-*

En fait, si l'on s'écarte de l'interprétation que Platon a progressivement construite et imposée de la sophistique, l'on est amené à nuancer le propos, et à en donner une appréciation historique sensiblement différente. Rappelons tout d'abord que le terme *sophistès* existait avant de servir à désigner ceux que nous appelons les sophistes. Composé sur *sophos*, avec le suffixe *-istès*, il diffère peu par le sens de ce dernier terme, lequel lui-même n'a pas au départ la valeur philosophique que Platon, encore, lui conférera. L'usage de *sophos*, avant le « nœud » socratico-platonicien, est relativement trivial, et renvoie largement au statut de l'expert, c'est-à-dire de celui qui est habile dans un domaine donné, « qui s'y connaît ». C'est de l'application de ces termes, *sophos* et *sophistès*, aux poètes, qu'est venu leur emploi pour désigner ces nouveaux experts dans la parole que furent les rhéteurs, dont Gorgias est le prototype. Du reste, Socrate parle volontiers pour sa part de *sophoi*, pour désigner ceux qui seront finalement baptisés du nom de « sophistes ». Mais le passage de l'usage adjectif à l'usage absolu a dû se faire progressivement, et pas nécessairement sur le mode d'une revendication (il y a même de bonnes raisons de penser que l'évaluation négative de la sophistique était assez courante à l'époque de Platon, car lesdits sophistes ont été autant appréciés par certains qu'ils ont été vilipendés par d'autres [1]). C'est

---

blique, X, 596d, désignant le dieu, artisan de toutes choses, de cette façon (avec une certaine ironie, toutefois ; que le dieu produise effectivement toutes choses, y compris les réalités artificielles, n'est pas démontré, seulement posé).

1. Voir à ce propos Kerferd, 1999, p. 68-69. Une raison double peut être mise en avant : ils se livrent à un commerce peu digne

ainsi, je l'ai déjà signalé, que Gorgias et ses partisans, dans le *Gorgias,* sont loin de se placer sous le signe de la sophistique (au contraire ! que l'on songe à la virulence de Calliclès qui, en réponse aux questions de Socrate sur les sophistes coupables d'incohérence, s'exclame : « mais pourquoi me parles-tu d'hommes dénués de toute valeur ? » 520a) ; la rhétorique, comme Gorgias accepte de nommer son art, « le plus beau de tous », dit Polos (*Gorgias*, 448c), est pour eux un élément d'identification à part entière [1]. En revanche, Protagoras dans le *Protagoras* définit pour sa part son art comme sophistique, en assumant le risque que comporte la revendication publique du terme (preuve qu'une partie de l'opinion publique était bien hostile à ceux qui endossaient ce titre) [2]. De ce point de vue, Hippias apparaît,

d'un homme libre ; ils sont capables de faire acquérir la vertu ou l'apparence de vertu à n'importe qui, pourvu qu'on les paie.

1. Il n'est évidemment pas jusqu'à la catégorie de « rhétorique », qui n'ait elle-même un acte de naissance et qu'il ne faille manipuler avec précaution. Plusieurs spécialistes ont en effet récemment soutenu l'idée que Platon avait largement contribué à forger la notion même (dans le *Gorgias* précisément), alors que les premiers rhéteurs, antérieurement, désignaient plutôt leur art comme un art du *logos*, avec une valeur évidemment moins restrictive accordée à la notion de *logos* que ce ne fut le cas ensuite (cf. E. Schiappa, *The Beginnings of Rhetorical Theory in Classical Greece*, New Haven, 1999 ; L. Pernot, *La Rhétorique dans l'Antiquité*, Paris, Le Livre de Poche, 2000, p. 38-41 ; cf. encore T. Cole, *The Origins of Rhetoric in Ancient Greece*, Baltimore, 1991).

2. Tout le *Protagoras* est articulé autour de l'exploration de l'art sophistique, dont les principaux représentants sont présents dans la maison de Callias, décor du dialogue. Hippocrate veut recevoir l'enseignement de « Protagoras le sophiste », mais, signe de l'ambivalence du terme même, le jeune homme désire à la fois devenir sophiste et reconnaît qu'il aurait honte d'être désigné de ce titre (312a).

d'après les *Hippias*, nettement en retrait, acceptant que son art soit décrit comme sophistique, sans revendiquer – par habileté ? – la dénomination. Bref, pour convergentes que semblent être les activités des sophistes, il est difficile d'avancer l'existence d'un véritable « isolat » sophistique, autrement dit d'un groupe s'identifiant professionnellement comme sophistique, et se reconnaissant dans une méthodologie, et des objectifs, communs et unifiés. Que l'on songe précisément à la déclaration critique de Protagoras, tournée explicitement contre Hippias, dans le *Protagoras* : « Si Hippocrate vient me trouver, il n'aura pas à supporter ce que la fréquentation d'un autre sophiste l'aurait conduit à supporter. Car ils assomment les jeunes au moment où ils viennent juste d'échapper aux arts et aux sciences, ils les y plongent à nouveau contre leur gré, en leur enseignant calcul, astronomie, géométrie et musique – et tout en disant cela il jetait un regard vers Hippias » (318d-e, trad. Trédé-Demont). Elle laisse bien entendre que, hormis le fait d'enseigner, peu de choses rapprochaient les différents sophistes[1]. Il n'y a donc, en réalité, que

1. Pour une réflexion approfondie et équilibrée sur ce point, cf. Kerferd, 1999, p. 82-87. Ce dernier interprète un peu différemment le passage en question, suggérant que Protagoras veut se démarquer d'un type d'enseignement assez complet et répandu, dont Hippias serait le représentant le plus remarquable. Il montre que Protagoras lui-même, selon les témoignages dont nous disposons, touchait à un enseignement des choses divines et humaines. Protagoras voudrait donc mettre en évidence sa propre supériorité, découlant de l'approfondissement dont il était capable, contrasté avec la superficialité de la polymathie hippiasienne. Quoi qu'il en soit, tout cela confirme que les divers sophistes définissaient à leur guise leur enseignement, composant entre l'attente d'une formation rhétorique, vraisemblablement la base de leurs revenus principaux, et

des individualités sophistiques, pas d'école. Le sophiste fait des conférences, ou donne des cours privés, tous payants. Il n'y a pas de formation et de recherche en commun, et pas davantage de consensus entre les sophistes sur les matières d'enseignement.

Pour achever de saisir l'indétermination initiale de catégories devenues pour nous indiscutables, on pourrait à rebours s'appuyer sur un certain nombre de passages, à commencer par le début de l'*Hippias mineur*, pour faire observer que le nom par lequel Platon nous a appris à isoler sa propre démarche de recherche et d'enseignement, à savoir « philosophie », n'était certainement pas, au départ, sa propriété indiscutée [1], mais connaissait des emplois non platoniciens, et même, selon nos propres catégories historiographiques, des emplois rhétoriques et sophistiques [2]. Ainsi, au tout début de l'*Hippias mineur,* Eudicos évoque la réunion en petit comité,

---

des intérêts intellectuels, qui pouvaient alimenter une formation longue, dispensée à des élèves fortunés.

1. Moins encore celle de Socrate, qui n'a vraisemblablement pas utilisé le substantif. **2.** L'adjectif (éventuellement substantivé) *philosophos* ainsi que le verbe *philosophein* sont apparus avant Platon, et Socrate les a certainement utilisés. En revanche, le substantif abstrait *philosophia* correspond à l'intention de fonder une discipline, ce qui n'était certes pas l'ambition de Socrate, mais assurément celle de Platon, et sans doute des autres socratiques, ainsi que d'autres intellectuels, rhéteurs ou sophistes – nous savons en particulier qu'Isocrate la revendique hautement (cf. Malingrey, 1961, p. 42-46). Voilà donc précisément le point : il y a eu, en même temps que Platon, d'autres « prétendants » au titre. Le propos de Platon est ainsi d'authentifier sa démarche, et de discréditer celle des autres. Le critère de la rémunération va dans ce contexte devenir essentiel pour faire valoir la supériorité d'une démarche parfaitement désintéressée.

autour d'Hippias, de personnes qui « s'adonnent à la philosophie » ; or, à l'exception de Socrate, tous sont des zélateurs d'Hippias, lequel ensuite ne fait guère montre de véritables qualités philosophiques tout au long du dialogue, c'est le moins que l'on puisse dire. Cet emploi de *philosophia* appliqué à un sophiste-rhéteur et à ses auditeurs ne doit pas trop surprendre. On voit en effet Antiphon parler, dans son ouvrage *Sur la concorde*, de « sentences brillantes et philosophes » (B 44a DK), tandis que Gorgias, dans l'*Éloge d'Hélène*, évoque pour sa part « les combats de paroles philosophes » (§ 13 = B 11, 13 DK). Comment ne pas voir que les paroles « philosophes » selon Antiphon et Gorgias sont avant tout des paroles persuasives ? Nous sommes là à l'opposé de la position platonicienne. Mais comment ne pas ajouter enfin, à titre de référence majeure, et anti-socratique, la *philosophia* selon le rhéteur Isocrate ? Celle-ci est définie par opposition à toutes les pratiques éristiques et sophistiques du langage, parmi lesquelles Isocrate compte – on ne saurait trop y insister – les pratiques socratiques. Or, lui-même s'inscrit dans l'héritage d'un Gorgias [1]... Il suffit ainsi de se déplacer d'un pas du côté d'Isocrate, figure intellectuelle célèbre, que salue d'ailleurs Platon dans le *Phèdre* (même si c'est avec ironie), pour obtenir une tout autre répartition, la vraie philosophie étant alors celle délivrée par la rhétorique (mais pas

1. Enfin, *last but not least*, Isocrate aurait épousé la fille d'Hippias, Rathanè, à moins que celle-ci n'ait été sa veuve – les interprétations du texte-source divergent... Bien qu'il soit délicat d'exploiter ce fait rapporté, il n'est évidemment pas dénué d'intérêt pour notre réflexion (cf. Untersteiner, 1993, p. 102 et 107, n. 21 ; Narcy, 1994, p. 755).

seulement, Isocrate ne veut pas être réduit à un statut de technicien), qui conduit à une vraie éducation et culture (*paideusis*), tandis qu'en face se trouvent les sophistes (contemporains d'Isocrate) et les philosophes feints, un groupe qui conjoint de fait sophistes et socratiques. Cette fois, en nous plaçant du point de vue d'Isocrate, nous découvrons une apologie de la vraie philosophie, fondée sur la rhétorique et la culture, et visant un bien pratique, opposée aux pratiques et enseignements de tous les autres prétendants, y compris Platon.

L'on perçoit par conséquent la complexité de la question du couple philosophie-sophistique : s'agissant des *Hippias*, nous observons la confrontation de Platon, par le truchement de Socrate, avec Hippias, qui est présenté comme *sophos*, puis comme représentant de l'art sophistique, sans que l'intéressé revendique lui-même l'un de ces qualificatifs. Hippias se contente pour sa part de vanter son éminence, son omnicompétence, qui semble aux yeux de l'un de ses zélateurs, Eudicos, nourrir l'aspiration à la *philosophia*. Si ces dits et non-dits ont une valeur précise – ce que dans le cas de Platon on doit toujours considérer –, il ressort alors que le but de Platon, dans les deux dialogues, mais selon des angles d'attaque bien différents, est de tester la valeur des savoirs revendiqués par Hippias, et avant tout leur capacité réflexive, et donc de voir en quoi il y va d'une véritable *sophia* (en termes socratiques) ou à tout le moins d'une réelle *philosophia* (en termes platoniciens). La conclusion négative va alors repousser Hippias dans la catégorie, en cours d'élaboration, de la sophistique.

Éléments bibliographiques

Pour Hippias et la doxographie

BALAUDÉ J.-F. (1996), *Les Théories de la justice dans l'Antiquité*, Paris, Nathan [chap. 1. 3 « Les Sophistes »].

CLASSEN C. J. (1965), « Bemerkungen zu zwei griechischen Philosophiehistorikern », *Philologus*, 109, p. 175-181.

DUPRÉEL E. (1948), *Les Sophistes. Protagoras, Gorgias, Prodicos, Hippias*, Neuchâtel.

GUTHRIE W. K. C. (1971), *The Sophists*, Cambridge.

KERFERD G. Br. (1999), *Le Mouvement sophistique*, trad. fr. de *The Sophistic Movement* (Cambridge, 1981) par A. Tordesillas et D. Bigou, Paris, Vrin.

MANSFELD J. (1986), « Aristotle, Plato and the preplatonic doxography and chronography », *in* G. Cambiano (éd.), *Storiografia e dossografia nella filosofia antica*, Turin, p. 1-59.

–, (1999), « Sources », in *The Cambridge Companion to Early Greek Philosophy*, A. A. Long (éd.), Cambridge, p. 22-44.

NARCY M. (1994), « Hippias d'Élis », in *Dictionnaire des philosophes antiques* (sous la dir. de R. Goulet), vol. II, Paris, éd. du CNRS, p. 755-759.

PATZER A. (1986), *Der Sophist Hippias als Philosophiehistoriker*, Munich.

SNELL B. (1944), « Die Nachrichten über die Lehren des Thales und die Anfänge der griechischen Philosophie- und Literaturgeschichte », *Philologus*, 96, p. 170-182.

Untersteiner M. (1948), « Polemica contro Ippia nella settima epistola di Platone », *Rivista di storia della filosofia*, n° 3, p. 101-119.
–, (1993), *Les Sophistes*, tome 2, trad. fr. de *I Sofisti* (Milan, 1967²) par A. Tordesillas, Paris, Vrin [chap. XIV et XV sur Hippias].

Pour Antisthène

Brancacci A. (1990), Oikeios logos. *La filosofia del linguaggio di Antistene*, Naples.
–, (1993), « Antisthène et la tradition anti-platonicienne », dans *Contre Platon, I. Le platonisme dévoilé*, Paris, Vrin, p. 31-51.
–, (1997), « Filosofia e paideia in Antistene », dans *Lezioni socratiche*, Naples, p. 153-177.
Decleva Caizzi F. (1966), *Antisthenis Fragmenta*, Milan.
–, (1996), « Antisthène », in *Le Savoir grec*, J. Brunschwig et G. Lloyd éd., Paris, Flammarion, p. 582-588.
Giannantoni G. (1990), *Socratis Socraticorumque Fragmenta*, I-IV, Naples.
Goulet-Cazé M.-O. (1989), « Antisthène » A 211, in *Dictionnaire des philosophes antiques* (sous la dir. de R. Goulet), vol. I, Paris, éd. du CNRS, p. 243-253.
–, (1992), « L'*Ajax* et l'*Ulysse* d'Antisthène », in *Sophiès maiètores, « Chercheurs de sagesse ». Hommage à Jean Pépin*, Paris, Institut d'études augustiniennes, p. 5-36.
–, (1999), *Diogène Laërce, Vies et doctrines des philosophes illustres*, livre VI, trad. et comm., Paris, Le Livre de Poche, « La Pochothèque ».
Romeyer-Dherbey G. (1999a), « La théorie du langage chez Antisthène », in *La Parole archaïque*, Paris, PUF, p. 81-102 [initialement paru dans *Argumentation*, n° 5, 1991, p. 171-186].
–, (1999b), « Entre Ajax et Ulysse, Antisthène », in *La Parole archaïque*, *op. cit*, p. 103-134.

Introduction à l'*Hippias mineur*

Scandaleux *Hippias mineur* ! Socrate démontrant la supériorité du menteur volontaire sur le menteur involontaire, pire, de l'injuste volontaire sur l'injuste involontaire, et concluant que cette supériorité revient à l'homme de bien... comment s'en accommoder ? Comment accorder cela avec les sacro-saintes thèses socratiques, toujours respectées et illustrées par les premiers dialogues platoniciens, et avec celle-ci en particulier, que personne ne commet le mal de son plein gré ? Aussi le dialogue – et c'est un euphémisme – a-t-il embarrassé nombre d'interprètes, qui ont été tentés de contester son authenticité (Zeller), ou de stigmatiser les méthodes sophistiques et abusives employées par Socrate pour parvenir à terrasser son adversaire (Guthrie), ou qui, encore, ont usé de contorsions impressionnantes pour « innocenter » Socrate, soutenant en somme qu'il était véritablement dépassé par son argumentation, à laquelle il ne pouvait en fait adhérer (Vlastos)[1]. Comme si un dialogue socratique était l'enregistrement « live » d'un entretien entre Socrate et un interlocuteur donné, comme s'il n'y avait pas de la part de Platon tout l'investissement de la mise

1. Cf. Zeller, 1922 ; Guthrie, 1971b ; Vlastos, 1994.

en forme littéraire, et la préméditation de tous les détails, et de leurs effets [1] ! Ainsi, supposer que le Socrate présenté ici serait un Socrate sophiste s'accommode mal du souci platonicien, inverse, de démarquer l'activité socratique, et donc l'activité philosophique, de toute confusion avec la sophistique. Qui plus est, il est à tout le moins paradoxal de supposer que Platon aurait mis en scène le combat de Socrate et d'Hippias, en prêtant à Socrate des moyens sophistiques qui auraient eu pour résultat d'annuler le bénéfice de la confrontation, voire en auraient inversé la signification [2] ! Inversement, supposer que Socrate est réelle-

---

1. Vlastos (1994, p. 74-76) prend certes la précaution d'indiquer qu'il y a de la part de Platon recréation littéraire, mais en soutenant que Platon ne fait rien d'autre que restituer aussi précisément que possible la position philosophique de Socrate telle qu'il la comprend au moment où il écrit, il en vient finalement à considérer que nous sommes effectivement face à un Socrate *redivivus*, quoi qu'il en dise (philosophiquement *redivivus* ; cf. ainsi : « le souci principal du narrateur est toujours la philosophie – c'est-à-dire les vérités affirmées par Socrate, soutenues par des arguments, réalisées dans sa vie », *op. cit.*, p. 76). Un point de vue bien plus équilibré, prenant en compte ce qu'induit la forme du dialogue écrit, est exposé par Frede, 1992 (il note ainsi, à propos des dialogues platoniciens : « une bonne partie de leur leçon consiste non pas dans ce qui est dit ou argumenté, mais dans ce qu'ils montrent », p. 219). **2**. Et il resterait à savoir en quoi ces procédés peuvent être dits « sophistiques », à partir du moment où ils sont mis en œuvre non par le sophiste Hippias, mais par Socrate. S'appuyer ici sur la thèse historienne (cf. Guthrie, 1971 ; Kerferd, 1999, p. 79), selon laquelle Socrate est en fait un sophiste parmi d'autres (à la rétribution près) n'aide en rien, puisque l'intention constante de Platon est de montrer que Socrate doit être distingué des sophistes. Bref, il faut bien qu'aux yeux de Platon les raison-

ment embarrassé et dérouté par les résultats de son argumentation correspond bien peu à ce que les autres dialogues socratiques nous font voir : ce sont des dialogues aporétiques sans doute, mais jamais Socrate ne perd la maîtrise de sa réfutation, c'est-à-dire de l'argumentation qui ruine la thèse initialement défendue par l'interlocuteur. Certes, à la fin du présent dialogue, Socrate se dit dérouté [1] par les conclusions atteintes, mais cette affirmation doit être interprétée, car elle n'a vraisemblablement pas le sens simple que d'aucuns lui prêtent (Vlastos, encore). N'est-ce pas là un trait proprement ironique, et l'indication, légère mais sûre, que le raisonnement doit être poussé un pas plus loin ? Il paraît hautement vraisemblable que l'on doit se diriger dans cette direction, faute de quoi le sens philosophique de ce dialogue devient à peu près inintelligible [2]. Ainsi : le menteur volontaire est supérieur au menteur involontaire, tout comme l'homme volontairement injuste est supérieur à l'homme involontairement injuste, dans la mesure où, de façon générale, un acte commis de son plein gré est supérieur à un acte commis malgré soi, puisqu'un tel acte manifeste une

---

nements de Socrate soient acceptables, sinon le sens même du dialogue est d'emblée perdu.

1. Faut-il rappeler ce truisme que Platon est l'auteur du dialogue ? S'il n'a pas encore fait du sophiste, au moment où il écrit l'*Hippias mineur*, l'autre du philosophe, on voit néanmoins l'opposition de Socrate et de ceux qui sont ici présentés comme « savants » (*sophoi*) bien mise en place, et celui qui ne sait pas, s'opposant aux avis des savants-sophistes, faire éclater avec une grande sûreté la vacuité de leur savoir revendiqué. **2**. Pour une interprétation plus positive et féconde du dialogue, cf. notamment Sprague, 1962, et O'Brien, 1967.

capacité, et un savoir, absents dans le second cas. En somme, le menteur et l'injuste volontaires valent mieux que le menteur et l'injuste involontaires, parce qu'ils *savent* : ils savent la différence entre le vrai et le faux, entre le juste et l'injuste, et en fonction de ce savoir, ils ont la capacité de dire vrai ou faux, à volonté, d'agir bien ou mal, à volonté. Or, celui qui sait et qui a cette capacité ne peut être que l'homme de bien. Conclusion explicite : *s'*il est un homme pour mentir et mal agir volontairement, cet homme ne peut être qu'un homme de bien. Mais toute la subtilité tient à ce que la conclusion est exprimée sous forme hypothétique, et ce détail est évidemment capital. Aussi le bon lecteur est-il invité à tirer lui-même la deuxième conclusion implicite : l'homme de bien a la *capacité* de mentir et d'être injuste à volonté ; mais en tant qu'homme de bien, il *ne peut* souhaiter mal agir, même s'il dispose de la capacité à le faire ; donc, *en fait*, l'homme de bien ne mentira ni ne commettra l'injustice.

On le comprend, la confrontation avec Hippias est l'occasion, outre le comique de situation qui montre ce dernier superbement retourné par Socrate, d'une réflexion approfondie sur la notion de capacité, de *dunamis*. Sa présence est reconnue nécessaire pour permettre l'évaluation d'un acte quel qu'il soit (premier point), et elle n'existe qu'avec l'appui d'un savoir (deuxième point). Si cette capacité relève d'un savoir, elle apparaît alors comme une puissance des contraires, ce qui n'implique pas que les contraires soient actualisés, quoique Socrate fasse « comme si » c'était le cas. Par là, ce sont une énigme et un paradoxe qui sont opposés à Hippias et, par-delà Hippias, au lecteur.

I. Le dialogue. Son authenticité, sa place dans l'œuvre

*Un dialogue sans recherche de définition : du sens général de l'*elenchos

J'ai fait allusion pour commencer à l'étonnement qu'a suscité chez certains lecteurs l'argumentation très provocatrice développée dans l'*Hippias mineur*. Cela a pu amener quelques historiens à suspecter l'authenticité du dialogue, bien précipitamment à vrai dire [1]. Cela étant, si l'on admet généralement aujourd'hui que le dialogue est bien de Platon, on s'attarde assez peu sur les caractéristiques de la discussion ; celle-ci apparaît, pour reconstituer l'enseignement socratique, sensiblement moins exemplaire que celle qui se déroule dans le *Lachès* ou dans le *Charmide*, par exemple. Je ne suis pourtant pas loin de penser pour ma part que la vérité est à peu près inverse. Une marque distinctive de notre dialogue est qu'il n'est à aucun moment question de définir quoi que ce soit : n'est-ce pourtant pas toujours ce qu'a en vue Socrate ? En réalité, peut-être pas. Le point est d'importance, mais comme il n'est pas question ici de l'examiner dans tous ses détails, je me contenterai de donner quelques indications générales.

Il est très probable que Socrate a été conduit lui-même à poser la question du *ti esti*, cette recherche rituelle de l'essence (« qu'est-ce que... ? »), lors de ses

---

1. Le témoignage d'Aristote est d'ailleurs décisif en l'espèce ; cf. *infra*, p. 76-78.

nombreux entretiens avec les uns et les autres. Mais nous avons divers indices qui permettent de comprendre que cette question, lorsqu'elle intervient, prend place dans une chaîne d'interrogations plus vaste et plus différenciée qu'on ne le pense. D'abord, la question du *ti esti* est toujours introduite à propos de valeurs et de vertus morales. Il ne s'agit pas de s'interroger sur la nature de toutes choses, mais sur la nature de ce qui vaut. Et la principale raison donnée pour expliquer cet intérêt est que c'est tout simplement ce qui importe, et très précisément : ce qui est susceptible de donner un sens, une raison, à nos actes. Car nous voulons tous le bien, et c'est à la connaissance de ce qu'est le bien que Socrate nous demande de nous atteler. Ainsi, il ne s'agit pas de chercher pour chercher, mais de s'interroger sur ce que nous souhaitons posséder et mettre en œuvre : la réflexion sur ce qu'il est bien de faire ou de viser conduit à s'intéresser à ce que l'on entend par « bien » ou « bon », ce que l'on veut dire lorsque l'on parle de vertu (ou « excellence » si l'on préfère : *aretè*), ou de telle vertu (courage, piété, etc.). Que cette recherche ne débouche sur aucun savoir positif – invariable constat que Socrate et ses interlocuteurs sont amenés à faire – n'invalide en rien la démarche, puisque tout au contraire la jonction de ce point d'« inscience » assumé correspond à ce que l'homme peut atteindre de plus haut : le désir du bien est porté à sa plus haute intensité dans cette lucidité du non-savoir s'affranchissant des fausses certitudes [1].

Du reste, dans les dialogues socratiques, la question

1. Cf. Patŏcka, 1949, p. 193-196 ; Hadot, 1995, chap. « Socrate ».

ti esti ne se trouve énoncée *stricto sensu* que dans l'*Euthyphron*, le *Lachès*, le *Charmide*, et, si l'on prend en compte les dialogues de transition, dans l'*Hippias majeur* et le *Lysis*[1]. En dehors de ceux-là, c'est plutôt une question du type « Est-ce que X est Y ? » qui se trouve posée.

En réalité, c'est un passage du *Lachès,* où Nicias dépeint Socrate, qui nous livre la clé générale de la démarche interrogative de Socrate :

> Tu ignores, me semble-t-il, que celui que la parole, à la manière d'un lien familial, va mettre en contact étroit avec Socrate, et qui le côtoie pour dialoguer, celui-là, nécessairement, même si auparavant le dialogue s'était engagé sur un autre sujet, ne va cesser d'être retourné par la parole de Socrate, jusqu'à ce qu'il en vienne à rendre des comptes sur lui-même – sur la manière dont il vit actuellement, et sur la manière dont auparavant il a conduit sa vie[2].

Peu après, du reste, Socrate va lancer, avec Nicias et Lachès, la discussion sur la nature de la vertu, restreinte par commodité à celle du courage[3]. On peut de cela

1. Cf. Robinson, 1962, p. 49, qui note même l'ambiguïté du *Lysis* à cet égard. Parmi les dialogues de la maturité, la *République* pose la question de la nature de la justice. **2**. *Lachès*, 187e-188a ; je traduis. **3**. Certains interprètes, comme L. A. Dorion (*in* Dorion, 1997, p. 36), se sont étonnés du fait que Socrate, après cette description dite « existentielle » de l'*elenchos*, aborde la question très abstraite de la vertu. Je ne vois pas de dissonance, car cela revient à supposer que l'*elenchos* existentiel, pour reprendre la formule de Dorion, n'empruntait en aucun cas la voie de l'enquête sur l'essence même de la valeur : or, l'*elenchos* personnel

donner l'interprétation suivante : comme le passage cité du *Lachès* l'indique, comme l'*Apologie de Socrate*, avec le récit de l'enquête socratique auprès des politiques, des poètes et des artisans (21b-22e), paraît également le confirmer, la démarche de Socrate a une visée pratique, et la discussion est le moyen de réaliser cette visée. Ceux qui prétendent à la *sophia*, par leur fonction, leur compétence dans un domaine donné, méritent-ils ce titre ? C'est-à-dire : témoignent-ils d'une réelle compétence en ce qui concerne les *megista*, les « réalités les plus importantes » (*Apologie de Socrate*, 22d) ? À chaque fois, il s'agit d'abord pour Socrate d'interroger son interlocuteur sur ce qu'il est, ce qu'il fait, selon quelles motivations ou raisons, et ainsi, couvrant un champ à la fois psychologique et éthique, de le mettre à nu. Parce que le seul but poursuivi par l'homme est le bien, il revient à chacun de chercher à réunir les conditions du bien, c'est-à-dire à s'améliorer, mais comme l'homme est sujet à faillir, qu'il s'illusionne aisément, il convient de l'aiguillonner et de lui faire prendre conscience qu'il néglige ce qui lui est le plus cher – c'est à cette tâche

---

que met en œuvre Socrate ne peut atteindre sa cible que s'il oblige l'interlocuteur à tenter de remonter au principe même de son comportement et de ses actes, et il n'y a pas à s'étonner que cela puisse en particulier prendre la forme d'une demande de définition de ce qui est en jeu. De fait, en tentant de définir le courage, et en défendant cette définition, Nicias tout comme Lachès s'exposent tout entiers : définissant le courage, ils illustrent (eux, les généraux) ce qu'ils sont, ce qu'ils font, ce qu'ils croient ; cf. la suite. Dans l'*Hippias mineur*, il n'est pas question de définir une essence telle que celle du courage, mais de remonter toutefois, en partant de figures littéraires, au principe même de l'évaluation morale : ainsi, que dit-on lorsqu'on place Achille au-dessus d'Ulysse ?

que s'attelle Socrate. Pourquoi fait-il cela ? Il explique dans l'*Apologie de Socrate* (21a) que c'est là une mission divine, qui résulte de l'oracle d'Apollon : « Nul n'est plus sage que Socrate », et de son invraisemblance apparente. Mais on peut faire une lecture purement anthropologique de cette mission : comme le bien dépend de moi et des autres (en effet, l'universalité reconnue au bien fait d'abord que je ne peux me satisfaire de le mettre en œuvre moi seul de mon côté ; ensuite, la réalisation du bien par moi-même suppose une coopération de la part des autres, soit pour qu'ils m'aident à le trouver, soit pour qu'ils m'aident à le réaliser), je dois, si je suis conséquent, chercher à m'améliorer moi et à améliorer les autres. C'est bien ce que met en œuvre Socrate, et dans cette perspective l'*elenchos* est appelé à jouer un rôle crucial. Généralement traduit par « réfutation », il gagnera à être rendu, rapporté à Socrate, plutôt par « mise à l'épreuve », une mise à l'épreuve qui prend la forme d'un examen critique [1]. Compris à partir du

---

1. Voir Balaudé, 1996a ; Dorion, 1997, p. 36. Ce que j'avance ici n'implique pas que l'*elenchos* n'ait pas au total l'allure d'une « réfutation », mais la traduction d'*elenchos* par ce dernier terme a le défaut de mettre exclusivement l'accent sur son aspect logique, dans une optique pré-aristotélicienne qui est ici inadéquate et sensiblement anachronique. S'agissant de Socrate, l'aspect logique de la mise à l'épreuve n'est certainement pas primordial ; l'examen de la cohérence interne des thèses de l'interlocuteur n'est en effet que le moyen d'une parénèse par voie négative en quelque sorte. La mise à l'épreuve est celle d'une personne, sa visée est morale, et son effet pratique : l'autre, remis en question par l'*elenchos*, s'en trouve amélioré, à proportion de sa prise de conscience de l'ignorance qui est la sienne. L'*elenchos* tend toujours à ramener, par l'intermédiaire d'une réflexion précise, à la position socratique.

domaine juridique dont il est issu [1], l'*elenchos* signifie que l'on teste, que l'on éprouve les partis en présence, pour tâcher de démêler le vrai et rendre une sentence juste. Dans le cas de l'usage socratique de l'*elenchos*, et voilà le point essentiel, il s'agit de tester l'interlocuteur, de le mettre à l'épreuve, dans l'esprit indiqué par le *Lachès*, à la recherche de cette amélioration commune de soi et d'autrui. Ainsi, s'il est vrai que l'entretien peut déboucher sur la question radicale *ti esti*, l'on doit comprendre que cette question n'est jamais que le moyen d'éprouver l'interlocuteur, la consistance de ses représentations, le degré de savoir et de compétence qui accompagne ses actes et ses comportements. Et cette mise à l'épreuve, menée sur le plan intellectuel, permet d'éprouver la consistance du point de vue de l'interlocuteur, de ce qu'il fait, et de ce qu'il est. Comme le dit Nicias, en se réclamant de Socrate : chacun vaut à proportion de ce qu'il sait. Ce n'est pas le fait du hasard qu'à chaque fois Socrate interroge quelqu'un (ou plusieurs) qui est supposé disposer d'une qualité, d'un trait, sur lequel porte ensuite la réflexion : ainsi, les généraux sur le courage (*Lachès*), le devin sur la piété (*Euthyphron*), les jeunes amis sur l'amitié (*Lysis*). Mais en même temps, l'*elenchos* n'a pas nécessairement besoin, pour s'exercer, de porter sur une recherche de définition en bonne et due forme : comme ici, dans l'*Hippias mineur*, ou comme dans l'*Euthydème*, et ce conformément à l'évocation que Socrate semble donner de sa pratique de l'*elenchos* dans l'*Apologie de Socrate*. En bref, l'*elenchos*

1. Voir à ce propos Dorion, 1990.

socratique est d'abord à comprendre comme *ad hominem*[1], parce qu'il éprouve les convictions essentielles de l'interlocuteur, à propos de ce qui importe le plus, ce pour quoi nous faisons toutes choses, c'est-à-dire le bien.

Qu'est-ce qu'un dialogue « socratique » ?

Il convient d'ajouter un point avant de retourner vers l'*Hippias mineur*. L'on pourrait en effet objecter, malgré ce que je viens de suggérer, que la dimension personnelle de l'*elenchos* ne semble pas prédominer dans les dialogues socratiques, et qu'elle est plutôt marginale ; qu'en un mot, Socrate semble prendre aussi un grand intérêt à l'obtention de définitions. La réponse à cette objection va me permettre de compléter le tableau ; je la présenterai en deux temps. En effet, l'intérêt d'une périodisation fine des dialogues platoniciens est qu'elle permet, dans une certaine mesure, de reconstituer l'évolution suivie par Platon lui-même. C'est ainsi que l'on s'accorde généralement, désormais, sur le fait que l'on peut distinguer, au sein de la première période, entre les premiers dialogues, proprement socratiques, et les dialogues dits de transition (écrits avant les grands dialogues métaphysiques d'instauration, au premier rang desquels figure le *Phédon*)[2].

---

1. Voir Robinson, 1962, chap. 2, qui a le premier vraiment mis l'accent sur cette caractéristique de l'*elenchos* socratique ; cf. ensuite Vlastos, 1983 et 1994, chap. 4. Pour une compréhension de l'*elenchos* performative et déliée de tout enjeu épistémologique, cf. Balaudé, 1996a. **2**. Voir notamment Vlastos, 1994, p. 70-72, et Brandwood, 1976, p. XIII-XVII, pour une classification fondée sur des critères purement stylistiques.

Entre autres arguments, je retiendrai les raisons formelles, procédurales, qui soutiennent cette distinction [1] : dans les premiers dialogues, Socrate adopte sans varier sa posture d'ignorance, qu'au besoin il justifie et explicite [2], si bien qu'il conduit invariablement son interlocuteur, dès lors que ce dernier accepte l'échange et les règles du jeu fixées par lui, à répondre à ses questions, et ainsi à soutenir des thèses déterminées ; l'*elenchos* mis en œuvre à la suite revient à vérifier la solidité, la cohérence, de ce que l'interlocuteur a dit ; dès que les thèses ont révélé leur inconsistance, et que l'autre n'a plus rien à dire, l'entretien s'achève [3]. Dans les dialogues dits de transition, on observe que Platon introduit des libertés dans ce rituel immuable, et il va notamment jusqu'à montrer Socrate proposant des thèses qu'il réfute ensuite

---

1. Ici, je rejoins en gros la position de Vlastos (1994, chap. 2), même si par ailleurs je ne m'accorde pas sur l'interprétation du sens et du contenu des dialogues socratiques (*i.e.* pour Vlastos des dialogues purs de toute contamination platonicienne), ni ne comprends tout à fait comme lui (cf. Vlastos, 1983, Appendice « The Demise of the Elenchus ») les dialogues de transition (Platon n'y abandonne pas l'*elenchos*, comme Vlastos le soutient, mais il en modifie l'usage ; cf. Balaudé, 1996c). Je ne m'accorde pas en revanche avec la position extrémiste de Kahn, pour qui il n'y a pas, en toute rigueur, de dialogue socratique (Kahn, 1981 et 1996). Il me semble qu'on a avantage à maintenir cette dernière catégorie, tout en reconnaissant la part de la retraduction platonicienne présente dès les premiers dialogues. **2**. En particulier ici même dans l'*Hippias mineur*, 372a-373a. **3**. La justification de cette interruption est fournie par ce que j'exposais précédemment à propos de l'*elenchos* personnel : c'est l'interlocuteur et ses convictions qui sont la raison d'être de l'*elenchos*. Lorsque l'*elenchos* réduit l'autre au silence, lequel n'a plus la ressource de s'engager dans une autre voie que les précédentes déjà tentées, l'entretien, de ce fait même, s'interrompt.

lui-même (comme cela arrivera dans la deuxième partie de l'*Hippias majeur*, ainsi qu'à la fin du *Gorgias*, face à un Calliclès finissant par refuser l'échange, et de façon systématique dans le *Lysis*). Bref, cette permutation de Socrate au sein du dispositif de l'*elenchos*, tour à tour proposant et réfutant, au lieu de s'en tenir à réfuter, indique sans nul doute que l'accent va désormais porter avant tout sur l'examen des thèses mêmes, plus que de la personne.

À l'auteur de l'objection mentionnée au-dessus, il faudrait donc faire remarquer pour commencer qu'autre est le cas des dialogues de transition, autre celui des premiers dialogues : ce qui est devenu vrai pour ceux-là ne l'était pas pour ceux-ci. Supposons néanmoins qu'en dépit de cette distinction, l'auteur de l'objection maintienne que dès les premiers dialogues Socrate semble plus nettement intéressé par la définition que je n'ai semblé le dire tout à l'heure, pour la raison qu'il est – finalement – à peu près toujours question de cela. Même si certains dialogues, comme l'*Hippias mineur* précisément, constituent des exceptions, on pourrait faire cette concession générale, et même justifier ce constat : c'est tout simplement que les dialogues de Platon, même les premiers, sont toujours déjà des réécritures de la parole socratique, des réinterprétations. Et s'il est bien vrai que Platon s'attache sans doute à restituer une certaine « vérité de Socrate », il est dans le même temps en train de méditer, ruminer, cette parole, et il la focalise d'emblée, cela paraît incontestable, sur la question de la définition au travers de l'*elenchos* personnel [1].

---

1. De ce point de vue, la structure du *Lachès* est exemplaire ; cf. plus haut, p. 44, n. 3.

Mais parce que l'infléchissement platonicien est à l'œuvre, il est d'autant plus important de noter que dans quelques dialogues néanmoins, comme je l'ai dit, l'*elenchos* peut s'exercer, et opérer son mouvement de remontée (fondamental), sans l'enjeu d'une définition – ce qui est bien ici le cas. Tentera-t-on une dernière fois d'objecter que si le Socrate des premiers dialogues demande la plupart du temps des définitions, c'est bien au fond que cette demande est autant socratique que platonicienne ? Je reviens alors à mon point : la demande de définition a pour essentielle justification d'être un moyen de mise à l'épreuve de l'individu, et l'argument ultime que l'on puisse faire valoir est encore une fois constitué par l'*Hippias mineur* lui-même.

Je récapitule les éléments entrant dans le tableau des premiers dialogues platoniciens : un témoignage sur le « Socrate même [1] », qui affleure ici et là, et montre le primat du souci pratique, et la mise en œuvre d'un *elenchos* personnel qui porte sur l'autre en tant que sujet moral, visant le bien ; une première assimilation platonicienne du socratisme, qui se manifeste *d'abord* par la focalisation sur la question de la définition (= les dialogues de transition), et qui conduira dans un second temps à faire de l'*elenchos* un instrument

---

1. Formule à comprendre par opposition à celle du « Socrate de Platon » ; je la préfère à celle de « Socrate historique », qui fait courir en vain après un individu. « Socrate même », c'est le Socrate philosophant, celui qui va être réfléchi dans les *logoi sokratikoi*, de Platon et des autres (cf., sur cet épais dossier, De Magalhaes-Vilhena, 1952), mais qui est antérieur en droit à toutes ces réflexions. « Socrate même », c'est le Socrate « non écrit », celui qui va donner lieu à de multiples réécritures.

logique parmi d'autres (= les dialogues de la maturité)[1].

On peut dès lors revenir à l'*Hippias mineur*. Comme je l'ai souligné à plusieurs reprises, le cas de ce dialogue est remarquable en ce qu'il n'est précisément question à aucun moment de définir une vertu quelconque. Ce qui aurait pu apparaître déroutant l'est nettement moins, me semble-t-il, à la lumière de ce qui précède. Il n'est pas nécessaire à Socrate de demander une définition pour mettre à l'épreuve son interlocuteur, fût-ce un savant : notre dialogue en est l'illustration. Il teste ainsi Hippias sur son savoir homérique, et surtout sa compréhension des types homériques que sont Achille et Ulysse. Et cela suffit d'une part à montrer qu'Hippias réfléchit peu (son double jugement n'est pas consistant), et d'autre part à faire constater, sous une forme déroutante et provocatrice certes, le primat du savoir sur l'ignorance – une thèse socratique s'il en est !

Dans une perspective socratique, l'*Hippias mineur* n'a donc rien de marginal, au contraire même. Et précisément, l'absence de toute problématique de la définition incite à faire l'hypothèse que l'*Hippias mineur* a pu être l'un des tout premiers dialogues composés par

---

1. Après le *Ménon*, l'*elenchos* ne disparaît pas. Certes, il n'est plus le moteur déterminant de la recherche, mais il permet le contrôle des hypothèses développées. Car si la dialectique construit, il lui arrive régulièrement de faire fausse route, et le vieil *elenchos* est là pour contrôler dans leur rectitude les élans du savoir. La dialectique ne s'affranchit pas du dialogue ; elle est ainsi toujours à éprouver (cf. Balaudé, 1996c).

Platon, vers 399, quelque temps après le moment fatidique de l'exécution de Socrate, si l'on doit supposer que Platon ait dû faire son deuil de son maître avant de pouvoir le parer de couleurs aussi gaies, et de raisonnements aussi provocateurs, menés « à la manière de » ce dernier.

II. Les circonstances du dialogue et ses personnages

Circonstances

C'est à la suite d'une *epideixis* d'Hippias, « leçon-conférence » tenue dans une salle bondée, que le dialogue commence. La scène se tient à l'extérieur, à proximité de cette salle. Quelques personnes sont restées autour d'Hippias, parmi lesquelles Eudicos, qui prend le premier la parole pour solliciter Socrate, et celui-ci. Dès la deuxième réplique, la discussion entre Socrate et Hippias s'amorce, et elle se poursuivra sans interruption jusqu'à la fin. Eudicos n'interviendra en cours de discussion qu'une fois, à la demande de Socrate [1], pour inciter alors Hippias à continuer de répondre à son interlocuteur.

Le début du dialogue permet peut-être de reconstituer la manière dont Hippias menait son enseignement : au travers de leçons-conférences (*epideixeis*) devant un large public, qui étaient fréquemment suivies – comme c'est le cas ici – de séances en petit comité où étaient commentés et discutés certains des

1. 373a.

développements, arguments, thèses, mis en place au cours de la conférence publique. L'ensemble de ces prestations était payant [1], et l'on peut penser qu'il fallait acquitter une somme modique pour la conférence, et bien plus élevée pour ce que l'on pourrait désigner comme le séminaire. Bien que ce soit anecdotique, la question se pose d'ailleurs de savoir si Socrate a payé pour entendre Hippias et discuter avec lui. Dans le *Lachès*, Socrate dit bien qu'il n'a pas de quoi payer les sophistes pour étudier auprès d'eux, mais il semble bien établi qu'il a suivi l'enseignement de Prodicos [2]. Serait-il possible que sa propre notoriété l'ait dispensé d'acquitter un paiement pour entrer en discussion avec les sophistes ? Après tout, s'il ne s'arrogeait pas ce titre, il pouvait être considéré comme un pair par certains d'entre eux ; la situation du *Protagoras* fournirait de fait un exemple de cette relation de quasi-égal. Le contexte de l'*Hippias mineur* est en tout cas sensiblement différent, et nous sommes bel et bien en présence d'un Hippias en situation d'enseignement, qui va de

---

1. L'*Apologie de Socrate* signale sans ambiguïté qu'Hippias se faisait payer pour ses leçons (19e-20a), et surtout l'*Hippias majeur* montre un Hippias s'enorgueillissant des gains importants que lui valent ses enseignements. **2**. « Mais je n'ai pas de quoi verser un salaire aux sophistes, qui sont justement les seuls à clamer qu'ils peuvent faire de moi un homme de bien » (*Lachès*, 186c ; je traduis). Les passages où Socrate semble reconnaître une dette d'enseignement envers Prodicos sont : *Protagoras*, 341a-b ; *Charmide*, 163d ; *Cratyle*, 384b (le passage le plus net) ; *Ménon*, 96d ; mais ils sont empreints d'ironie dans une mesure difficile à apprécier avec justesse (voir Dorion, 1997, p. 148-149, n. 72). Sur cette question toutefois, il est étonnant de constater que la situation dramatique de l'*Hippias mineur* (la discussion autour d'Hippias après sa conférence) n'ait guère été exploitée.

surcroît considérer Socrate avec une condescendance non feinte.

Quoi qu'il en soit, c'est dans ce contexte qu'intervient la discussion entre les deux hommes ; et Socrate va rapidement renverser le sens de cette séance de questions-réponses, engagée sur l'invite imprudente d'Eudicos. Tout au long de l'entretien, Socrate s'applique en effet à jouer le jeu de l'élève auprès du maître, lui posant des questions, comme Hippias a l'habitude d'en recevoir. Mais le renversement vient de ce que l'ensemble des questions va former un réseau, qui aboutira à entraver totalement les élans rhétoriques d'Hippias. Et au total, ce dernier se trouvera, sinon dans les formes, du moins dans les faits, destitué de cette position affichée de maître.

Concernant la date dramatique du dialogue, nous ne disposons pas dans le texte d'éléments tangibles à partir desquels lancer une conjecture très sérieuse. Il semble toutefois raisonnable de penser que l'entretien de l'*Hippias mineur* précède celui de l'*Hippias majeur* : Socrate précise en effet au début de ce second dialogue qu'Hippias n'est pas venu à Athènes depuis un certain temps [1]. Si l'on retient la datation hypothétique de 418-416 pour l'entretien qui a lieu dans l'*Hip-*

1. Cela étant, il n'y a pas de lien manifeste établi entre l'un et l'autre dialogues. La seule chose que l'on puisse avancer de façon incontestable est que l'*Hippias majeur* signale la longue absence d'Athènes de la part d'Hippias, alors que l'*Hippias mineur* laisse entendre qu'il est en train de séjourner à Athènes. Les éléments formels et doctrinaux qui conduisent à considérer l'*Hippias majeur* comme plus tardif incitent aussi à placer chronologiquement

pias majeur[1], et si l'on s'appuie à la fois sur l'hypothèse d'une naissance d'Hippias vers 450[2], et sur le fait qu'Hippias déclare avoir participé à *plusieurs* jeux Olympiques (cf. 363c-d et note 2, p. 90), c'est-à-dire vraisemblablement aux deux de 424-423 et de 420-419, on peut avancer que le présent entretien est supposé s'être déroulé vers 420-419, juste après les jeux Olympiques, au début de la période dite de la paix de Nicias. Si Hippias est né en fait sensiblement plus tôt, rien n'est d'ailleurs fondamentalement changé : il aura une ou deux Olympiades de plus à son actif

---

l'entretien de l'*Hippias mineur* avant celui de l'*Hippias majeur*. Certains (cf. Waterfield, 1987, p. 213 et p. 275, n. 1) ont imaginé que l'entretien de l'*Hippias mineur* avait eu lieu quelques jours après celui de l'*Hippias majeur*, parce que Hippias annonce là une conférence qui serait tout simplement celle qu'il vient de faire au début de l'*Hippias mineur*. Il faut dans ce cas supposer que Platon aurait décidé d'antéposer dramatiquement le nouvel entretien de l'*Hippias majeur* par rapport à celui de l'*Hippias mineur*. Mais nous n'avons pas de raison décisive de penser que l'*epideixis* que vient de donner Hippias au début de l'*Hippias mineur* est précisément le dialogue entre Néoptolème et Nestor évoqué dans l'*Hippias majeur* (ce serait là le *Discours troyen* mentionné par Philostrate). Il est plus vraisemblable de penser que du temps est supposé s'être écoulé entre les deux entretiens. De fait, l'Hippias de l'*Hippias majeur* semble un peu plus mûr et expérimenté que celui de l'*Hippias mineur* (sur la bêtise supposée d'Hippias dans l'*Hippias majeur*, il y a beaucoup à dire ; cf. *infra*, p. 162).

1. Voir *infra*, p. 152-153. **2**. Selon Untersteiner, 1993, p. 101, et n. 3, p. 105-106, il serait né en 443. Cette conjecture est contestable (cf. Guthrie, 1971a, p. 280, n. 3), mais il n'en reste pas moins qu'Hippias est présenté par Platon comme beaucoup plus jeune que Protagoras, et que des traits de jeunesse lui sont prêtés dans les *Hippias,* si bien qu'il ne saurait vraisemblablement être né avant 450.

(éventuellement celles de 428-427, à la limite celles de 432-431), mais la datation imaginée paraît assez cohérente, si l'on se souvient que Socrate a été lui-même mobilisé au cours des années 420 pour les campagnes militaires athéniennes. Les débats entre Socrate et la génération des « jeunes sophistes », ont dû logiquement se dérouler plutôt entre les années 420 et 410.

Les personnages

Eudicos

Il n'y a pas lieu de s'étendre sur Eudicos, dont on ne sait rien en dehors de ce qu'en font voir les deux *Hippias* de Platon. Il intervient à deux moments dans l'*Hippias mineur*, pour introduire le débat entre Socrate et Hippias d'abord, pour encourager Hippias à reprendre la discussion ensuite (363a et 373a-c). Et dans l'*Hippias majeur*, Eudicos assiste à la discussion. Par ailleurs, dans les deux dialogues, le père d'Eudicos, Apèmantos, est mentionné, ici en particulier pour l'avis général qu'il donne sur l'*Iliade* et l'*Odyssée*, et que rapporte Socrate[1].

Eudicos et son père ont manifestement le profil d'Athéniens aisés, épris de culture, et amateurs de prestations sophistiques, un peu à la façon de l'opulent Callias, dont la vaste demeure abrite les débats du *Protagoras*. Il est d'ailleurs vraisemblable qu'Hippias était l'hôte d'Eudicos à Athènes.

1. *Hippias mineur*, 363b.

Hippias d'Élis (vers 450 – milieu du IVᵉ s. av. J.-C. ?)

C'est un sophiste[1] en majesté, jeune et brillant, qui est ici présenté. Il vient d'obtenir un succès public avec sa leçon-conférence, et il suscite l'admiration (d'Eudicos et des autres)[2]. Hippias est de fait un savant aux savoirs innombrables, et Socrate relaie et amplifie l'impression qui a été produite initialement : en particulier il ne se fait pas faute, dans la première partie de la discussion qui voit une première fois Hippias réfuté, de rappeler avec complaisance l'étendue des savoirs dans lesquels ce dernier est tenu, ou se tient lui-même, pour spécialiste : non seulement la rhétorique et l'exégèse homérique, mais aussi le calcul, la géométrie, l'astronomie[3]. Mais ce n'est pas tout. Socrate dresse ensuite avec délectation un tableau bien savoureux du sophiste en quête de clients sur l'agora, où l'on voit s'entrelacer intérêts intellectuels et intérêts mercantiles :

> Tu es, de tous les hommes, de loin le plus habile dans la plupart des arts, comme je t'ai, moi, entendu t'en vanter, un jour où tu présentais sur la place publique, près des comptoirs, tes nombreuses et très enviables compétences. Tu disais que tu t'étais rendu une fois à Olympie en ayant

1. Il est important de rappeler qu'Hippias n'est pas désigné dans le dialogue comme sophiste, et qu'il ne revendique pas ce titre. Utilisant le terme, ici et ailleurs, j'use donc d'une catégorie historiographique, commode à défaut d'être incontestable, puisqu'elle dépend largement de l'acception platonicienne donnée aux termes sophistique et philosophie (cf. plus haut, sur cette question, p. 27-35). **2**. 363a. **3**. Cf. 366c, 367d, 367e pour les trois derniers.

> fabriqué toi-même tout ce que tu avais sur toi : tout d'abord l'anneau que tu portais – c'est par là que tu commençais – était ton œuvre, car tu savais ciseler les anneaux ; ton cachet aussi était ton œuvre, ainsi que ton étrille et ton flacon d'huile, que tu avais fabriqués toi-même. Ensuite, les chaussures que tu portais, tu disais que tu les avais toi-même taillées, et aussi que tu avais tissé ton manteau et ta tunique. Mais ce qui, à coup sûr, parut à tous le plus extraordinaire, et la démonstration d'une habileté sans pareille, c'est lorsque tu expliquas que la ceinture de la tunique que tu portais était pareille aux plus riches ceintures perses, et que tu l'avais toi-même tressée. En plus de tout cela, tu étais venu avec des poèmes, des épopées, des tragédies, des dithyrambes, et de nombreux discours en prose, composés de toutes sortes de façons. Et justement, à propos des arts dont j'ai parlé tout à l'heure, tu disais que tu en étais devenu spécialiste à un niveau qui te mettait au-dessus des autres, de même au sujet des rythmes, des harmonies, de la correction des mots, et de bien d'autres choses encore, en plus de celles-là, pour autant que je m'en souvienne. Ah ! oui, j'oubliais, semble-t-il, ton art mnémonique, dans lequel tu estimes être le plus brillant ; mais je pense que j'en oublie un très grand nombre d'autres. [368b-e]

Par là, Hippias illustre bien certains des traits mis plus tard en évidence par les définitions du sophiste dans le *Sophiste* (cf. 224c-d, la deuxième définition de la sophistique comme « négoce d'enseignements », *mathèmatopôlikon,* ainsi que les variations que constituent les troisième et quatrième définitions, en 224d-e), mais aussi déjà dans le *Protagoras*, où Socrate déclare à Hippocrate : « Mais un sophiste, Hippocrate, n'est-ce pas, au fond, un négociant qui vend, en gros ou en détail, des produits dont l'âme se nourrit ? » (313c, trad. Trédé-Demont). Notre sophiste haut en couleur est en effet présenté ici comme un marchand ambulant, une sorte de quincaillier chez qui l'on trouve tous les savoirs possibles, et qui fabrique lui-même tous ses produits. Quoi que l'on désire apprendre, on le trouvera, prêt à être montré et enseigné, chez Hippias. Le portrait, très satirique, recèle sans doute un fond de vérité. La fabrication de ses habits, comme la mise en œuvre de savoirs nombreux, révèle chez Hippias la poursuite d'un idéal autarcique, poussé jusqu'à l'absurde. L'autarcie doit-elle être comprise aussi littéralement, et comment articuler cet idéal autarcique et la recherche d'un enrichissement par l'enseignement sophistique ? À demi-mot, Platon montre ses fortes réserves, et suggère de voir bien plutôt en Hippias un touche-à-tout doué, virtuose dans l'accumulation des savoirs, et de surcroît un génie de la réclame – du marketing, dirait-on aujourd'hui.

Au total, on voit assez distinctement que Platon cherche avant tout ici à stigmatiser une attitude incohérente, à la fois boursouflée, creuse, et au fond, malhonnête : en effet, la polymathie et la « polytechnie » d'Hippias sont à la fois naïves et dénuées de raison (elles ne reposent que sur des bons sentiments et des idées simplistes sur la nature de la moralité), et malintentionnées (il s'agit bien de s'enrichir, en proposant ce qui est susceptible de plaire). Le portrait qui se dégage de l'*Hippias majeur*, confirmera ces traits d'Hippias.

Socrate

Socrate est ici aussi « socratique » que possible, si l'on peut dire. Il clame haut et fort son ignorance (372b-c), tout en se montrant capable de citer par cœur Homère, et en battant sans contestation possible Hippias sur son propre terrain, celui de l'exégèse d'Homère. Mettant en avant son incapacité et sa médiocrité, il s'incline ironiquement devant le savoir des savants, avant d'en faire apparaître l'inanité. Mais il ne manque pas non plus de revendiquer son arme, sa seule arme, qui est, à défaut du savoir qui lui manque, la capacité à poser des questions ; le développement qu'il y consacre est d'ailleurs un des plus nets et des plus éclairants que nous ayons sur le sujet (372c).

Cela étant, les réfutations auxquelles il se livre ne semblent pas dépourvues d'une certaine mauvaise foi, puisque en particulier Socrate se garde d'aller jusqu'au bout de la clarification de la thèse qu'il défend, et laisse Hippias imaginer qu'il soutient une thèse immorale. La question de savoir si Socrate se montre ici trompeur ou non [1] est d'ailleurs mal posée : il ne trompe pas

---

1. Cf. en dernier lieu Vlastos, 1994, chap. 5 « Socrate triche-t-il ? », et la note 5.1 « L'*Hippias mineur* – sophistique ou honnête perplexité ? », qui, reprenant les termes traditionnels du débat (il renvoie parmi d'autres à Guthrie, 1975, p. 195 : « Lire d'un bout à l'autre ce bref dialogue sans éprouver une irritation croissante pour les absurdités manifestes qu'il contient requiert une vigoureuse imagination historique... il n'est pas facile non plus de

Hippias, bien plutôt il lui joue un tour, *à la façon d'Ulysse*, lui donnant tous les moyens de résoudre les paradoxes exposés (supériorité du menteur intentionnel ; l'homme de bien supérieurement capable de méchanceté), et ne mentant que par omission. Car la philosophie est affaire de sagacité, ce dont Socrate donne ici une illustration virtuose. Il serait donc particulièrement malencontreux et inapproprié de supposer que, parce que Socrate place volontairement Hippias dans une souricière, en le confrontant à des thèses apparemment scandaleuses, il s'exposerait au risque d'immoralité. Ce serait renouveler là le contresens commis par les accusateurs de Socrate, qui ont pu, sur la foi d'argumentations paradoxales telles que nous en rencontrons ici, alléguer que Socrate, en répandant un tel enseignement, se faisait un corrupteur de la jeunesse. Supposer que Socrate se trouve lui-même ici dans une « honnête perplexité [1] » est une réponse guère satisfaisante, dans la mesure où elle laisse supposer que Socrate ne se trouve à certains moments que dans une situation de relative maîtrise de ses réfutations, tandis que Platon, par le fait, mettrait (naïvement, complaisamment ?) en scène un Socrate prêtant le flanc à la critique (on peut alors imaginer qu'un lecteur, convaincu par la version de Vlastos, conclue : Socrate n'avait peut-être pas de mauvaises intentions, mais au

---

comprendre comment on acceptait des sophismes évidents » ; ou à Friedländer, 1964, ce dernier écrivant p. 139 que « Socrate connaît l'art de tromper mieux que tous les sophistes »), les reproduit en inversé. Ainsi, pour lui, s'il n'est pas coupable, Socrate est honnêtement perplexe (*op. cit.*, p. 376 et 382), il ressent « un cruel embarras » (p. 379), et se trouve piégé par ses propres arguments.

1. Cf. Vlastos, 1994, p. 376.

total il prônait le vice et la ruse, et il n'est pas mort sans raison... L'interprétation charitable de Socrate se retourne contre ce dernier !). La fin du dialogue a, me semble-t-il, une signification bien différente : il s'agit tout au contraire pour Platon de faire saisir la feinte perplexité de Socrate, emportant le lecteur du côté de cette parole provocatrice de Socrate, dont, admettant qu'elle ne procède ni d'une intention immorale, ni d'une réelle perplexité, il reste à soupeser la valeur ironique.

III. Les thèmes du dialogue

Savoir sophistique et exégèse homérique

Étant donné la visée d'abord éducative de l'art sophistique [1], Homère est tout naturellement le fonds de commerce des sophistes, et d'Hippias en particulier. Celui-ci se livre à des variations rhétoriques et exégétiques sur les thèmes et les personnages homériques. Cela le conduit à dégager des types moraux, présentés comme des modèles, et contre-modèles, et à exposer une morale passablement conventionnelle, pétrie des valeurs de l'épopée. Comme on l'a vu, Hippias mène cet enseignement au travers d'exposés-conférences (*epideixeis*), suivis de séances en petit comité où étaient commentés et discutés certains des éléments, des thèses, mis en place au cours de la conférence publique.

---

1. Il n'est nommé ainsi que par Socrate dans l'*Hippias majeur* (281d). Encore une fois, je n'emploie la formule que par commodité ; cf. *supra*, p. 27 et 58.

Le premier enjeu du dialogue est précisément de se confronter avec cette culture homérique, et l'enseignement moral que prétend en tirer un maître de vertu tel qu'Hippias. Ainsi, tandis que le *Protagoras* revient à interroger Protagoras sur la nature de la sophistique, et sur la possibilité d'un enseignement général de la vertu, l'*Hippias mineur* s'attache, lui, à examiner ce que c'est qu'enseigner Homère ainsi qu'une morale parée de couleurs homériques, comme le fait Hippias. Ce qui est mis à l'épreuve, à travers le personnage d'Hippias, c'est donc d'abord le recours à Homère et l'interprétation qui est faite de ses poèmes [1].

Or, ce que conteste pour commencer Platon, c'est cette élévation d'Homère au rang de modèle et référence (on tient là à coup sûr un fil qui conduit jusqu'à la *République*). D'un texte poétique, on peut tirer tout et son contraire, comme le débat Socrate – Hippias l'illustrera [2].

C'est ensuite une manière de schématiser et de typifier en matière morale, qui ne repose sur aucune analyse réelle de ce que c'est qu'agir, bien agir, se tromper, etc., et qui dérive en définitive d'un naturalisme moral simpliste : à un héros correspond un caractère (*tropos* ; cf. 365b).

Ainsi, Achille est bon, sincère, droit, tel est son

---

1. Ce parallèle donne son sens à la remarque selon laquelle il n'est jamais question dans notre dialogue de l'art sophistique en tant que tel. Bien qu'à ses yeux Hippias constitue un fleuron de cet art (selon l'*Hippias majeur*, 281d), Platon choisit ici de ne le décrire que comme un savant aux compétences multiples, mettant exclusivement en exergue l'usage d'Homère. **2**. Sans parler de la controverse entre Socrate et Protagoras autour du poème de Simonide dans le *Protagoras*.

caractère, présenté comme d'un seul tenant ; Ulysse est vicieux, fourbe et trompeur, c'est là aussi son caractère, tenu pour défectueux, parce que multiple (*polutropos* [1]). Le *tropos* semble déterminer tout ce que l'on est, selon ce que montre Homère, au dire d'Hippias : et le caractère reconduit à ses yeux à une nature (*phusis*), dont on sait qu'il s'est fait le champion dans sa réflexion morale et politique [2]. Le simplisme de la position vient de ce que tout est donné et déterminé d'emblée, avec ce caractère que rien ne semble pouvoir altérer. Car c'est précisément la caractéristique de la nature, par différence avec la convention, que de ne pas varier... On imagine aisément qu'Homère ait eu aux yeux d'Hippias le mérite de parler au plus près de la nature, en vertu de son antiquité. Et c'est ainsi qu'Hippias se sert du poète comme d'un maître de moralité, et de l'*Iliade* comme d'un manuel à l'usage des jeunes générations.

Ainsi, Hippias fait du nouveau avec de l'ancien, et son progressisme affiché va puiser dans Homère ses arguments. Rien que de très insatisfaisant aux yeux de Platon. Non que la lecture d'Homère doive être pros-

---

1. À cet égard, soutenir comme Blundell, 1992, p. 166-167, qu'Hippias illustre lui-même les traits de la *polutropia* ulysséenne, avant tout en raison de sa versatilité, est particulièrement mal inspiré, car si Socrate ne tranche pas en faveur d'Ulysse plutôt que d'Achille, l'avantage est néanmoins au premier. Et à tout prendre, c'est bien Socrate qui est le plus proche d'Ulysse, comme toute la tradition socratique l'atteste ; cf. *supra*, p. 20. Cf. au contraire O'Brien, 1967, p. 100, qui lit beaucoup plus justement, à travers la confrontation Achille – Ulysse, celle d'Hippias et de Socrate.
2. Cf. le témoignage du *Protagoras*, 337-338.

crite[1] – Socrate opère un renversement qui va conduire à ériger ironiquement en modèle le contre-modèle, c'est-à-dire Ulysse –, mais le reproche essentiel de Platon est que la reprise rhétorique d'Homère substitue la grandiloquence et le principe d'autorité à l'analyse directe de ce que c'est qu'une action droite. Et en fait, la référence à des caractères ou à des types fait, selon Platon dans le sillage de Socrate, régresser la réflexion sur la moralité. C'est pourquoi il prête à son personnage Socrate une posture des plus provocatrices : ce dernier prend le savant à rebrousse-poil, en défendant Ulysse, et tâche de lui faire entendre, à partir de la question du mensonge, la nécessité de remonter jusqu'aux *conditions de possibilité* du mensonge. Au total, il s'agira de comprendre que le principe, le noyau de l'action morale, est un *savoir* qui l'oriente.

De la compétence : du vrai et du faux

Toute la première partie de la discussion travaille sur la typologie hippiasienne des caractères, des *tropoi* : Achille le meilleur, l'authentique, Ulysse le méchant, le roué, c'est-à-dire le menteur. Nestor est également mentionné comme le plus sage, mais il n'entre pas directement dans la discussion. Qu'est-ce qui est insatisfaisant dans cette typologie ? Tout simplement son schématisme et sa superficialité. Hippias ne s'interroge pas sur les conditions de possibilité du vrai et du faux, et en fait se contredit. Ainsi, il va illustrer jusqu'au ridicule la présomption de savoir,

1. Rien n'annonce dans l'*Hippias mineur* les positions radicales adoptées à cet égard par Platon dans la *République*.

constamment traquée par Socrate, ce qui est bien le moins, s'agissant de quelqu'un qui prétend au titre d'homme le plus savant.

Pour Hippias, Achille est exemplaire de part en part : il garde toujours la même ligne de conduite, il est droit, il a le souci du bien ; Ulysse tout à l'inverse cherche sans cesse à ruser et à tromper, il ment à l'envi. C'est l'analyse du mensonge qui permet à Socrate de faire ressortir le simplisme et l'inconséquence du propos d'Hippias, et de s'acheminer vers une réflexion sur les conditions de l'action morale. Pour mentir, il faut une capacité ; une capacité suppose un savoir mis en œuvre de façon réfléchie et intentionnelle. En d'autres termes, pour mentir, c'est-à-dire énoncer le faux, il faut connaître le vrai. C'est donc cela qui est présupposé par le caractère du menteur : une capacité qui provient d'un savoir. Voilà pourquoi celui qui est à même de dire faux est également celui qui est à même de dire vrai ; ils sont, selon la conclusion provocatrice de Socrate, un seul et même homme [1]. On peut même, par renchérissement, aller plus loin : car si l'on persiste, comme le fait Hippias, à condamner la disposition de quelqu'un à mentir, il faut toutefois avouer qu'entre deux menteurs, le meilleur est celui qui pratique le mensonge de son plein gré, c'est-à-dire en toute connaissance de cause. C'est ainsi qu'entre Achille, qui ment sans le vouloir, comme le fait ressortir Socrate dans un second temps (369d-371d), et Ulysse, qui, selon Hippias, pratique le mensonge intentionnellement, la supériorité revient au second, puisqu'il manifeste une capacité à dire le faux, qui procède d'un savoir (du vrai), à l'inverse du premier. Cette thèse

1. 367c-d.

avait été vérifiée au préalable à travers le parcours un peu fastidieux de divers savoirs dans lesquels Hippias lui-même excelle : nul mieux que lui ne pourra donner le résultat faux d'une multiplication, puisque nul mieux que lui ne connaît le résultat correct, et ainsi de suite. La supériorité finalement soutenue d'Ulysse n'est que l'application du raisonnement général.

Ainsi, il est bien clair que le piège tendu par Socrate à Hippias consiste à neutraliser l'acte de mentir, pour n'en considérer que les *conditions*. C'est pourquoi Socrate s'applique avec soin à toujours placer l'analyse sur le plan de la *capacité*, de l'aptitude. Car il ne s'agit évidemment pas de faire l'apologie du mensonge et de la tromperie, mais de réfléchir encore une fois aux conditions de toute action, la parole étant considérée comme un type particulier d'action. Pour dire vrai, comme pour dire faux intentionnellement, il faut une capacité, qui découle d'un savoir. Cela acquis, Socrate peut parachever, en généralisant le propos, et en l'étendant précisément à l'action en tant que telle.

Qu'est-ce que bien agir ?
Des conditions générales de l'action :
savoir, capacité, bien et mal

Dans la dernière partie de la discussion, Socrate reprend, en la généralisant, ses conclusions antérieures d'une part sur l'identité de celui qui dit vrai et de celui qui dit faux, d'autre part sur la supériorité du menteur intentionnel sur le menteur malgré lui. La généralisation semble produire des conclusions scandaleuses qui horrifient Hippias, en particulier le fait que nous devions souhaiter avoir l'âme la meilleure possible, *c'est-à-dire* une âme susceptible d'agir mal et de se tromper intentionnellement (375c-d), et aussi que l'homme de bien est le mieux à même de commettre l'injustice intentionnellement (376a-b). Socrate n'éclairera pas le sens à donner à ces conclusions, et il feint lui-même d'être perdu dans ses raisonnements. La feinte est évidente, et l'interprétation correcte de ces conclusions à portée de main : une erreur, une action ratée ne sont rien si elles sont voulues comme telles, faites comme par jeu (s'amuser à rater une cible, à chanter faux, etc.) ; elles sont plus graves, en revanche, si elles traduisent une incapacité. Le but de Socrate est donc ici de faire entendre de la façon la plus générale que tout acte (de l'acte de parole au geste technique, et à l'acte moral) tire sa valeur de la capacité qui s'y manifeste ; et cette capacité dépend d'un savoir. On pourrait désigner ce couple capacité-savoir par notre notion de compétence. Pour comprendre et évaluer un acte, il faut donc remonter à sa cause, c'est-à-dire à la compétence qui s'y manifeste, ou ne s'y manifeste pas. Cela, Hippias ne l'a pas compris et ne le comprendra pas, d'autant moins que Socrate met à l'épreuve (à rude épreuve !) sa sagacité (telle est bien là la signification de cet *elenchos*), en établissant ce point sous la forme éminemment paradoxale d'un raisonnement portant sur les actions ratées ou mauvaises, au lieu de raisonner, comme il serait immédiatement plus éclairant – mais moins troublant – de le faire, sur l'action bonne et aboutie. Ainsi, la conclusion qu'il vaut mieux commettre l'injustice de son plein gré que malgré soi ne choquera qu'un esprit faible comme Hippias, puisqu'en réalité Socrate nous donne à entendre implicitement que le savoir du bien et du juste ne peut en rien inciter son possesseur à effectivement mal agir. C'est bien pourquoi l'ensemble du raisonnement est entièrement compatible avec la thèse de référence selon laquelle nul n'est méchant de son plein gré, qui est à l'évidence le complément implicite, et comme le rectificatif, de la conclusion atteinte.

Ce dernier point est à souligner, car l'argumentation de l'*Hippias mineur* a somme toute entraîné de nombreuses équivoques interprétatives. Dans la mesure où le raisonnement de Socrate s'appuie largement sur une analogie avec les arts, et que Socrate use à peu près constamment de telles analogies, certains interprètes, et parmi eux le plus résolument T. Irwin [1], ont entrepris de soutenir que cette analogie portait jusqu'au bout le raisonnement, de telle sorte qu'effectivement la possibilité de l'action injuste volontaire était pensée en parallèle avec la possibilité de l'action technique volontairement ratée. Mais s'il en est ainsi, on perd le contact précisément avec la thèse de l'impossibilité de mal agir de son plein gré, dans le domaine moral. C'est pourquoi la reconnaissance du pouvoir heuristique puissant de l'analogie artisanale – incontestable – doit être complétée par la reconnaissance du caractère finalement limité de l'analogie. Sans cela, on est incapable de faire le saut qui conduit de la compétence technique à la compétence morale, de saisir l'écart qu'il y a malgré tout, et qui explique précisément que nous ne soyons *que* dans une analogie. S'il y avait une continuité possible, alors le bon artisan pourrait devenir un homme accompli, ce qui n'est pas le cas, malgré, du reste, les prétentions des artisans en la matière (cf. *Apologie de Socrate*, 22c-d) [2].

1. Irwin, 1995, p. 69-70. **2**. Cf. Castel-Bouchouchi, 1994, n. 19, p. 70-71. T. Irwin, *loc. cit.*, soutient que l'eudémonisme

Donc, nous pouvons retenir 1) que Socrate ne dit pas tout, et s'il fait voir 2) que le bien dépend d'un savoir, d'où il résulte 3) que ce savoir rend théoriquement possible le bien comme le mal, il laisse dans l'implicite 4) le fait que le détenteur d'un tel savoir ne pourrait vouloir que le bien (car c'est par ignorance que l'on commet le mal). Et 5) Socrate sait tout cela, selon le mode de savoir qui est le sien (et qui est le mode humain) : il sait délimiter les contours de ce bien, sans le maîtriser en tant que tel ; il peut donc, sans artifice, se dire en proie à une relative errance, tout en échappant sans difficulté à l'aporie qu'il oppose à Hippias. 6) Hippias, quant à lui, est beaucoup plus éloigné de ce savoir, puisqu'il ne comprend pas que la proposition 3 se trouve corrigée par la proposition 4.

La conclusion inéluctable à tirer est que nous devons viser ce savoir du bien qui ferait de nous des hommes de bien, mais nous ne pouvons que le viser : pour cette raison, Socrate clame à bon droit son ignorance, et met en scène son errance, qui est une manière de mimer l'errance d'Ulysse. Il montre ainsi que la « polytropie », ou encore, comme je l'ai rendu, la « rouerie »

---

psychologique tempère les conséquences de l'assimilation de la vertu à un art, et du coup la valide. N'est-il pas plus simple de souligner les limites de l'analogie ? Le fait qu'il n'y ait aucun artisan pour mettre en œuvre cet art, qu'on ne puisse jamais que commencer à l'apprendre, met sur la voie de cette conclusion : la vertu n'est que *comparable* à un art ; par cette comparaison, nous nous mettons sur la voie de la vertu, mais elle est par elle-même autre chose. Autrement, je reviens à ma dernière objection, un bon artisan dans un domaine déterminé devrait être particulièrement bien placé pour apprendre ce nouvel art. Mais cet art en fait n'a pas de maître connu (cf. la fin du *Lachès* entre autres).

d'Ulysse, est moins encline au mensonge qu'à la feinte, au bon tour, qui n'est peut-être pas *la* vérité, mais qui est un moyen d'en approcher, et qui à coup sûr exprime la vérité de l'homme, qui cherche, et qui est donc en ce sens philosophe.

Conclusion(s)

Dans ce dialogue, Platon nous livre déjà un certain nombre de positions, très vraisemblablement inspirées de Socrate, qu'il met en scène. On peut tenter de rassembler ainsi les idées générales concernant le statut de la chose littéraire, son interprétation, ainsi que l'enjeu du savoir en vue de toute excellence.

Aucun texte n'est par lui-même une autorité. Il faut d'abord apprendre à bien lire et bien interpréter, avant de pouvoir invoquer la vérité d'un auteur, si prestigieux soit-il. Or, lorsqu'on apprend à bien lire, l'on découvre que la vérité d'un texte est souvent multiple. Si bien qu'il est vain de s'attacher exclusivement à l'exégèse d'un texte quelconque, au-delà de ce que l'on pourrait tenir pour une pratique ludique. Au commentaire et à la variation, doit donc s'opposer l'analyse, qu'Hippias prend pour des manipulations et des morcellements du discours, quand il s'agit de comprendre ce qu'est ce dont on parle, ce qu'est ce qui le constitue et qui le rend possible.

Par ailleurs, les valeurs et les principes de l'action ne sont révélés par aucun texte, et ils ne s'ancrent pas davantage dans une naturalité qui, bien qu'invoquée, et tenue pour évidente, se révèle en fait opaque et même contradictoire. L'attachement d'Hippias à la notion de caractère (*tropos*) renvoie en effet à un tel naturalisme des valeurs, qui revient finalement à considérer celles-ci comme non spécifiques, dès lors qu'elles sont naturelles.

Cela conduit Socrate à mettre sur le même plan la compétence morale et la compétence technique. Il scandalise ainsi Hippias : est-ce une provocation, un effet purement tactique ? L'on a signalé l'importance que revêt pour Socrate l'analogie technique, dont certains ont fait un axe majeur de l'interprétation du socratisme. Par cette analogie, Socrate peut de fait montrer en particulier que les valeurs ramènent toujours au savoir, qui fonde la capacité. Mais est-ce à dire que la valeur morale se ramène intégralement à une question de compétence technique ? L'idée d'analogie implique aussi celle d'écart, et il est très difficile, pour ne pas dire très peu convaincant, de supposer que pour Socrate la moralité est une question de pure technique. Si tel était le cas, il serait effectivement victime du raisonnement qu'il met en place contre Hippias : l'injustice à volonté serait la preuve de la maîtrise parfaite de la justice. Mais rien de tel, comme il le laisse entendre ici, et comme par ailleurs il le dit avec la dernière clarté. L'analogie technique n'est qu'une analogie ; elle aide à comprendre le point essentiel du savoir requis pour être vertueux, mais ne prétend pas réduire le savoir moral à un pur savoir instrumental. Et en fait, le rapprochement entre savoir moral et savoir technique, leur quasi-identification, se veulent un antidote au naturalisme d'Hippias : il montre en effet à quelles conséquences ruineuses mène la naturalisation des valeurs. Ainsi, lorsque Hippias se trouve confronté au constat de la supériorité de l'injuste de plein gré sur l'injuste malgré soi, il ne trouve paradoxalement plus à s'appuyer, lui, le naturaliste, que sur les lois (372a) [1]. En ne retenant pas le critère d'Hippias, Socrate montre que le respect des lois (cf. par ailleurs l'*Apologie* et le *Criton*) n'interdit pas de penser au-delà des lois, voire même l'impose, si l'on veut penser jusqu'au bout la question de notre relation au bien.

IV. Plan du dialogue

PROLOGUE : vers un débat « homérique » entre Hippias et Socrate (363a-364a).

PREMIÈRE PARTIE : discussion à propos d'Achille et Ulysse : typologie des caractères, et double renversement (364b-372a).

1. L'exégèse homérique d'Hippias : l'« authentique » Achille supérieur au menteur Ulysse (= thèse H) (364b-365d).

2. Critique de Socrate : la connaissance du vrai, condition du mensonge (365d-369c).

2.1 Parcours des savoirs d'Hippias, et découverte qu'en vertu d'une unique capacité le même homme ment et dit vrai (365d-369a).

2.2 Retour à Homère : Achille et Ulysse sont identiques sous le rapport de la vérité et du mensonge (= réfutation de la thèse H) ; irritation d'Hippias (369a-c).

---

1. Certes, l'Hippias historique paraît bien invoquer une légalité naturelle, mais dans le passage en question, ce sont les lois positives qui sont supposées fournir le rôle de critérium ; la légalité naturelle n'est plus alors qu'une pétition de principe.

3. Ironie socratique, et brouillage des caractères (369d-372a).

3.1 Contre-exégèse homérique et provocation socratique : Achille menteur, pas Ulysse (= pseudo-thèse S ; 369d-371d).

3.2 Contestation d'Hippias : Achille menteur malgré lui, Ulysse de son plein gré (thèse H2), et réfutation instantanée : alors, Achille est un piètre menteur, et Ulysse un meilleur menteur ; et par élargissement : mieux vaut mentir de son plein gré que malgré soi (371d-372a).

SECONDE PARTIE : généralisation de la critique, de la parole à l'action : l'erreur intentionnelle supérieure à l'action involontaire (372a-376b).

1. Intermède socratique : Socrate ignorant et malade en quête d'un médecin. Intercession d'Eudicos auprès d'Hippias (372a-373c).

2. Reprise de l'examen et généralisation du propos.

2.1 Supériorité de la mauvaise action intentionnelle sur la mauvaise action malgré soi, vérifiée dans le cas des exercices physiques, des mouvements des parties du corps, de l'usage des instruments, des animaux, des arts, des esclaves, et finalement de nous-mêmes (373c-375d).

2.2 Attribution, à partir de la réflexion sur la justice, de la mauvaise action intentionnelle à l'homme de bien (375d-376b).

ÉPILOGUE : scandale de la conclusion et apparente aporie (376b-c).

Appendice : le jugement d'Aristote sur l'*Hippias mineur*

Aristote, avec son esprit de sérieux caractéristique, n'a guère apprécié l'argument de l'identité du faux et du vrai, défendu par Socrate dans l'*Hippias mineur*. Aussi s'attache-t-il à le réfuter très précisément dans son lexique philosophique de *Métaphysique* Δ, à l'entrée « Faux » (*Pseudos*). Il explique ainsi à propos d'un homme que l'on dira « faux » (*pseudès*) :

> Un homme faux est un homme qui prend délibérément plaisir à des discours du même genre [*i.e.* faux], pour aucune autre raison que la chose elle-même, et qui produit des discours de ce genre à l'intention des autres, de même que nous appelons fausses toutes les choses qui produisent une image fausse. C'est pourquoi l'argument de l'*Hippias*, selon lequel le même homme est faux et véridique, est déraisonnable. Il soutient en effet que celui qui peut dire faux est faux (il s'agit de celui qui sait et qui est réfléchi) ; de surcroît, il va jusqu'à soutenir que celui qui délibérément est mauvais, est supérieur. Et il s'appuie sur une induction pour soutenir ce mensonge : en effet, celui qui boite intentionnellement est meilleur que celui qui boite malgré lui. Mais par boiter, il

> entend « faire semblant de boiter » ; car s'il est bien intentionnellement en train de boiter, il est sans doute pire que celui qui le fait malgré lui. Et il en va de même pour le caractère. [1025a2-13 ; je traduis.]

Ce qui gêne Aristote, on le voit, c'est avant tout l'inférence dans le registre moral que tire Socrate, qui conduit à la conclusion immorale que nous connaissons. De fait, il lui serait plus difficile de contester la seule décision de qualifier de « faux » quelqu'un qui est susceptible de dire faux, dès lors qu'il est capable de dire vrai, pour la bonne raison qu'Aristote lui-même, avec l'application du couple puissance – acte à l'analyse du savoir et de la moralité, est bien conduit à poser que l'on peut être dit grammairien, pour avoir acquis la compétence grammaticale, sans toutefois exercer actuellement cette compétence, tout comme l'on reste vertueux lorsque l'on dort, pourvu que l'on ait acquis la vertu. De façon générale, tout type d'acte suppose une capacité correspondante, une parole mensongère tout autant qu'une parole véridique. Ainsi, il n'est pas absurde de dire que l'on est menteur au sens de menteur en puissance, quand bien même l'on n'actualiserait jamais cette puissance. Ou alors il faudrait contester que nous ayons la capacité de choisir entre deux possibilités d'agir, l'une bonne, l'autre mauvaise. C'est manifestement dans ce sens que Socrate a argumenté contre Hippias, pour le déstabiliser. Mais Aristote ne peut l'admettre, puisqu'il soutient en ce qui le concerne qu'une disposition acquise stable (*hexis*), telle que le savoir ou la vertu, détermine *en fait* absolument nos pensées et nos actes. L'homme qui sait, ou le vertueux, au sens strict du terme, ne peuvent feindre, ni même l'imaginer. C'est pourquoi, en opposition à l'*Hippias mineur*, Aristote est amené à qualifier moralement les exemples neutres qu'employait Socrate. Dans cette perspective, il n'est jamais neutre d'agir ; contrefaire un défaut, une infirmité, telle que la claudication, est un acte immoral. Ainsi explique-t-il dans l'*Éthique à Nicomaque* : « L'ami de la vérité, même dans des circonstances où dire la vérité n'a pas d'importance, dira la vérité, et lorsque cela est important, plus encore. Car il se gardera alors du mensonge en le tenant pour laid, du fait qu'il s'en garde de toute façon considérant ce qu'il est. Une telle personne est digne d'éloge » (IV, 13, 1127b4-7 ; je traduis).

Un certain esprit de sérieux s'impose ainsi. Il ne saurait désormais être question, pour des raisons morales, d'ironiser et de jouer avec la question de la vérité. La fantaisie se trouve en somme congédiée de la philosophie.

Éléments bibliographiques

Éditions, traductions et commentaires de l'*Hippias mineur*

ALLEN R. E. (1996), *The Dialogues of Plato. 3. Ion, Hippias minor, Laches, Protagoras,* New Haven, Yale U.P.

BURNET J. (1903), *Platonis opera* [texte], Oxford, Clarendon Press.

CHAMBRY E. (1936), *Platon. Œuvres complètes*, I, Paris, Garnier [rééd. poche *Platon. Premiers dialogues*, Paris, GF – Flammarion, 1967].

CROISET M. (1920), *Platon. Hippias mineur, Alcibiade, Apologie de Socrate, Euthyphron, Criton*, tome I, Paris, Les Belles Lettres.

–, (2000), *Platon. Hippias mineur* (introd. et notes de J.-F. Pradeau), Paris, Les Belles Lettres.

JOWETT B. (1955), *The Dialogues of Plato*, Oxford, Clarendon Press, 4e éd.

ROBIN L. et MOREAU J. (1950), *Platon. Œuvres complètes,* I, Paris, Gallimard, « Bibliothèque de la Pléiade ».

SMITH N. D. (1997), *Plato. Lesser Hippias*, in *Plato. Complete Works*, J. M. Cooper éd., Indianapolis, Hackett Publishing Company, p. 922-936.

VANCAMP B. (1996), *Platon. Hippias maior ; Hippias minor*, Stuttgart, F. Steiner, coll. « Palingenesia », n° 59 [édition du texte basée sur une nouvelle collation des manuscrits].

WATERFIELD R. (1987), *Hippias minor*, in *Plato's Early*

Socratic Dialogues, T.J. Saunders éd., Londres, Penguin [traduction anglaise].

Autres traductions ou éditions de Platon mentionnées

CANTO M. (1987), *Platon. Gorgias*, Paris, GF – Flammarion.

CASTEL-BOUCHOUCHI A. (1994), *Platon*, *Apologie de Socrate, Criton*, Paris, Pocket.

DEMONT P. et TRÉDÉ M. (1993), *Platon. Protagoras*, Paris, Le livre de Poche (L. G. F.).

DODDS E. R. (1959), *Gorgias*, Oxford.

DORION L.-A. (1997), *Platon. Lachès*, *Euthyphron*, Paris, GF – Flammarion.

ILDEFONSE F. (1997), *Platon. Protagoras*, Paris, GF – Flammarion.

Études relatives à Socrate, Hippias ou l'*Hippias mineur*

BALAUDÉ J.-F. (1996a), « La finalité de l'*elenchos* d'après les premiers dialogues de Platon », dans *Lezioni socratiche*, G. Giannantoni et M. Narcy éd., Naples, Bibliopolis, p 235-258.

–, (1996b), « Que veut montrer Socrate dans l'*Hippias mineur ?* », dans *Lezioni socratiche*, op. cit., p. 259-277.

–, (1996c), « La philosophie comme mise à l'épreuve : le devenir de l'*elenchos*, de Socrate à Platon », dans *Platon et l'objet de la science*, P.-M. Morel éd., Presses universitaires de Bordeaux, p. 17-38.

–, (2001), « Comment savoir avec Socrate ? Vérité et plaisir d'après le *Protagoras* », G. Romeyer-Dherbey dir., J.-B. Gourinat éd., Vrin, p. 121-141.

–, (2010), *Le Savoir-Vivre philosophique. Empédocle*, *Socrate*, *Platon*, Paris, Grasset.

BENSON H. H. (1995), « The dissolution of the problem of the elenchus », in *Oxford Studies in Ancient Philosophy,* XII, p. 45-112.

BLANK D. (1985), « Socratics versus Sophists on Payment for Teaching », in *Classical Antiquity*, 4, p. 1-49.

BLUNDELL M. W. (1992), « Character and meaning in Plato's *Hippias minor* », *Oxford Studies in Ancient Philosophy*, Supplementary volume, p. 131-172.

BURKERT W. (1960), « Platon oder Pythagoras ? Zum Ursprung des Wortes "Philosophie" », *Hermes*, 88, p. 159-177.

DE MAGALHAES-VILHENA V. (1952), *Le Problème de Socrate. Le Socrate historique et le Socrate de Platon*, Paris, PUF.

DIELS H. et KRANZ W. (1952), *Die Fragmente der Vorsokratiker*, II, 6e éd. revue.

DORION L.-A. (1990), « La subversion de l'*elenchos* juridique dans l'*Apologie de Socrate* », *Revue philosophique de Louvain*, 88, p. 311-344.

DUPRÉEL E. (1948), *Les Sophistes : Protagoras, Gorgias, Prodicus, Hippias*, Neuchâtel.

FREDE M. (1992), « Plato's arguments and the dialogue form », *Oxford Studies in Ancient Philosophy*, Supplementary volume, p. 201-219.

FRIEDLÄNDER P. (1964), *Plato*, vol. II, *The Dialogues, First Period*, Londres.

GOLDSCHMIDT V. (1971), *Les Dialogues de Platon*, Paris, PUF, 1re éd. 1947, 3e éd. [chap. 3, concernant notamment l'*Hippias mineur*].

GUTHRIE W. K. C. (1971a), *The Sophists*, Cambridge.

–, (1971b), *Socrates*, Cambridge.

–, (1975), *History of Greek Philosophy*, vol. IV : *Plato, the Man and his Dialogues : the Earlier Period*, Cambridge.

HADOT P. (1995), *Qu'est-ce que la philosophie antique ?*, Paris, Folio-Essais.

HOERBER R. G. (1962), « Plato's *Lesser Hippias* », *Phronesis*, 7, p. 121-131.

IRWIN T. (1997), « Common Sense and Socratic Method »,

in *Method in Ancient Philosophy,* J. Gentzler éd., Oxford, Clarendon Press, p. 29-66.

KAHN Ch. (1981), « Did Plato write socratic dialogues ? », *Classical Quarterly*, 31, p. 305-320.

–, (1996), *Plato and the Socratic Dialogue. The philosophical use of a literary form*, Cambridge University Press.

KERFERD G. Br. (1999), *Le Mouvement sophistique*, trad. fr. de *The Sophistic Movement* (Cambridge, 1981) par A. Tordesillas et D. Bigou, Paris, Vrin.

KRAUT R. (1984), *Socrates and the State*, Appendix « Perplexity in the *Hippias minor* », Princeton, p. 311-316.

LABARBE J. (1949), *L'Homère de Platon*, Liège, Faculté de philosophie et des lettres.

MAIER H. (1913), *Sokrates*, Tübingen.

MALINGREY A.-M. (1961), *« Philosophia ». Étude d'un groupe de mots dans la littérature, des Présocratiques au IVe siècle av. J.-C.*, Paris, Klincksieck.

MÉRON E. (1979), *Les Idées morales des interlocuteurs de Socrate dans les dialogues platoniciens de jeunesse*, Paris.

MULHERN J. J. (1968), « *Tropos* and *polytropia* in Plato's *Hippias Minor* », *Phoenix*, XXII, p. 283-288.

O'BRIEN M. J. (1967), *The Socratic Paradoxes and the Greek Mind*, Chapel Hill.

PATOCKA J. (1949), « Remarques sur le problème de Socrate », *Revue de philosophie*, n° 4-6, p. 186-213.

PENNER T. (1973), « Socrates on Virtue and Motivation », in E.N. Lee *et al.* (éd.), *Exegesis and Argument : Studies in Greek Philosophy presented to Gregory Vlastos* (*Phronesis*, suppl. vol. I), Assen, p. 133-151.

ROBINSON R. (1962), *Plato's Earlier Dialectic*, Oxford, 2e éd.

SPRAGUE R. K. (1962), *Plato's Use of Fallacy*, Londres.

STEWART M. A. (1977), « Plato's sophistry », *Proceedings of the Aristotelian Society*, p. 21-44.

UNTERSTEINER M. (1949), *Sofisti. Testimonianze e frammenti*, I-IV, Florence.

–, (1993), *Les Sophistes*, tome 2, trad. fr. de *I Sofisti* (Milan, 1967²) par A. Tordesillas, Paris, Vrin [chap. XIV et XV sur Hippias].

VLASTOS G. (1983), « The Socratic Elenchus », in *OSAPh*, 1, p. 27-58 [avec un Appendice : « The Demise of the Elenchus in the *Euthydemus, Lysis* and *Hippias major* »], repris dans G. Vlastos, *Socratic Studies*, éd. par M. Burnyeat, Cambridge, 1994.

–, (1994), *Socrate. Ironie et philosophie morale*, trad. fr. de *Socrates. Ironist and Moral Philosopher* (Cambridge, 1991) par C. Dalimier, Paris, Flammarion.

WEISS R. (1981), « *Ho agathos* as *ho dunatos* in the *Hippias Minor* », *Classical Quarterly*, XXXI, p. 287-304.

ZELLER E. (1922), *Die Philosophie der Griechen in ihrer geschichtlichen Entwicklung*, Leipzig, 5e éd.

Note sur la traduction

La traduction a été faite d'après le texte de l'édition de B. Vancamp *Platon. Hippias maior ; Hippias minor*, Stuttgart, F. Steiner, coll. « Palingenesia », n° 59, 1996. Les très rares endroits où je m'écarte des choix philologiques de cette édition sont signalés en note.

La division en pages et paragraphes correspond à l'édition d'Henri Estienne (Genève, 1578).

HIPPIAS MINEUR

[ou : Sur le mensonge. Genre anatreptique [1] *]*

1. Comme tous les autres dialogues de Platon, l'*Hippias mineur* reçoit deux sous-titres qui lui ont été donnés par les éditeurs antiques vraisemblablement dès le IIIe siècle av. J.-C., pour décrire et identifier d'emblée chacun des dialogues. Le premier sous-titre indique le sujet, et il a souvent un caractère sensiblement restrictif (comme ici : la réflexion sur le mensonge n'est que l'occasion d'une réflexion plus large sur la question du savoir, notamment dans le domaine moral). Le second vise à caractériser la forme de la discussion ; il est lui aussi souvent restrictif. En l'occurrence, « anatreptique » signifie « renversant », ou encore « réfutatif » : l'*Euthydème*, le *Gorgias* et l'*Hippias majeur* ont également été qualifiés de cette façon (cf. Diogène Laërce, *Vies et doctrines des philosophes illustres*, III, 50).

EUDICOS

[363a] Mais toi, Socrate, pourquoi restes-tu donc silencieux [1], alors qu'Hippias vient de nous offrir un si riche exposé [2], et pourquoi est-ce que tu t'abstiens de louer avec nous ne fût-ce qu'un de ses arguments, ou au contraire d'éprouver l'un d'eux, s'il te semble que quelque chose n'a pas été convenablement exprimé [3] ? Surtout que nous restons à présent entre nous, tous

---

1. Le dialogue s'ouvre de façon remarquable sur un silence de Socrate. S'il est un débatteur exceptionnel, ce dernier se distingue aussi par ses apparents retraits et absences, qui correspondent à des moments d'intense concentration, souvent préalables à l'entrée en discussion (comme dans le *Banquet* ; cf. 174e-175b) ; c'est ce que notre dialogue semble illustrer. **2**. La réponse de Socrate va confirmer que le discours d'Hippias a été touffu, voire même un peu trop. Par ailleurs, cette réponse nous informe qu'il a été largement question d'Homère au cours de la conférence ; on ne peut néanmoins affirmer qu'il se soit seulement agi de lui. **3**. Eudicos ne semble pas être proche de Socrate. Il est en tout cas sous le charme d'Hippias, et n'envisage d'abord à son endroit que l'éloge. Ce n'est que dans un second temps qu'il hasarde l'éventualité d'un *elenchos*, d'une mise à l'épreuve donc, dont il sait sans doute Socrate coutumier (quiconque connaît un peu Socrate sait qu'il se livre à ce genre de questionnement). On peut du reste supposer qu'Eudicos est l'hôte d'Hippias à Athènes ; on le retrouve en tout

appliqués, du mieux que nous le pouvons, à nous adonner à la philosophie [1].

SOCRATE

Eh bien justement, Eudicos, parmi les propos qu'a tenus Hippias aujourd'hui sur Homère, il en est sur lesquels je le questionnerais avec plaisir. En effet, **[b]** j'entendais ton père Apèmantos prétendre que l'*Iliade*

---

cas à nouveau mentionné dans l'*Hippias majeur*, à propos d'une invitation qu'il a faite à Hippias.

1. *Tès en philosophiai diatribèi*. C'est un sens relativement large que revêt le terme de *philosophia* ici. Eudicos fait manifestement référence à une discussion savante, entre gens cultivés, au premier rang desquels figure le sophiste Hippias, pas à une discussion entre philosophes au sens que Platon donnera au concept. De fait, du temps de Socrate, le substantif *philosophia* n'a guère cours (cf. Malingrey, 1961, p. 38-42), et dans les premiers dialogues platoniciens Socrate n'emploie lui-même que le terme de *philosophos* et le verbe correspondant ; en cela, il n'innove pas réellement, puisqu'il existait déjà un usage non technique du verbe *philosophein*, pour désigner le fait d'aimer et même plus exactement de pratiquer le savoir (cf. Burkert, 1960 ; Hadot, 1995, chap. I) ; c'est vers ce sens qu'il faut se tourner ici pour comprendre l'emploi d'Eudicos. Cela étant, le « metteur en scène » Platon joue sur une certaine ambiguïté du terme, car il a vraisemblablement déjà en vue ici, lui, le promoteur de l'abstrait *philosophia* (en concurrence avec Isocrate !), autre chose que la simple discussion entre gens cultivés. Et en un sens, le dialogue cherche à faire passer, de ce qui serait une compréhension floue et au fond triviale de la *philosophia* (comme un certain goût pour le savoir, que satisfont en particulier les sophistes – philosophie et sophistique tendraient en ce cas à se confondre), à une compréhension nouvelle, inspirée par la pratique socratique (exercice critique de la raison – cf. notamment *Criton*, 46b –, appliqué aux savoirs se revendiquant comme tels : Hippias est un sujet idéal d'investigation). La suite va d'ailleurs montrer l'incapacité du savoir d'Hippias à satisfaire aux

d'Homère était un plus beau poème que l'*Odyssée*, plus beau dans la mesure où Achille était supérieur à Ulysse ; car il disait que chacun des deux poèmes avait été composé l'un autour de la personne d'Ulysse, et l'autre autour de celle d'Achille. Là-dessus donc j'apprendrais avec plaisir, si Hippias le veut, comment il juge ces deux personnages, lequel il déclare supérieur, puisque précisément il nous a exposé beaucoup de réflexions **[c]** de diverses sortes, sur tous les poètes et en particulier Homère[1].

EUDICOS

Mais il est évident qu'Hippias ne rechignera pas à répondre, si tu lui poses une question ! N'est-ce pas, Hippias, si Socrate te pose une question, tu répondras ? que feras-tu ?

---

conditions de la *philosophia*, telle que Platon, lui, l'entend dans le sillage de Socrate. Cf. Préambule, p. 33-35.

1. Le sujet de la conférence n'est pas précisé, mais on note qu'elle mobilisait un ensemble impressionnant de références poétiques, parmi lesquelles figure en bonne place Homère. Dans cet ensemble foisonnant, Socrate n'a pas trouvé de réponse à la question qu'il se pose. Mais on peut supposer qu'Hippias abordait d'une manière ou d'une autre la question de la valeur des héros homériques, sans quoi la question de Socrate aurait été sans aucun rapport avec la conférence même (cela est confirmé par 364b, voir *infra*). D'autre part, en mentionnant l'avis d'Apèmantos, le père d'Eudicos, vraisemblable hôte et protecteur d'Hippias, Socrate oriente s'il en est besoin la réponse d'Hippias. Ce dernier en effet ne peut, en vertu de la souplesse qui est la sienne, que confirmer le point de vue d'Apèmantos. Bref, en lui posant cette question initiale, Socrate sait déjà quelle va être la position arrêtée par Hippias, et l'on peut supposer que durant ce long silence auquel vient de faire allusion Eudicos, Socrate a déjà arrêté les termes de son *elenchos*.

HIPPIAS

Je ferais une chose bien étrange, Eudicos, – moi qui toujours me rends de ma patrie Élis à Olympie [1] pour l'assemblée des Grecs, chaque fois que les jeux Olympiques ont lieu [2], où **[d]** je me propose dans le temple de parler, selon le désir de chacun, sur ce que je me suis préparé à exposer, et de répondre, pour qui le désire, aux questions que l'on me pose –, si maintenant je fuyais la question de Socrate [3] !

---

1. Olympie est située en Élide, non loin d'Élis. Hippias s'y rend donc en voisin. **2**. Ces Jeux, en l'honneur de Zeus Olympien, les plus célèbres de toute la Grèce, avaient lieu tous les quatre ans et réunissaient des représentants de toutes les cités grecques ; il s'agissait de loin de la cérémonie la plus importante dans le monde grec. Outre les compétitions athlétiques, de nombreuses manifestations culturelles, à l'initiative de cités ou d'individus en quête de notoriété, s'y déroulaient ; dans ce dernier registre, Hippias, manifestement, se distinguait. D'autre part, comme il est vraisemblablement assez jeune lors de cet entretien avec Socrate (s'il est né vers 450-445 ; cf. *supra*, p. 55-57, pour son âge et la date de l'entretien), on peut douter qu'Hippias ait derrière lui beaucoup de jeux Olympiques. Il suffira vraisemblablement qu'il se soit rendu à deux, voire trois, d'entre eux pour présenter cela comme une vieille habitude. Il pourrait s'agir des Olympiades de 428-427, 424-423, et 420-419. Dans ce cas, ces dernières Olympiades se seraient vraisemblablement déroulées très peu avant le présent entretien, et l'on comprendrait ainsi qu'Hippias ait eu plein la bouche de sa prestation aux jeux Olympiques... **3**. Une certaine équivoque se présente ici. Bien sûr, Hippias est prêt à répondre, ainsi qu'il l'explique, en procédant comme à Olympie, développant des discours sur des thèmes préparés ou improvisés ; mais il ne s'attend pas réellement à subir la série concertée des questions de Socrate, qui va très rapidement le déborder. On peut supposer qu'Hippias et Socrate se rencontrent pour la première fois, étant donné la façon très décontractée dont Hippias accueille la première question de

SOCRATE

[364a] C'est un bienheureux sentiment que tu dois éprouver, Hippias, lorsque à chaque Olympiade tu arrives dans le temple, si confiant dans ton âme et ton savoir ! Et je serais fort étonné qu'il se trouvât un seul de ces athlètes qui se vouent à l'exercice physique, pour venir combattre en ce même lieu, aussi intrépides et confiants dans leur corps, que toi tu affirmes l'être dans ta pensée.

HIPPIAS

Et c'est à bon droit, Socrate, que j'éprouve ce sentiment, car depuis que j'ai commencé à concourir aux jeux Olympiques [1], je n'ai jamais rencontré quelqu'un qui me fût supérieur en quoi que ce fût.

SOCRATE

[b] Fort bien dit, Hippias, et pour les Éléens ainsi que pour tes parents ta réputation est l'offrande de ton savoir. Mais qu'as-tu donc à nous dire à propos d'Achille et d'Ulysse ? Pour toi, lequel est le meilleur et pourquoi ? Lorsque nous nous pressions à l'intérieur, et que tu faisais ton exposé, j'ai eu du mal à suivre tes propos ; j'hésitais en effet à t'interroger, à cause de la foule compacte à l'intérieur, et je redoutais que mes questions ne soient un obstacle à l'exposé que tu faisais. Mais maintenant, puisque nous sommes en petit comité et qu'Eudicos que voici m'enjoint de t'inter-

---

Socrate. Il ne semble pas familier avec la manière socratique de discuter.

1. Cf. *supra*, p. 90, n. 2.

roger, **[c]** dis-nous et enseigne-nous clairement ce que tu disais à propos de ces deux hommes. Comment les distinguais-tu ?

HIPPIAS

Eh bien, Socrate, je consens volontiers à te présenter d'une façon plus claire que tout à l'heure ce que j'affirme les concernant, eux et d'autres : je déclare donc qu'Homère a fait d'Achille le meilleur des hommes qui soient allés à Troie, de Nestor le plus sage, et d'Ulysse le plus roué [1].

SOCRATE

Oh, oh, Hippias ! Est-ce que tu voudrais bien m'accorder une faveur : ce serait de ne pas te moquer de moi, si tu constates que je peine à comprendre tes propos et **[d]** que je me mets à t'interroger à répétition ? Si oui, essaie de me répondre avec douceur et de bonne grâce.

---

1. *Polutropotatos*, littéralement « celui qui a le plus de multiples tours ». J'adopte la traduction par « roué » pour tenter de maintenir l'ambiguïté de l'adjectif (le « roué », en français, c'est au départ celui qui mérite le supplice de la roue, mais cela désigne ensuite un individu très malin et rusé) : Ulysse, en tant que *polutropos*, est malin, il est plein de ressources et il joue des tours. Cela peut être valorisé, ou dévalorisé : le débat entre Socrate et Hippias va d'ailleurs tourner autour de cette question, pour commencer. Il faut donc éviter toute traduction de *polutropos* qui d'emblée ferait d'Ulysse un malfrat, puisque Socrate, lui, ne voit pas de connotation péjorative dans le terme. C'est Hippias qui, questionné par Socrate, va ensuite, comme une évidence, retraduire péjorativement *polutropos* en *pseudès*, c'est-à-dire menteur (365b).

HIPPIAS

Je me couvrirais de honte, Socrate, si, enseignant aux autres ces mêmes choses[1] et m'estimant digne de recevoir de l'argent pour cela, interrogé moi-même par tes soins, je ne montrais pas d'indulgence et ne te répondais pas avec douceur !

SOCRATE

Voilà de belles paroles ! Et pour ce qui me concerne donc, lorsque tu as dit qu'Achille était présenté comme le meilleur, j'ai cru entendre ton propos, **[e]** de même lorsque tu as dit que Nestor était présenté comme le plus sage ; mais lorsque tu as déclaré à propos d'Ulysse que le poète l'avait présenté comme le plus roué, cela, à te parler en vérité, je n'en saisis absolument pas le sens. Aussi, réponds à ma question, pour voir si par ce biais je te comprends mieux : Achille n'a-t-il pas été présenté comme roué par Homère ?

HIPPIAS

Pas le moins du monde, Socrate, mais au contraire, il a été présenté comme le plus simple[2] et le plus authentique[3], puisque même dans les *Prières*[4], au

1. Il s'agit, dans le contexte, des questions homériques. **2**. Achille illustre aux yeux d'Hippias l'homme sans dédoublement, qui dit ce qu'il fait et fait ce qu'il dit, par différence avec le trompeur. **3**. *Anèr alèthès*. L'adjectif *alèthès* revêt dans tout le contexte de la discussion un sens ambivalent : il désigne à la fois une manière de se comporter (sans tromper ni dissimuler, d'où la traduction par « authentique ») et une manière d'user du langage (de façon correcte, en disant le vrai). Mais dans la caractérisation des héros qu'esquisse ici Hippias, c'est la valeur morale qui prévaut. **4**. Hippias désigne ainsi la scène qui se déroule au chant IX de l'*Iliade*, entre Ulysse, Ajax et Phénix, d'un côté, Achille, de

moment où Homère les fait s'adresser les uns aux autres, Achille dit à Ulysse : **[365a]**

« Fils de Laërte, descendant de Zeus, Ulysse aux inventions multiples,
il faut que sans détour je t'annonce ma résolution,
telle que je l'accomplirai et que je pense la réaliser.
Car il est pour moi aussi haïssable que les portes de l'Hadès,
celui qui recèle une chose dans son cœur, et en avoue une autre.
Ainsi donc, en ce qui me concerne, ce que je dirai est aussi cela même qui se réalisera[1]. »

Dans ces vers, il révèle le tour d'esprit[2] de chacun des deux hommes, c'est-à-dire qu'Achille est authentique et simple, Ulysse roué et menteur[3] ; car telles sont les paroles qu'Homère fait prononcer par Achille à l'intention d'Ulysse.

SOCRATE

À présent, Hippias, il y a des chances que je

---

l'autre. Les premiers tentent de fléchir le courroux d'Achille, pour qu'il accepte de revenir combattre à leurs côtés.

1. *Iliade*, IX, 308-314. Dans la présente citation, le vers 311 (« afin que vous ne restiez pas ici, à me lancer l'un après l'autre vos roucoulements ») après « je pense la réaliser », manque. Labarbe (1949), p. 50-52, suppose que le vers manquait dans la version de l'*Iliade* que connaissait Platon. Il n'est toutefois pas exclu que l'omission du vers soit volontaire : non seulement le vers n'ajoute rien, mais il introduit de surcroît une adresse collective aux ambassadeurs grecs, qui relâche en quelque sorte la concentration de l'opposition Ulysse – Achille qu'Hippias cherche à mettre en relief. **2**. *Tropos*. **3**. La citation d'Hippias est subtile, puisqu'il choisit un passage où Achille s'adresse à Ulysse, et où le premier, en un moment dramatique, fait une déclaration solen-

comprenne ce que tu veux dire : par « roué » tu entends « menteur », à ce qu'il semble bien [1].

HIPPIAS

[c] Parfaitement, Socrate ; car Homère, en bien des endroits de l'*Iliade* et de l'*Odyssée*, l'a représenté ainsi.

SOCRATE

C'est donc apparemment que, pour Homère, autre était un homme authentique [2], autre un homme menteur, et qu'ils n'étaient pas identiques [3].

---

nelle qui exprime sa propre droiture (dire ce qu'on fait), et, par contraste, dépeint une attitude torve (faire autre chose que ce que l'on dit), qu'Hippias estime être celle d'Ulysse. Socrate est lui-même très attaché au principe de la cohérence entre la pensée et les actes, et c'est quelque chose qui est aussi porté à son crédit (cf. le *Lachès*) ; pourtant, il va totalement se démarquer d'Hippias, ce qui signifie avant tout qu'il se présente une sorte d'incohérence dans la perspective générale d'Hippias (Achille le bon, Ulysse le méchant). En réalité, Achille n'est pas si bon, et Ulysse pas si méchant, comme le montre la suite.

1. Ce n'est pas Socrate qui impose cette identification du roué et du menteur : c'est au contraire Hippias qui vient de la suggérer, conformément à tout ce que son propos initial laissait présager. Par là, Socrate ne fait que clarifier la position d'Hippias (*contra* Pradeau *in* Croiset, 2000, p. 9, n. 8). **2**. Comme Socrate colle à la représentation que se fait Hippias des héros homériques, il faut encore reprendre ici, dans la traduction, la valeur morale d'*alèthès*. Mais ensuite, l'argumentation de Socrate, qui vise à identifier sous l'angle de la compétence l'homme *alèthès* et l'homme *pseudès*, impose de traduire *alèthès* par « vrai », ou « qui dit vrai ». **3**. Socrate tire de l'opposition Achille – Ulysse celle de la distinction entre l'homme authentique et l'homme menteur, suivant la logique même d'Hippias. Il semble réservé face à une telle distinction, et la suite va confirmer qu'il en conteste le bien-fondé.

HIPPIAS

Comment peut-il en être autrement ?

SOCRATE

Est-ce que pour toi aussi il en est ainsi, Hippias[1] ?

HIPPIAS

Parfaitement ; et le contraire serait étrange.

SOCRATE

Eh bien, laissons là Homère, puisqu'il est **[d]** impossible de le réinterroger pour savoir ce qu'il pensait lorsqu'il a composé ces vers ; mais toi, puisque tu sembles cautionner cette accusation, et que tu es d'accord avec ce que, selon toi, Homère soutient, réponds conjointement pour Homère et pour toi-même[2].

Comment comprendre cela ? Socrate, certes, ne veut jamais parler qu'en vérité, pour ce qui dépend de lui (telle est sa profession de foi dans l'*Apologie de Socrate* ; cf. Balaudé, 2001, p. 121-127) – en ce sens, il est lui-même un homme « authentique » –, mais il est en même temps suffisamment avisé pour ne pas imaginer benoîtement qu'il existe des hommes « vrais » (*i.e.* détenteurs de la vérité) de part en part – il faudrait pour cela qu'ils possèdent un savoir plein, dont l'examen critique, par l'*elenchos*, révèle invariablement en chacun la carence. D'un autre côté, le mensonge peut paradoxalement révéler la détention d'un savoir. Il s'agira donc de reconduire la capacité du vrai et du faux à un même principe recherché, qui est le savoir.

1. Insistance (classique dans les premiers dialogues) de Socrate pour obtenir de son interlocuteur un engagement *personnel* sur l'opinion discutée, et qui resurgit encore dans la réplique suivante. Sans cela, l'*elenchos* perd son sens, et il devient même impossible.

2. C'est ici que commence véritablement l'*elenchos*. En effet, les

HIPPIAS

Soit ; eh bien, demande-moi brièvement ce que tu veux.

SOCRATE

Prenons les menteurs : tu les définis comme incapables de faire quelque chose, à la manière des gens souffrants, ou bien comme capables de faire quelque chose [1] ?

HIPPIAS

Pour moi, ils sont très capables de très nombreuses actions, et en particulier de tromper les hommes [2].

---

thèses d'un texte, poétique ou autre, ne peuvent en tant que telles être discutées ; car un texte, livré à lui-même, est chose morte (cf. *Phèdre,* 275b-276e, mais aussi l'*Apologie de Socrate*, 22a-c, sur l'incapacité constatée des poètes à commenter leurs propres vers). Ainsi, Platon semble nous dire ici que ce qui importe, c'est d'abord l'interprétation que l'on va donner de ce texte, car cette interprétation, en reprenant une thèse, lui donne un certain sens, susceptible d'être discuté. Et c'est précisément ce que la suite va illustrer. Ce qu'on cherche, donc, ce n'est pas la vérité d'Homère, mais les implications d'une thèse donnée, telle qu'elle est assumée par un individu particulier. La thèse constitue ainsi l'expression d'un point de vue subjectif, en l'occurrence celui d'Hippias, dont on va tester la cohérence.

1. Socrate met en place les éléments de la première prémisse, qui est mise en forme par Hippias lui-même dans sa réponse : les menteurs sont capables. **2**. Cette réponse est incontournable : sans la capacité de mentir, le menteur ne ment pas. Si l'on se trompe par défaut, c'est-à-dire par défaut de capacité, rien de tel dans le cas du menteur (*contra* Pradeau *in* Croiset, 2000, p. 11, n. 11, qui affirme quelque chose – « la réponse soutenue ici est irrecevable » – d'assez peu intelligible).

SOCRATE

[e] Apparemment donc, si je suis ton propos, ce sont des gens capables ainsi que des gens roués ; c'est bien cela ?

HIPPIAS

Oui.

SOCRATE

Mais sont-ils roués et trompeurs par bêtise et irréflexion, ou bien par une adresse doublée de réflexion [1] ?

HIPPIAS

Par la plus grande des adresses, accompagnée de réflexion.

SOCRATE

Alors, apparemment, ce sont des gens avisés [2].

HIPPIAS

Par Zeus, oui, ils le sont à l'extrême !

SOCRATE

S'ils sont avisés, savent-ils ou ne savent-ils pas ce qu'ils font [3] ?

---

1. *Hupo panourgias kai phronèseôs tinos*. C'est là la deuxième prémisse : les menteurs sont adroits et avisés. **2**. *Phronimoi*. La correspondance avec *phronèsis*, traduit par « réflexion », aurait voulu que je traduise par « réfléchis » ; mais on perd alors à peu près toute l'ambiguïté du terme ici, qu' « avisés » me semble mieux maintenir. **3**. Voici la troisième prémisse : les menteurs disposent d'un savoir.

HIPPIAS

Ils le savent très bien ; voilà pourquoi ce sont des perfides.

SOCRATE

En sachant ce qu'ils savent, sont-ils ignorants ou bien habiles [1] ?

HIPPIAS

[366a] Eh bien, ils sont habiles assurément dans l'art même de tromper.

SOCRATE

Voilà ! Remémorons-nous en quoi consistent tes déclarations : tu dis que les menteurs sont des gens capables, avisés, savants et habiles dans les choses où ils mentent [2] ?

HIPPIAS

C'est bien en effet ce que je dis.

SOCRATE

Et pour toi, différents sont les hommes authentiques

---

1. *Sophoi*. Le contexte montre que le terme ne peut être pris que dans le sens d'une compétence dans un domaine donné ; « savant » ferait ici faux sens. C'est en tout cas la quatrième prémisse : puisqu'ils savent, les menteurs sont habiles (*sophoi*).
2. Socrate récapitule l'ensemble des quatre prémisses successivement admises par Hippias, qui forment un ensemble que l'on désignera comme ensemble A : ce sont les qualités du menteur qui sont ici rassemblées. Il va alors passer à un deuxième ensemble de prémisses, qui va décomposer les conditions du mensonge.

et les hommes trompeurs ; mieux : ils sont les plus opposés les uns aux autres [1] ?

HIPPIAS

C'est ce que je dis.

SOCRATE

Alors ! Parmi les gens capables et habiles, à ce qu'il semble, certains sont menteurs d'après ton propos.

HIPPIAS

Oui, absolument.

SOCRATE

[b] Mais lorsque tu dis que les menteurs sont capables et habiles, est-ce que tu veux dire qu'ils sont capables de mentir sur les sujets sur lesquels ils mentent, s'ils le veulent, ou bien qu'ils sont incapables de mentir sur les sujets sur lesquels ils mentent ?

HIPPIAS

Pour moi, cela est sûr, ils en sont capables.

SOCRATE

À le dire dans une sorte de résumé, les menteurs sont ceux qui sont habiles à mentir et qui en sont capables [2].

---

1. C'est là le rappel de la thèse introduite par Socrate dans le fil de la position d'Hippias, en 365c (cf. *supra*, n. 3, p. 95). **2**. On peut isoler là une cinquième prémisse, qui met en évidence le fait que la capacité du menteur, évoquée dès la première prémisse

HIPPIAS

Oui.

SOCRATE

Par conséquent, l'homme incapable de mentir et ignorant ne saurait être menteur[1].

HIPPIAS

C'est bien comme cela.

SOCRATE

Par conséquent, un homme, quel qu'il soit, est manifestement capable, à partir du moment où il fait **[c]** ce qu'il veut, quand il veut ; je veux dire, lorsqu'il n'est pas empêché par la maladie ou des choses de ce genre, à la façon dont tu peux, toi, quand tu le veux, écrire mon nom – c'est en ce sens-là que je prends le terme. N'appelles-tu pas capable celui qui est ainsi disposé[2] ?

(365d), ou encore son habileté-*sophia* (prémisse 4 : 365e) est spécifiquement capacité et habileté à mentir.

1. Sixième prémisse, obtenue par renversement de la précédente : celui qui n'a ni capacité ni habileté à mentir n'est pas un menteur. **2**. Cette septième prémisse est décisive : elle met en évidence le fait que la capacité à mentir s'articule, comme toute capacité, à un principe d'autodétermination. Ainsi, qu'un homme soit capable de mentir signifie qu'il peut, s'il le veut, se mettre à mentir, mais pas nécessairement ni systématiquement. Ayant en main ce deuxième ensemble de prémisses B (= prém. 5, 6, 7), Socrate va alors adjoindre un troisième ensemble de prémisses qui examine cette fois la capacité à dire vrai ; pour cela, il va se livrer à une application sur la personne même d'Hippias.

HIPPIAS

Si.

SOCRATE

Alors dis-moi, Hippias, n'es-tu donc pas expert en comptes et en calcul ?

HIPPIAS

Le meilleur qui soit, Socrate.

SOCRATE

Ainsi donc, si quelqu'un te demandait combien font trois fois sept cents, si tu le voulais, plus vite et **[d]** mieux que n'importe qui, tu fournirais la réponse exacte ?

HIPPIAS

Certainement.

SOCRATE

Est-ce à dire qu'en cette matière tu es le plus capable et le plus habile ?

HIPPIAS

Oui.

SOCRATE

Est-ce donc que tu es le plus habile et le plus capable seulement, ou bien es-tu aussi le meilleur dans ce domaine où tu es le plus capable et le plus habile, c'est-à-dire l'art du calcul ?

HIPPIAS

Certainement le meilleur, Socrate !

SOCRATE

Alors certainement, pour ces calculs, tu pourrais énoncer des vérités qui témoignent de ta capacité, n'est-ce pas[1] ?

HIPPIAS

Je pense bien que oui !

SOCRATE

[e] Qu'en est-il des mensonges[2] dans ces mêmes calculs ? Réponds-moi, comme auparavant, Hippias, avec générosité et grandeur ; si quelqu'un te demandait combien font trois fois sept cents, est-ce toi surtout qui serais en mesure de mentir et d'énoncer constamment, suivant le même principe, des mensonges touchant ce calcul, parce que tu voudrais mentir et ne jamais répondre la vérité, ou bien est-ce l'ignorant en matière de calcul qui serait en mesure de le faire mieux que toi, toi qui aurais eu l'intention de mentir ? Ou encore, il arriverait souvent que l'ignorant, qui voudrait **[367a]**

---

1. On peut tirer de cet échange une nouvelle prémisse (= prém. 8) : celui qui dit vrai dans un domaine tel que le calcul est habile et capable dans ce domaine. **2**. Hors contexte, on traduirait *pseudos,* dans une telle phrase, par « erreur ». Mais comme on le voit tout aussitôt après, il est question de dire volontairement le faux, de commettre intentionnellement une erreur. C'est donc bien de mensonge qu'il est question ici, dans le fil de ce qui a été posé au-dessus (cf. 366b). Le mouvement qu'amorce maintenant Socrate va conduire à une neuvième prémisse (cf. 367c), fatale à la thèse d'Hippias.

proférer un mensonge, dirait la vérité malgré lui, par hasard, en vertu de son ignorance, tandis que toi, l'homme habile, si tu voulais mentir, tu mentirais toujours suivant le même principe ?

HIPPIAS

Oui, c'est bien comme tu le dis.

SOCRATE

Le menteur, en conséquence, serait-il menteur en toutes matières, sauf en ce qui concerne le nombre, et ne saurait-il mentir à propos des nombres ?

HIPPIAS

Si, par Zeus, il peut aussi mentir à propos des nombres.

SOCRATE

Irons-nous jusqu'à supposer ceci, Hippias : **[b]** qu'il existe un homme trompeur en matière de calcul et de nombre ?

HIPPIAS

Oui.

SOCRATE

Quel homme serait-ce ? Ne faut-il pas qu'il ait, s'il doit être un menteur, et comme tu viens d'en convenir, la capacité de mentir ? Car celui qui est incapable de mentir, si tu t'en souviens, tu as dit de lui qu'il ne saurait jamais être menteur.

HIPPIAS

Je m'en souviens, c'est ce que j'ai dit.

SOCRATE

Donc, à l'instant, c'est toi qui es apparu comme le plus capable de mentir en matière de calculs ?

HIPPIAS

Oui, c'est ce que nous avons dit.

SOCRATE

[c] Mais tu es aussi le plus capable d'énoncer la vérité en matière de calculs ?

HIPPIAS

Tout à fait.

SOCRATE

Donc, le même homme est capable de dire vrai et faux en matière de calculs ? Et cet homme, c'est l'homme qui a compétence dans ce domaine, le spécialiste en calculs [1].

---

1. Telle est la neuvième prémisse, qui complète l'ensemble du raisonnement entamé en 366c, et fait apparaître la réversibilité des prémisses 5 et 8 (le menteur qui est capable de mentir, est aussi capable de dire vrai, et le spécialiste d'un domaine tel que le calcul, qui est le plus capable de dire vrai, est aussi le plus capable de dire faux). Pour paradoxale qu'elle apparaisse, sortie de son contexte, cette dernière prémisse tire son caractère incontestable du fait qu'elle s'appuie sur la considération de ce qu'implique la capacité à agir.

HIPPIAS

Oui.

SOCRATE

Qui peut donc se faire menteur en matière de calculs, Hippias, est-ce un autre homme que l'homme compétent ? Car c'est lui qui est capable ; c'est lui, l'homme qui dit vrai.

HIPPIAS

Il semble.

SOCRATE

Tu vois par conséquent que le même homme est menteur et dit vrai dans ce domaine, et que l'homme qui dit vrai n'est nullement supérieur au menteur ? **[d]** Car il est assurément une même personne, et il n'a pas les qualités les plus opposées, comme toi tu le pensais tout à l'heure[1].

HIPPIAS

De ce point de vue, c'est vrai, ils ne semblent pas opposés.

---

1. Socrate tire ici la conclusion renversant la thèse d'Hippias (telle que dégagée par Socrate en 365c et 366a ; cf. notes *ad loc.*), par identification de l'homme capable de dire vrai et faux à l'homme qui ment et dit vrai, autrement dit par assimilation de la capacité à l'effectivité. Cette inférence est évidemment contestable, pour ne pas dire fausse (elle est opérée subrepticement), et c'est elle qu'Hippias devrait rejeter. En l'acceptant sans sourciller, il se condamne à ne pas pouvoir échapper à l'*elenchos* de Socrate.

SOCRATE

Veux-tu que nous considérions un autre domaine[1] ?

HIPPIAS

Oui, si tu veux.

SOCRATE

Tu es aussi expert en géométrie, n'est-ce pas ?

HIPPIAS

Certes oui.

SOCRATE

Eh bien, dans le cas de la géométrie, n'en est-il pas de même ? C'est le même homme qui est le plus capable de mentir et de dire la vérité sur des figures géométriques – j'ai nommé le géomètre ?

HIPPIAS

Oui.

SOCRATE

Dans ce domaine donc, l'homme compétent, est-ce un autre que lui ?

HIPPIAS

[e] Non, nul autre.

---

1. Socrate procède à un élargissement ; pourtant, à ce point, la thèse d'Hippias est d'ores et déjà réfutée. C'est qu'il s'agit maintenant d'amplifier l'effet du premier *elenchos*, et de le rendre plus incontestable encore, mais aussi bien plus persuasif.

SOCRATE

Donc, le bon et habile géomètre est certainement le plus capable de ces deux choses ? Et si jamais un homme vient à mentir sur une question de figure géométrique, ce sera lui, en fait, le bon géomètre ? Car ce dernier est capable, tandis qu'il nous est apparu que le mauvais est incapable de mentir ; de sorte qu'il ne saurait y avoir de menteur qui ne sache mentir, comme on s'est accordé là-dessus.

HIPPIAS

C'est cela.

SOCRATE

Envisageons donc encore un troisième cas, celui de l'astronome ; c'est à nouveau une science dans laquelle tu considères **[368a]** être encore plus savant que dans les précédentes ; c'est cela, Hippias ?

HIPPIAS

Oui.

SOCRATE

Alors, en astronomie aussi la situation est la même ?

HIPPIAS

Il y a apparence, Socrate.

SOCRATE

Et est-ce qu'en astronomie, s'il y a un menteur, ce ne sera pas le bon astronome qui sera ce menteur, lui qui est capable de mentir ; car ce n'est évidemment pas l'incapable – lui, en effet, est ignorant ?

HIPPIAS

Selon toute apparence, il en est ainsi.

SOCRATE

C'est donc le même homme qui, en astronomie aussi, sera celui qui dit vrai et qui ment.

HIPPIAS

Il semble.

SOCRATE

Eh bien, vas-y, Hippias, poursuis de cette façon à loisir ton enquête dans [**b**] toutes les sciences, pour voir si d'aventure il en va différemment de ce que nous venons de voir. Tu es, de tous les hommes, de loin le plus habile dans la plupart des arts, comme je t'ai, moi, entendu t'en vanter, un jour où tu présentais sur la place publique, près des comptoirs, tes nombreuses et très enviables compétences. Tu disais que tu t'étais rendu une fois à Olympie en ayant fabriqué toi-même tout ce que tu avais sur toi : tout d'abord l'anneau que tu portais – c'est par là que tu commençais – [**c**] était ton œuvre, car tu savais ciseler les anneaux ; ton cachet aussi était ton œuvre, ainsi que ton étrille et ton flacon d'huile, que tu avais fabriqués toi-même. Ensuite, les chaussures que tu portais, tu disais que tu les avais toi-même taillées, et aussi que tu avais tissé ton manteau et ta tunique. Mais ce qui, à coup sûr, parut à tous le plus extraordinaire, et la démonstration d'une habileté sans pareille, c'est lorsque tu expliquas que la ceinture de la tunique que tu portais était pareille aux plus riches ceintures perses, et que tu l'avais toi-même tressée. En plus de tout cela, tu étais venu avec des poèmes, des épopées, des tragédies, [**d**] des dithyrambes, et de nombreux discours en prose, composés de toutes sortes de façons. Et justement, à propos des arts dont j'ai parlé tout à l'heure, tu disais que tu en étais devenu spécialiste à un niveau qui te mettait au-dessus des autres, de même au sujet des rythmes, des harmonies, de la correction des mots [1], et de bien d'autres choses encore, en plus de celles-là, pour autant que je m'en souvienne. Ah oui, j'oubliais, semble-t-il, ton art mnémonique [2], dans lequel tu estimes être le plus brillant ; mais je pense [**e**] que j'en oublie un très grand nombre d'autres. Or, voici précisément ce que je veux dire : si tu considères tes propres arts – ils sont suffisamment nombreux ! – et ceux des autres, dis-moi si d'aventure, d'après ce sur quoi nous sommes tombés d'accord, toi et moi, tu trouves un art où il y a d'un côté l'homme qui dit vrai, de l'autre l'homme qui ment, séparés et non semblables ? Examine cette question pour ce que tu veux – habileté, [**369a**] adresse, ou comme il te plaira de l'appeler [3] : eh bien, tu n'en trouveras pas, mon camarade, car il n'y en a pas ! Mais je te laisse la parole.

---

1. Cf. en parallèle *Hippias majeur*, 285d. **2**. Par ce faux oubli, Socrate s'amuse ; mais on va voir qu'il anticipe ainsi sur un véritable oubli d'Hippias (369a), qui est en réalité, de la part de celui-ci, la marque d'une incapacité. **3**. Allusion ironique aux compétences d'Hippias en matière de correction grammaticale, qui viennent d'ailleurs d'être rappelées.

HIPPIAS

Eh bien, je ne peux pas en trouver, Socrate, pour le moment du moins.

SOCRATE

Et tu ne pourras certainement pas, selon moi ; or, si je dis vrai, tu te souviens de ce qui en résulte d'après notre raisonnement, Hippias.

HIPPIAS

Je ne me représente pas bien ce que tu veux dire, Socrate.

SOCRATE

C'est qu'en ce moment tu ne te sers sans doute pas de ton art mnémonique [1] ; car manifestement tu ne crois pas en avoir besoin. Eh bien, c'est moi qui vais t'aider à te remémorer : tu sais que tu soutenais qu'Achille était authentique, et Ulysse [**b**] menteur et roué ?

HIPPIAS

Oui.

SOCRATE

À présent donc, te rends-tu compte que le menteur et celui qui dit vrai nous sont apparus identiques, de sorte que si Ulysse était menteur, il devient aussi quelqu'un qui dit vrai, et si Achille disait vrai, il devient aussi menteur, et ces hommes ne diffèrent pas

1. Socrate souligne la déroute d'Hippias, qu'aucun art, pas même celui de la mémoire, ne vient désormais soutenir.

les uns des autres, ils ne sont pas contraires, mais semblables[1] ?

HIPPIAS

Socrate, tu entrelaces constamment des raisonnements de ce genre, et prélevant la partie la plus difficile du raisonnement, [**c**] tu t'en tiens à elle, procédant par petites touches, au lieu de t'attaquer à l'ensemble du problème sur lequel porte la discussion[2]. Mais à présent, si tu veux, je te démontrerai en utilisant des preuves nombreuses, dans un discours complet, qu'Homère a fait Achille meilleur qu'Ulysse, et étranger au mensonge, tandis que l'autre, il l'a fait rusé, plein de mensonges, et inférieur à Achille. Mais si tu veux, oppose de ton côté discours à discours, pour montrer que c'est l'autre qui est meilleur. Ainsi, les personnes présentes sauront mieux qui tient le meilleur discours[3].

---

1. L'ensemble du raisonnement est appliqué aux deux héros homériques sur le mode hypothétique : si Ulysse est menteur, il est aussi celui qui dit vrai ; si Achille dit vrai, il est aussi menteur. Le raisonnement n'est vrai que si l'on en reste au plan de la *dunamis*, de la capacité ; Socrate omet de le préciser, ce qui donne une allure scandaleuse à la conclusion tirée (intentionnellement scandaleuse, s'il est besoin de le préciser). **2**. Ce reproche de morcellement des problèmes sera à nouveau adressé par Hippias à Socrate dans l'*Hippias majeur* (cf. 301b et 304a). Hippias réclame que l'on adopte d'emblée une vue d'ensemble, qui semble se suffire à elle-même, et fait l'entière économie de toute analyse – aux antipodes de la démarche socratique. **3**. Hippias propose donc une joute oratoire à Socrate, sur le mode de l'*epideixis*, du discours-exposé, qui est le registre dans lequel il excelle. Ce dernier, tout en feignant de la décliner (de fait, Socrate se refuse à ce mode de débat ; cf. notamment, à ce propos, *Gorgias*, 487d), va l'amorcer, en opposant à Hippias un contre-portrait des deux héros, qui est un portrait

SOCRATE

[**d**] Hippias, en ce qui me concerne, je ne conteste évidemment pas que tu sois plus savant que moi. Mon habitude constante, vois-tu, consiste, lorsque quelqu'un affirme quelque chose, à y appliquer mon esprit, surtout lorsque celui qui parle me paraît savant, et dans mon désir de comprendre ce qu'il avance, je ne cesse de m'informer auprès de lui, j'examine ses propos sous toutes les coutures, je les compare, afin de les comprendre [1]. En revanche, si celui qui parle me paraît incompétent, je ne le questionne pas de façon suivie et je ne me soucie pas de ce qu'il dit [2]. Ainsi, tu connaîtras par ce trait quels sont ceux que j'estime savants [3] : tu me trouveras, en effet, attaché [**e**] aux propos de chacun

---

proprement inversé : Ulysse ne semble pas mentir ; Achille, si. Donc, selon les critères d'Hippias, c'est ce dernier qui devrait être tenu pour inférieur à Ulysse. Comme on va le voir, la provocation sera payante.

1. En réponse à Hippias, Socrate justifie sa démarche de questionnement, qu'il motive habilement par la volonté de comprendre (*mathein*). Mais c'est bien d'*elenchos* qu'il s'agit, autrement dit de mise à l'épreuve critique, ce qu'il ne peut avancer ouvertement face à la superbe d'Hippias. **2**. Cette remarque complémentaire montre que Socrate n'est pas purement et simplement en train de se moquer d'Hippias, et plus largement des « savants ». Il y a de leur part une prétention à la compétence, qui vaut la peine d'être examinée en effet, car elle peut produire un enseignement au moins négatif. Il en est en revanche qui parlent pour ne rien dire, qui sont d'emblée incohérents, et ceux-là ne méritent aucune attention. Si le compliment fait ici par Socrate aux savants est ironique – de fait, ce savoir va se vider de son contenu prétendu –, il ne relève pas toutefois de la dérision pure et simple. Sans les « savants », Socrate n'aurait plus beaucoup d'interlocuteurs... **3**. L'usage absolu de *sophoi* ici doit être compris différemment de l'occurrence

d'eux, lui demandant des informations, afin de comprendre et d'en tirer avantage. C'est ainsi qu'à présent je réfléchis à ce que tu disais – le fait que dans les vers cités par toi tout à l'heure tu montres qu'Achille s'adresse à Ulysse comme s'il était un vantard –, et il me semble étrange, si tu dis vrai, qu'Ulysse [**370a**] ne donne jamais l'impression de mentir, lui le roué, tandis qu'Achille montre de la rouerie d'après ton raisonnement ; car il est certain qu'il ment[1]. Il commence en effet par prononcer ces vers, que tu citais tout à l'heure[2] :

« Car il est pour moi aussi haïssable que les portes de l'Hadès, celui qui recèle une chose dans son cœur, et en avoue une autre. »

[**b**] Peu après, il ajoute qu'il ne se laissera convaincre ni par Ulysse ni par Agamemnon, et qu'il n'est pas question pour lui de rester à Troie, mais :

« Demain, dit-il, après avoir sacrifié à Zeus et à tous les dieux,

j'équiperai tous mes vaisseaux, et une fois que je les aurai tirés à la mer,

---

de *sophos* dans le cours de l'argumentation sur la compétence : il s'agit bien de faire référence à des individus qui se présentent comme « savants » en un sens absolu, soit donc à ceux que le terme de « sophistes » finalement consacrera.

1. C'est là la thèse feinte de Socrate qui, inversant les caractères définis par Hippias, renverse totalement la thèse de ce dernier. Dans la suite immédiate, il ne la maintient pas telle quelle, et en 370e, se contente, de façon atténuée, de les présenter comme à peu près semblables, ce qui ramène à la conclusion de 369b. Mais, comme Hippias persiste, il revient une deuxième fois à cette thèse renversante (371a-d). **2**. Cf. *supra*, 365a-b.

tu verras, si tu le veux et si tu y prends quelque intérêt,

naviguer dès l'aurore, sur l'Hellespont poissonneux,

[**c**] mes navires, et, dedans, mes hommes pleins d'ardeur à ramer ;

et si l'illustre Ébranleur-de-la-terre me donne une bonne traversée,

le troisième jour je parviendrai à la Phthie[1] au sol fertile[2]. »

Et encore avant cela, il couvre d'injures Agamemnon, et lui dit :

« À présent, je vais partir pour la Phthie, car il vaut bien mieux pour moi

retourner dans ma demeure sur mes navires recourbés, et je n'entends pas

[**d**] rester ici, privé d'honneurs, à puiser pour toi biens et richesses[3]. »

Alors qu'il a prononcé ces paroles, tantôt face à l'armée tout entière, tantôt face à ses propres compagnons, il ne se montre nulle part en train de faire ses préparatifs ou de tirer ses navires pour retourner chez lui par la mer ; au contraire, on le voit, avec beaucoup de superbe, mépriser de dire la vérité[4]. C'est ainsi, Hippias, que dès le début je t'ai interrogé, parce que j'étais dans l'embarras pour savoir lequel des deux hommes [**e**] le poète avait représenté comme le meilleur, et parce que je pensais que tous deux étaient excellents, et qu'il était difficile de juger lequel était le meilleur, aussi bien du point de vue du mensonge

---

1. Il s'agit de la patrie d'Achille. **2**. *Iliade*, IX, 357-363. **3**. *Iliade*, I, 169-171. **4**. C'est donc le désaccord entre les paroles et les actes d'Achille qui est ici dénoncé.

que de la vérité, et de la vertu en général ; car tous deux, sous ce rapport également, sont à peu près semblables [1].

HIPPIAS

C'est que tu ne mènes pas bien ton examen, Socrate. Car les choses fausses qu'Achille prononce, il apparaît que c'est sans préméditation qu'il les prononce, et bien malgré lui, puisqu'il est contraint par le désastre de l'armée à rester là et à leur venir en aide. En revanche, dans le cas d'Ulysse, c'est de son plein gré et avec préméditation que celui-ci les prononce.

SOCRATE

Tu me trompes, très cher Hippias, et tu te mets toi-même à imiter Ulysse !

HIPPIAS

[**371a**] Absolument pas, Socrate ! Enfin, que veux-tu dire ? sur quoi t'appuies-tu pour me faire pareil reproche ?

SOCRATE

Eh bien, c'est que, dis-tu, Achille ment sans préméditation, lui qui, outre sa vantardise, est à ce point charlatan et insidieux, selon la présentation d'Homère,

---

1. Socrate ne maintient pas ici sa thèse renversante (il n'est pas Protagoras, spécialiste de tels renversements...), qu'il ne semble avoir avancée que pour renforcer l'*elenchos* conclu en 369b ; sa conclusion, ici, revient d'ailleurs à peu près à ce qu'il disait alors : Achille et Ulysse s'équivalent. Mais comme Hippias campe sur ses positions, Socrate va dans la suite immédiate renchérir encore dans la contre-exégèse et la provocation.

qu'il semble beaucoup plus avisé qu'Ulysse pour lui dissimuler aisément qu'il se vante, et que face à lui il a eu l'audace de se contredire lui-même, à l'insu d'Ulysse ; en tout cas, on ne voit pas Ulysse lui dire quoi que ce soit suggérant qu'il a conscience [**b**] du mensonge que l'autre a proféré [1].

HIPPIAS

À quoi fais-tu référence pour dire cela ?

SOCRATE

Ne sais-tu pas qu'un peu après avoir dit à Ulysse qu'il embarquerait pour le retour à l'aurore, s'adressant cette fois à Ajax il déclare qu'au contraire il n'embarquera pas pour s'en retourner, et tient des propos tout différents [2] ?

HIPPIAS

Où donc ?

SOCRATE

Dans les vers où il dit :

« Non, je n'aurai pas une pensée pour la guerre sanglante,

[**c**] avant que le fils du sage Priam, le divin Hector,

---

1. Socrate s'amuse une dernière fois à pousser à son extrémité le renversement de la thèse d'Hippias : c'est Achille qui ment, face à Ulysse, innocent trompé... Ne s'agit-il pas de montrer, en même temps qu'Hippias est pris à revers, que l'exégèse d'un texte permet de soutenir à peu près toutes les positions ? **2**. Après avoir dénoncé le désaccord entre les paroles et les actes, Socrate souligne maintenant le désaccord entre elles des paroles prononcées par Achille.

ne soit arrivé aux tentes et aux navires des Myrmidons,

en massacrant les Argiens, et n'ait détruit par les flammes nos navires.

Auprès de ma tente et de mon noir vaisseau,

Alors, j'arrêterai Hector, je le pressens, tout ardent qu'il soit au combat[1]. »

Alors, toi, Hippias, crois-tu que [**d**] le fils de Thétis[2], qui a été éduqué par le si savant Chiron[3], est tellement prompt à l'oubli, qu'après avoir peu de temps auparavant injurié les vantards avec la dernière violence, il dise lui-même aussitôt après à Ulysse qu'il va embarquer pour le retour, et à Ajax qu'il reste ? Ne crois-tu pas qu'il a prémédité cela, pensant qu'Ulysse était vieux et qu'il le surpasserait dans l'art de ruser et de mentir ?

HIPPIAS

Ce n'est pas du tout mon opinion, Socrate ! Mais comme il a, [**e**] avec candeur, changé d'avis là-dessus, il a tenu à Ajax d'autres propos que ceux qu'il avait tenus à Ulysse. Ulysse en revanche, les choses vraies qu'il dit, il les dit toujours avec préméditation, et toutes ses faussetés de même[4].

---

1. *Iliade*, IX, 650-655. **2**. Achille était fils de Pélée et de la nymphe marine Thétis. **3**. Le centaure Chiron, de Thessalie, aurait enseigné la médecine au dieu Asclépios et à Achille. **4**. Voilà ce qu'il ne fallait pas dire ! Socrate a obtenu qu'Hippias modifie sa position : tenant maintenant pour accordé qu'Achille dit parfois des choses fausses, il distingue entre la fausseté involontaire d'Achille et la fausseté intentionnelle d'Ulysse. Corollaire de la thèse initiale, cette nouvelle thèse n'en est pas moins distincte ; et elle s'expose à une réfutation instantanée (cf. note suivante).

SOCRATE

Dans ce cas, semble-t-il, Ulysse est meilleur qu'Achille[1].

HIPPIAS

Voyons, Socrate, pas le moins du monde !

SOCRATE

Pourquoi ? Est-ce qu'il ne nous est pas apparu tout à l'heure que ceux qui mentent de leur plein gré sont supérieurs à ceux qui mentent malgré eux ?

HIPPIAS

Et comment, Socrate, ceux qui commettent des injustices de leur plein gré, et [**372a**] qui préméditent et accomplissent des actions mauvaises de leur plein gré, seraient-ils supérieurs à ceux qui le font malgré eux ? Pour eux, il y a lieu de montrer une grande indulgence, s'ils en viennent sans le savoir à commettre une injustice, à mentir ou à commettre quelque autre mauvaise action. Et assurément, les lois sont beaucoup plus sévères envers ceux qui accomplissent des actions mauvaises et qui mentent de leur plein gré, qu'envers ceux qui le font malgré eux[2].

---

1. L'*elenchos* de la thèse modifiée d'Hippias tombe instantanément comme un couperet, par l'application de ce qui a été montré tout à l'heure (366e-367a), à savoir que le mensonge intentionnel était supérieur au mensonge involontaire (comme Socrate le rappelle dans la réplique suivante) ; Ulysse, *dans la perspective même d'Hippias*, est donc supérieur à Achille. **2**. Sans nul doute, c'est à cela que Socrate voulait conduire Hippias : à une réflexion sur

SOCRATE

Tu vois, Hippias, que je dis vrai, quand je dis que [**b**] je m'attache à poser des questions aux savants[1] ? Et il y a des chances que ce soit la seule bonne chose en moi, car pour le reste ce n'est pas très brillant. En effet, la nature des réalités m'échappe, et je ne sais pas comment elles sont. Et j'en veux pour preuve le fait que, lorsque je me trouve en compagnie de l'un d'entre vous, hommes réputés pour votre savoir, vous dont tous les Grecs peuvent témoigner du savoir, je montre que je ne sais rien ; en effet, sur les mêmes questions, je n'ai pour ainsi dire aucune opinion en commun avec vous. [**c**] Or, quelle plus grande preuve de son ignorance peut-il y avoir que de diverger d'opinion avec des hommes qui sont savants[2] ? Mais je dispose de cette unique, merveilleuse qualité, qui me sauve : c'est

---

notre rapport aux valeurs, par-delà la question même des caractères (*tropoi*). En invoquant la justice, le personnage Hippias semble très conforme à l'Hippias historique. Ce qui, toutefois, est plus étonnant, c'est qu'il fasse ici exclusivement référence à ce que les lois prescrivent. En effet, c'est, selon Hippias, dans la nature que se fonde la justice ; mais c'est aussi dans la nature que s'ancrent les caractères (*tropoi*). Platon suggère ainsi que, pris au piège par Socrate, Hippias est contraint de s'appuyer sur ce que stipulent les lois positives. Certes, l'on pourrait dire qu'Hippias ne voit pas de conflit irrémédiable et constant entre la légalité naturelle et les lois positives. Mais la question de l'intentionnalité de l'acte peut-elle être résolue sur le terrain de la nature ? Il semble bien que non, et l'argument d'Hippias résonne ici comme un aveu.

1. Cf. *supra*, 369d-e, et n. 3, p. 113. **2**. Nous sommes là face à la forme la plus pure d'ironie socratique : Socrate proclame son ignorance face aux savants, et cet aveu d'infériorité est aussi en même temps la revendication d'une supériorité que la première partie de la discussion a, de fait, largement commencé à établir.

que je n'ai pas honte d'apprendre ; au contraire, je m'informe, je pose des questions, et je sais le plus grand gré à celui qui me répond ; et jamais je n'ai manqué de reconnaissance envers quiconque : en effet, lorsque j'ai appris quelque chose, je ne l'ai pas dissimulé, faisant comme si ce savoir était ma propre découverte. Tout au contraire, je fais l'éloge de celui qui m'a enseigné comme de quelqu'un de savant, et je révèle ce que j'ai appris de lui. Eh bien précisément, [**d**] dans le moment présent, je ne suis pas d'accord avec toi, je suis même en totale divergence de vue. C'est, je le sais bien, de ma faute, parce que je suis tel que je suis, pour éviter d'employer en ce qui me concerne les grandes formules. En effet, Hippias, les choses m'apparaissent, à moi, tout l'inverse de ce que tu dis, toi : ceux qui nuisent aux hommes, qui commettent des injustices, qui mentent, qui trompent, qui commettent des fautes de leur plein gré, et non pas malgré eux, m'apparaissent meilleurs que ceux qui font cela malgré eux [1]. Quelquefois pourtant, j'ai aussi l'opinion inverse [2], et j'erre dans ces questions, [**e**] parce que je ne sais pas, évidemment. Mais là, à l'instant présent, c'est comme si je subissais l'accès d'une maladie, et ceux qui de leur plein gré se trompent en quelque chose me semblent supérieurs à ceux qui se trompent malgré eux. Je rends responsables de la présente affection nos

---

1. On a vu plus haut le glissement subreptice qu'opérait Socrate entre être capable de mentir et mentir effectivement (367c-d). Il continue ici d'utiliser cette subreption, par laquelle il a déjà totalement dérouté Hippias. **2**. Par ce qu'il présente comme une hésitation, Platon fait entendre au lecteur que l'intention de Socrate n'est évidemment pas de faire l'apologie du mensonge et de la duperie.

raisonnements antérieurs, de sorte qu'il m'apparaît là, à l'instant présent, que ceux qui accomplissent malgré eux chacun des actes dont nous parlons, sont plus vils que ceux qui les accomplissent de leur plein gré. Alors, toi, fais-moi une faveur, en ne refusant pas de soigner mon âme ; [**373a**] en effet, tu me procureras un bien beaucoup plus grand à faire cesser en mon âme l'ignorance, qu'en mon corps la maladie[1]. Cela étant, si tu veux prononcer un long discours, je te préviens que tu ne saurais me guérir – car je ne pourrais pas te suivre ; si au contraire, comme tout à l'heure, tu veux bien me répondre, tu m'apporteras grand profit, et je pense que toi non plus tu n'en subiras aucun tort. Mais il serait juste que je t'appelle à l'aide, toi aussi, fils d'Apèmantos[2]. C'est bien toi en effet qui m'as incité à engager la discussion avec Hippias. Et si, maintenant, Hippias ne veut pas me répondre, demande-le-lui pour moi.

EUDICOS

Mais à mon avis, Socrate, Hippias ne demandera

---

1. Le paradigme de la médecine est topique chez Platon, et il est vraisemblable qu'il remonte à Socrate lui-même (cf. spécialement, parmi les dialogues socratiques, le *Charmide*). Ici, il est appliqué ironiquement à Hippias, qui ne peut qu'accepter de porter secours à un malade en détresse. Le piège final est ainsi disposé : il revient à Hippias d'essayer de dissiper les conséquences moralement désastreuses d'un raisonnement que Socrate et lui ont pourtant mené en commun ! **2**. Il s'agit d'Eudicos, qui, on s'en souvient, assiste depuis le début à l'entretien, et l'a même engagé. C'est lui en effet qui avait poussé initialement Socrate à s'adresser à Hippias (363a), et Socrate ne se fait pas faute de le rappeler.

absolument pas [**b**] que nous le lui demandions [1] ; car ses propos antérieurs n'étaient pas de ce genre ; au contraire, il disait qu'il ne fuirait les questions de personne [2]. C'est bien cela, Hippias ? N'est-ce pas ce que tu disais ?

HIPPIAS

Oui, bien sûr ; mais Socrate, Eudicos, met toujours le trouble dans les propos, et il donne l'impression de préparer un mauvais coup [3].

SOCRATE

Excellent Hippias, ce n'est pas de mon plein gré que je me conduis comme tu dis – car je serais savant et habile suivant ton propos –, c'est malgré moi ; aussi, montre de l'indulgence à mon endroit. Tu dis en effet par ailleurs qu'il faut, envers celui qui, malgré lui, agit mal, se montrer indulgent [4].

EUDICOS

[**c**] Tu ne peux certainement pas faire autrement, Hippias : à la fois pour nous et au nom des paroles que tu as préalablement prononcées, réponds aux questions que te pose Socrate.

---

1. Le redoublement, précieux, est assez ridicule. Eudicos, en élève d'Hippias, s'exerce à parler avec des effets. **2**. Cf. *supra*, 363d ; c'étaient en effet les premières paroles d'Hippias. **3**. Le moins que l'on puisse dire est qu'Hippias a désormais perdu une bonne partie de sa sérénité initiale, et sans doute de son aplomb. **4**. Socrate sait opportunément s'appuyer sur les déclarations de son interlocuteur...

HIPPIAS

Eh bien, je répondrai, puisque tu me le demandes ; vas-y, demande-moi ce que tu veux [1].

SOCRATE

Assurément, j'ai un très grand désir, Hippias, d'examiner à fond ce dont nous nous entretenons en ce moment, cette question de savoir lesquels sont meilleurs, ceux qui se trompent de leur plein gré ou malgré eux. Je pense que pour cet examen le plus correct serait de s'y prendre de la façon suivante. Réponds à cette question : y a-t-il des coureurs que tu traites de bons ?

HIPPIAS

Oui, évidemment.

SOCRATE

Et des coureurs que tu traites de mauvais ?

HIPPIAS

[**d**] Oui.

SOCRATE

Donc, celui qui court bien est bon, et celui qui court mal mauvais ?

HIPPIAS

Oui.

---

1. Cet accord ouvre le second moment de la discussion : l'approfondissement de la conclusion atteinte précédemment amène en fait à un élargissement de la thèse, du fait de mentir à celui de se tromper volontairement en général.

SOCRATE

Celui qui court lentement court mal, et celui qui court vite court bien ?

HIPPIAS

Oui.

SOCRATE

Donc, dans une course et pour le fait de courir, la vitesse est un bien, et la lenteur un mal ?

HIPPIAS

Peut-on dire autre chose ?

SOCRATE

Alors, quel coureur est supérieur à l'autre, celui qui court lentement intentionnellement [1], ou celui qui court mal malgré lui ?

HIPPIAS

Celui qui court lentement intentionnellement.

SOCRATE

Et est-ce que courir, ce n'est pas faire quelque chose ?

---

1. L'élargissement du propos conduit à traduire désormais *hekôn* par « intentionnellement » ou « par intention », plutôt que « de son plein gré ». Si l'on peut mentir de son plein gré, mal courir de son plein gré sonne de manière trop étrange. Mais l'idée reste la même.

HIPPIAS

Oui, c'est faire quelque chose.

SOCRATE

Mais faire, n'est-ce pas aussi obtenir un résultat[1] ?

HIPPIAS

[**e**] Oui.

SOCRATE

Donc, celui qui court mal obtient dans la course un résultat mauvais et honteux ?

HIPPIAS

Mauvais, évidemment.

SOCRATE

Mais celui qui court lentement court mal ?

HIPPIAS

Oui.

SOCRATE

Donc, le bon coureur obtient intentionnellement ce résultat mauvais et déshonorant, tandis que, dans le cas du mauvais coureur, c'est malgré lui ?

HIPPIAS

Oui, il y a apparence.

---

1. Litt. « produire, réaliser quelque chose ».

SOCRATE

Donc, dans une course, celui qui obtient un mauvais résultat malgré lui est plus médiocre que celui qui l'obtient intentionnellement.

HIPPIAS

Dans une course, en effet.

SOCRATE

[**374a**] Mais qu'en est-il à la lutte ? Lequel des deux lutteurs est supérieur, celui qui tombe intentionnellement ou celui qui tombe malgré lui ?

HIPPIAS

Celui qui tombe intentionnellement, semble-t-il bien.

SOCRATE

Mais à la lutte, le plus médiocre et le plus déshonorant, c'est de tomber ou de renverser ?

HIPPIAS

De tomber.

SOCRATE

Et à la lutte, est-ce que celui qui obtient intentionnellement des résultats médiocres et déshonorants est un lutteur supérieur à celui qui les obtient malgré lui ?

HIPPIAS

C'est ce qui semble.

SOCRATE

Mais qu'en est-il dans le cas de tout autre exercice physique[1] ? Celui qui est supérieur physiquement, n'est-ce pas celui qui peut obtenir les deux sortes de résultats, [**b**] forts et faibles, déshonorants et beaux ? de sorte que celui qui obtient des résultats physiques déshonorants est physiquement supérieur, s'il obtient ces résultats-là intentionnellement, et physiquement médiocre, s'il les obtient malgré lui ?

HIPPIAS

Il semble que pour ce qui est de la force aussi, il en aille de la sorte.

SOCRATE

Mais qu'en est-il de la belle apparence physique, Hippias ? N'est-ce pas à celui qui est physiquement supérieur qu'il revient de prendre intentionnellement des attitudes laides et médiocres, et à celui qui est physiquement médiocre de les prendre malgré lui ? Qu'en penses-tu ?

HIPPIAS

Cela même.

---

1. Socrate souligne ici nettement le mouvement inductif qu'il suit, et qui va aboutir à l'incontournable conclusion générale.

SOCRATE

Et il y a donc une difformité intentionnelle qui dépend d'une qualité du corps, [**c**] et une difformité contrainte, qui dépend d'un état médiocre du corps.

HIPPIAS

Semble-t-il.

SOCRATE

Et qu'as-tu à dire concernant la voix [1] ? Laquelle déclares-tu la meilleure, celle qui chante faux par intention, ou celle qui chante faux malgré elle ?

HIPPIAS

Celle qui chante faux par intention.

SOCRATE

Et la plus défectueuse est celle qui chante faux malgré elle ?

HIPPIAS

Oui.

SOCRATE

Et que préférerais-tu obtenir, des biens ou des maux ?

---

1. Étendant l'enquête, Socrate s'appuie maintenant sur le cas des parties ou des capacités du corps, qu'il semble ainsi doter d'une autonomie d'action. Mais l'intention qu'il évoque dépend *in fine* de l'âme, sur laquelle l'énumération va d'ailleurs déboucher.

HIPPIAS

Des biens.

SOCRATE

Alors, préférerais-tu avoir des pieds qui claudiquent par intention, ou malgré eux ?

HIPPIAS

Par intention.

SOCRATE

[**d**] Et la claudication, n'est-ce pas pour les pieds une tare, une difformité ?

HIPPIAS

Oui.

SOCRATE

Et ensuite : la myopie n'est-elle pas une tare des yeux ?

HIPPIAS

Oui.

SOCRATE

Alors, quels yeux voudrais-tu avoir, à quels yeux voudrais-tu être lié ? À ceux avec lesquels on peut voir flou et de travers, par intention, ou malgré soi ?

HIPPIAS

Aux premiers.

SOCRATE

Donc, tu considères comme supérieures les parties de ton corps qui obtiennent de médiocres résultats par intention, plutôt que malgré elles ?

HIPPIAS

Celles-là assurément.

SOCRATE

Donc, un seul énoncé vaut pour tout, que ce soit les oreilles, le nez, la bouche, et tous les sens : [**e**] ceux qui donnent de mauvais résultats malgré eux, tu n'en veux pas parce qu'ils sont médiocres, mais ceux qui donnent de mauvais résultats par intention, tu les veux parce qu'ils sont bons.

HIPPIAS

Oui, c'est mon avis.

SOCRATE

Et encore : de quels instruments l'usage habituel est-il supérieur, l'usage de ceux avec lesquels on peut obtenir par intention de mauvais résultats, ou l'usage de ceux avec lesquels on les obtient malgré eux ? par exemple, dans le cas du gouvernail, est-ce celui avec lequel on gouverne mal malgré soi qui est supérieur, ou celui avec lequel on gouverne mal par intention ?

HIPPIAS

Celui avec lequel on gouverne mal par intention.

SOCRATE

N'en va-t-il pas de même pour l'arc, la lyre, la flûte et tout le reste ?

HIPPIAS

Tu dis vrai.

SOCRATE

[**375a**] Et encore : vaut-il mieux posséder un cheval doté d'une âme[1] qui permet à son cavalier de mal monter par intention, ou un cheval avec lequel on monte mal malgré soi ?

HIPPIAS

Celui avec lequel on monte mal par intention.

SOCRATE

Il est donc meilleur.

---

1. *Psuchè*. La mention de l' « âme » peut paraître étonnante, et une traduction par « tempérament » ou « naturel » par exemple rendrait mieux le sens ici. Mais ensuite, Socrate va continuer à parler d'âme, jusqu'à arriver à la considération de notre âme à nous (375c). Cette gradation doit être préservée. Dans les dialogues de la maturité et ceux de la dernière période, Platon suggérera d'ailleurs que l'âme d'un animal est une âme humaine qui a connu une dégradation dans l'ordre des incorporations (l'âme immortelle passe successivement par plusieurs corps) lorsque par son comportement elle a démérité (cf. en particulier *Timée*, 90). Le cheval est vu ici comme un instrument animé, et la qualité requise pour l'âme du cheval est avant tout la docilité.

HIPPIAS

Oui.

SOCRATE

C'est donc avec le cheval doté de l'âme la meilleure que l'on peut obtenir par intention de médiocres résultats, rapportés à cette âme, tandis qu'avec l'autre cheval, on obtient malgré soi de médiocres résultats, en rapport avec cette âme médiocre.

HIPPIAS

Oui, tout à fait.

SOCRATE

Donc, il en est de même pour le chien, et tous les autres animaux [1] ?

HIPPIAS

Oui.

SOCRATE

Et maintenant, alors ? Est-il mieux d'être un archer dont l'âme rate intentionnellement sa cible, ou un archer dont l'âme la rate malgré elle ?

HIPPIAS

[**b**] Un archer dont l'âme la rate intentionnellement.

---

1. La généralisation est un brin excessive ; en tout cas, Socrate n'a en vue que des animaux susceptibles de dressage et d'apprentissage.

SOCRATE

Et donc, l'âme qui rate malgré elle est plus médiocre que celle qui rate intentionnellement ?

HIPPIAS

Du moins dans le tir à l'arc.

SOCRATE

Mais qu'en est-il de la médecine ? N'est-ce pas celle [1] qui intentionnellement obtient de mauvais résultats dans les soins du corps, qui est la plus apte à soigner ?

HIPPIAS

Oui.

SOCRATE

Celle-là est donc meilleure dans l'art médical que celle qui n'obtient pas ces mauvais résultats intentionnellement.

HIPPIAS

Elle est meilleure.

SOCRATE

Et encore : l'âme la meilleure citharède, et la meilleure flûtiste, et [**c**] ainsi de suite pour tout ce qui dépend des arts et des sciences, une telle âme n'est-elle pas meilleure parce qu'elle obtient des mauvais résultats, des résultats déshonorants, et se trompe

---

1. Le grec ne le précise pas, mais il s'agit implicitement de l'âme, comme dans l'exemple précédent, et l'exemple suivant.

intentionnellement, tandis que l'âme plus médiocre aboutit à ces résultats malgré elle ?

HIPPIAS

C'est ce qui semble.

SOCRATE

Et certes, nous aimerions mieux avoir des esclaves dont les âmes se trompent et agissent mal intentionnellement plutôt que malgré elles, parce qu'elles sont meilleures pour les tâches qui sont les leurs.

HIPPIAS

Oui.

SOCRATE

Et encore : notre âme à nous, est-ce que nous ne voudrions pas qu'elle soit la meilleure possible[1] ?

HIPPIAS

Oui.

SOCRATE

[**d**] Elle sera donc meilleure si elle agit mal, et se trompe, intentionnellement ou malgré elle ?

HIPPIAS

Ce serait certainement une conséquence terrible, Socrate, que ceux qui commettent intentionnellement

---

1. Il s'agit là du leitmotiv éthique de Socrate : l'homme veut le bien, et il ne peut que vouloir s'améliorer. Nous arrivons ainsi au point central visé par Socrate dans cet *elenchos*.

des injustices soient supérieurs à ceux qui les commettent malgré eux[1] !

SOCRATE

Mais c'est bien ce qui ressort de toutes nos considérations[2].

HIPPIAS

Pas pour moi en tout cas !

SOCRATE

Et moi qui pensais, Hippias, que cela t'était également apparu ! Réponds-moi à nouveau[3] : la justice n'est-ce pas une capacité, une connaissance, ou les deux ? N'est-il pas nécessaire que la justice soit l'une de ces choses ?

HIPPIAS

Oui.

---

1. Le même effroi qu'exprimait Hippias en 372a, à la fin de la première partie de la discussion, face aux conséquences morales extravagantes du raisonnement, resurgit ici. Socrate va confirmer et accentuer l'apparence immorale de la position, pour obliger Hippias à en méditer la signification. **2**. La conséquence est imparable : si nous voulons que notre âme soit la meilleure possible, nous devons souhaiter qu'elle soit savante, ce qui, *retraduit* dans l'hypothèse d'école examinée, signifie que l'on doit souhaiter que notre âme puisse se tromper et mal agir intentionnellement. Hippias, lui, ne voit que l'aspect provocateur de la conclusion, qu'il prend au pied de la lettre. **3**. Socrate s'apprête effectivement à reprendre le raisonnement, mais aussi à renchérir une dernière fois, en présentant l'homme de bien comme celui qui est le plus capable de mal agir.

SOCRATE

[**e**] Si donc la justice est une capacité de l'âme, l'âme la plus capable sera la plus juste ? En effet une telle âme, je crois, nous est apparue supérieure, excellent homme.

HIPPIAS

Elle nous est bien apparue telle.

SOCRATE

Qu'en est-il si elle est une connaissance ? N'est-ce pas l'âme la plus savante qui sera la plus juste ? tandis que la plus ignorante sera la plus injuste [1] ?

HIPPIAS

< Oui. >

SOCRATE

Qu'en est-il si elle est les deux ? n'est-ce pas celle qui possédera les deux, la connaissance et la capacité, qui sera la plus juste, tandis que la plus ignorante sera la plus injuste ? Est-ce qu'il n'en est pas nécessairement ainsi ?

HIPPIAS

Il semble.

SOCRATE

C'est donc la plus capable et la plus savante qui nous

---

1. La chose est dite ; nul moyen donc de voir dans ce développement l'apologie du crime et de l'injustice...

est apparue supérieure, et la mieux à même de parvenir aux deux types de résultats, [**376a**] les beaux et les honteux, pour tout type d'activité ?

HIPPIAS

Oui.

SOCRATE

Donc, lorsqu'elle obtient des résultats honteux, elle les obtient intentionnellement, grâce à sa capacité et à son art ; et ces choses-là semblent relever de la justice, que ce soit les deux, ou l'un des deux [1].

HIPPIAS

Il y a apparence.

SOCRATE

Quant au fait de commettre l'injustice, cela revient à faire de mauvaises actions, tandis que ne pas commettre l'injustice, revient à faire de belles actions ?

HIPPIAS

Oui.

SOCRATE

Donc, l'âme la plus capable et la meilleure, chaque

---

1. C'est-à-dire la capacité et l'art. Socrate reprend le trilemme de tout à l'heure (capacité, savoir, les deux), en substituant ici l'art au savoir. Rien d'étonnant à cela, car jusqu'au bout Platon voit une *epistèmè* à l'œuvre dans toute *technè* (cf. ainsi les analyses du *Politique*). La dialectique elle-même est une *technè*.

fois qu'elle viendra à commettre une injustice, la commettra intentionnellement, tandis que l'âme médiocre la commettra malgré elle [1] ?

HIPPIAS

Il semble.

SOCRATE

[**b**] Donc, l'homme de bien est celui dont l'âme est bonne, tandis que l'homme qui est mauvais, c'est celui qui a une âme mauvaise ?

HIPPIAS

Oui.

SOCRATE

C'est donc le fait d'un homme de bien de commettre l'injustice intentionnellement, et le fait d'un homme mauvais de la commettre malgré lui [2], s'il est vrai que l'homme de bien a une âme bonne.

HIPPIAS

Mais oui, il en a une telle.

SOCRATE

Par conséquent, celui qui se trompe, accomplit des actes honteux et injustes de son plein gré, celui-là,

---

1. C'est là une première conclusion concernant la justice et l'injustice, strictement parallèle à celles qui précèdent. **2**. Cette affirmation ne correspond-elle pas à ce que constamment Socrate soutient ? Nul n'est méchant de son plein gré.

Hippias, si toutefois il existe quelqu'un qui soit tel, ne saurait être que l'homme de bien [1].

HIPPIAS

Il ne m'est pas possible de t'accorder cela, Socrate [2].

SOCRATE

À moi non plus, Hippias ; pourtant, [c] les choses nous apparaissent nécessairement ainsi à l'instant présent, en conséquence de notre raisonnement. En tout cas, comme je te le disais tout à l'heure, sur ces questions j'erre d'un côté et d'un autre, et jamais je n'ai le

---

1. Cette deuxième conclusion porte à son intensité maximum la thèse soutenue, puisqu'elle semble identifier l'homme de bien à l'homme délibérément injuste. Mais la clause de réserve, « si toutefois il existe quelqu'un qui soit tel », est évidemment cruciale : il n'existe pas, *en fait*, de tel homme, car, aux yeux de Socrate, personne n'est méchant par intention délibérée d'être méchant, mais dans tous les cas le méchant se trompe sur ce qu'il prend pour son bien. Il faut ainsi comprendre que le raisonnement reste entièrement hypothétique : *si* l'on devait tromper et commettre l'injustice, il vaudrait mieux le faire par intention que malgré soi, puisque cela signifierait que l'on détient le savoir du bien et du juste. Mais *en fait*, et précisément, un tel savoir, par sa nature même de savoir du bien, rend absolument impossible l'accomplissement d'un acte mauvais en connaissance de cause. Donc, l'homme de bien ne commettra pas le mal. Mais Socrate fait *l'ellipse* de cette conclusion, et laisse Hippias entièrement dans la pénombre... Parce qu'il revient à chacun de reconnaître la primauté du savoir, et ce qu'impliquera son effective mise en œuvre. **2**. Le dialogue se termine abruptement, sur la dénégation obstinée d'Hippias, et l'habile aveu d'errance de Socrate. Ce dernier n'atténue en rien la force du raisonnement, et impose ainsi à l'autre d'en méditer le sens.

même avis ; d'ailleurs, que moi ou tout autre profane[1] soyons dans l'errance, rien d'étonnant à cela ; en revanche, que vous aussi, les savants, vous erriez, cela, définitivement, est terrible pour nous, puisque, à supposer même que nous nous rendions auprès de vous, nous n'en finirons pas avec notre errance[2].

---

1. *Idiôtèn.* Socrate reste délibérément du côté des ignorants, mais, aussi bien, du côté d'Ulysse. On se souviendra ainsi que dans le mythe d'Er, forgé plus tard par Platon, Ulysse vient choisir sa vie en dernier, et cherche une vie simple, d'*idiôtès*, qu'il finit par trouver (*République*, X, 620c-d). Ulysse, le roué, est aussi le plus humain des héros homériques ; il est le héros d'endurance, qui passe par l'errance et résiste par son intelligence. **2.** Socrate termine avec insistance sur une note ulysséenne : la réalité du mensonge et du mal échappe, et l'errance que cette recherche entraîne n'est pas près de s'arrêter ; les savants, tel Hippias, loin de représenter la patrie, ne sont à cet égard qu'une illusion, et une étape, à surmonter, dans le cours du voyage, pareils à une Circé, ou aux Sirènes. Il faut bien être Ulysse pour résister aux prestiges de leur prétendu savoir...

Introduction à l'*Hippias majeur*

« Si l'on sait que telle chose déterminée est "plus belle", il est nécessaire que pour cette raison on sache aussi de façon définie au regard de quoi elle est "plus belle". »

ARISTOTE, *Catégories*, 7, 8b7-9.

L'*Hippias majeur,* dialogue au cours duquel Socrate et Hippias recherchent en commun la nature du beau (*to kalon*), n'a pas suscité dans les décennies passées une littérature critique considérable. Entre les auteurs qui le classent parmi les dialogues inauthentiques, et ceux qui y voient un dialogue de transition, moins caractéristique que les premiers et ceux qui suivront, ou moins intéressant que d'autres de la même période, il reste peu de spécialistes pour s'attacher à explorer la discussion engagée ici entre Socrate et Hippias[1]. Mais la vérité est que la majorité des lecteurs du

1. Une très notable exception est constituée par le remarquable ouvrage de P. Woodruff, *Plato. Hippias major* (= Woodruff, 1982), comportant une traduction et de substantiels éléments de commentaire. Je me trouve du reste dans un assez large accord avec son interprétation du dialogue.

dialogue en fait une lecture simpliste et peu problématique, retenant qu'Hippias est un parfait imbécile qui fait la part trop belle à Socrate, que la mécanique réfutative tourne un peu à vide, et que s'y trouvent enfin ces références à l'essence, à la forme du beau, décidément trop délicates à interpréter dans le cadre d'un dialogue de la première période, et qui ramènent insensiblement vers l'idée que le dialogue est un faux[1]. Autant de raisons qui font que l'on passe somme toute rapidement sur ce dialogue jugé moins riche, plus artificiel que d'autres, plus exemplaires ou profonds, tels le *Protagoras,* le *Gorgias* ou le *Ménon*. La lecture que pour ma part je proposerai du dialogue est assez éloignée de ce qu'il faut bien qualifier d'idées reçues, à la fois restrictives et approximatives.

L'*Hippias majeur* est en réalité un dialogue à fonds multiples ; c'est un dialogue de dérision et un dialogue sérieux, un dialogue d'éducation et un dialogue de recherche. L'*Hippias majeur* serait indigne du génie de Platon : mais c'est qu'on l'a tellement simplifié et caricaturé qu'il en est devenu méconnaissable ! Le personnage d'Hippias passe pour stupide ; mais qui, au débotté, sans être instruit par des siècles de spéculation métaphysique, aurait pu proposer à Socrate une définition résistante et consistante du beau ? D'ailleurs, Platon nous en fournit-il seulement une dans toute son œuvre ?

---

1. Ainsi, parmi d'autres, Guillermit, 2001, qui souligne le ridicule d'Hippias, considère corrélativement que toute la métaphysique platonicienne sous-tend le dialogue... et qu'il est donc inauthentique (cf. p. 112-113) ! Cet essai représente, hélas ! un monument d'incompréhension...

En réalité, l'*Hippias majeur* nous plonge dans les affres de la recherche la plus radicale, dont on ne sort pas, et nous y rencontrons le paradoxe déjà croisé dans des dialogues antérieurs, et qui sera mis en pleine lumière dans le *Ménon* : connaître, c'est définir, mais définir se révèle impossible. Dira-t-on qu'il faut néanmoins chercher ? Mais comment chercher ce qu'on ne connaît pas ? Et si même on le trouve, comment le reconnaître ? Certes, au paradoxe de Ménon, Socrate répond par la réminiscence[1] : la possibilité de la connaissance est préservée, mais la définition de la vertu n'est pas atteinte... Par la suite, l'ambition épistémologique sera de connaître les essences en remontant jusqu'à elles par la pensée ; mais la définition ne sera plus alors qu'un moyen, reconnu comme imparfait, de nous acheminer vers la chose à connaître. L'*Hippias majeur,* lui, témoigne encore de la focalisation socratique sur la définition, vue comme la garantie d'un savoir véritable ; mais il manifeste surtout l'exacerbation de cette recherche de définition, qui devient à elle-même son propre objet. Et l'échec à définir, parce qu'il est aussi bien celui de Socrate, qui en vient à passer en position de répondant face à lui-même, apparaît en ce sens intenable, et impose la recherche d'une voie de dépassement. L'échec, commun à tous les dialogues de la première période, caractérise de fait cette recherche platonicienne qui ne s'est pas encore équipée de sa double hypothèse majeure – hypothèse épistémologique de la réminiscence, et hypothèse ontologique des Idées. Mais en devenant l'échec de Socrate,

1. *Ménon*, 81a-d.

il change de sens, et marque en fait l'éloignement irrémédiable du socratisme.

À cet égard, le thème principal du dialogue est loin d'être indifférent. Le beau de l'*Hippias majeur* semble constituer un sujet d'investigation se situant sur le même plan que d'autres envisagés dans divers dialogues socratiques (courage, tempérance, piété, justice) ; en réalité, quelque chose de plus ambitieux et de plus radical se manifeste : il ne s'agit plus d'appréhender une valeur déterminée (qui relève toujours d'un domaine d'action spécifique, et le déborde constamment – c'est la difficulté inhérente à la thèse de l'unité de la vertu), mais bien de s'interroger en quelque sorte sur ce qui fait le fond même de toute valeur. En effet, on se demande ici non pas ce qu'est tel type de chose belle (et bonne)[1], comme le courage, la piété, mais on s'interroge sur ce qui fait que l'on peut dire d'une chose qu'elle est belle (et bonne). La difficulté inhérente à toute recherche de définition est ici démultipliée par l'extrême variété des formes du beau. Hippias est assurément présenté comme un lourdaud, mais une réponse était-elle disponible pour quiconque ? L'inscience socratique n'étant plus désormais la référence, cette question porte contre Socrate lui-même.

1. Cf. *infra*, p. 174-178, sur la distinction et la complémentarité de *kalon* et d'*agathon*.

I. Le dialogue. Son authenticité, sa place dans l'œuvre

L'authenticité de l'*Hippias majeur* n'a pas été contestée dans l'Antiquité, mais elle l'a été en revanche bien plus souvent à l'époque moderne, et encore de nos jours. Pourquoi ? Il apparaît comme un dialogue hybride, présentant à la fois les caractéristiques des dialogues socratiques types, mais aussi un certain nombre de traits qui le situent en quelque sorte au-delà de la stricte procédure socratique qu'illustrent ces derniers. D'où l'idée, soutenue par certains, qu'il n'est pas de Platon, mais a été forgé après coup.

On peut formuler tout de suite la ligne suivie ici : il n'y a pas de raison très sérieuse de suspecter l'*Hippias majeur* au nom de ses caractéristiques en quelque sorte composites ; ou alors il faudrait pour des raisons analogues faire porter la suspicion sur le *Gorgias* ou le *Ménon*. Si les dialogues socratiques de la première période, du *Lachès* au *Charmide*, de l'*Euthyphron* au *Protagoras*, ou à *République I*[1], présentent des traits communs, il a bien fallu que se produise une évolution, dans l'abord et le traitement des problèmes philosophiques, qui mènera à la *République*, ou plus tard au *Sophiste,* pour citer des dialogues emblématiques. Posons, et ce serait la thèse la plus générale sur l'*Hippias majeur*, que ce dialogue est le témoin d'une telle évolution, au même titre que le *Gorgias* et le *Ménon,*

1. Que ce dernier soit un dialogue socratique écrit avant les autres livres de la *République* (= *Thrasymaque*) n'est pas établi ; il en présente en tout cas les caractéristiques.

et qu'il constitue à sa façon, singulière, une charnière. Sur le plan procédural, en effet, l'on assiste à un affranchissement progressif de l'*elenchos* dans sa forme socratique pure[1]. On peut soutenir que le *Gorgias* manifeste le premier la visée de vérité qui devrait légitimement accompagner l'*elenchos*[2], tandis que le *Ménon* dépasse la procédure de l'*elenchos* en tant que telle par la mise en place de l'hypothèse de la réminiscence[3] ; et dans cette perspective, l'*Hippias majeur* serait à situer entre ces deux dialogues. Il reste en effet lié à l'*elenchos*, au point que dans la première partie il se déroule conformément à un dialogue socratique type, tel que le *Charmide*. Mais dans la seconde, il rompt avec sa configuration classique, tout en maintenant la structure interrogative. Et l'on voit alors Socrate – chose sans équivalent dans les dialogues antérieurs, *tout simplement parce que Socrate se l'interdit* – proposer des tentatives de définition, qu'il se charge de récuser et réfuter lui-même. Quelque chose de comparable se produit dans le *Lysis*, à ceci près que ce dernier est tout entier constitué par un examen réfutatif de Socrate, portant sur des définitions qu'il propose lui-même. C'est évidemment là la marque la plus évidente

---

1. Au sens de « mise à l'épreuve », comme je l'ai défini à propos de l'*Hippias mineur* ; cf. *supra*, p. 42-48 ; cf. aussi note suivante. **2**. G. Vlastos (*in* Vlastos, 1983) avait bien repéré le point, mais avait pensé que cet aveu du *Gorgias* révélait la portée épistémique conférée par Socrate à l'*elenchos*. Il s'agit là d'une flagrante erreur de perspective, car le passage du *Gorgias* révèle au contraire la réinterprétation-réappropriation platonicienne de l'*elenchos*, auparavant reproduit, dans les premiers dialogues, strictement selon sa dimension personnelle de mise à l'épreuve. **3**. Sur ces deux points, voir, pour plus de détail, Balaudé, 1996b.

du mouvement de totale appropriation par Platon de l'*elenchos* qui, de purement personnel, devient centré sur la chose en discussion[1].

Récapitulons l'évolution que le critère de l'*elenchos* et de ses usages permet d'esquisser. Sur une ligne tracée à partir des dialogues socratiques mettant en scène l'*elenchos* adversatif et *ad hominem*, et menant aux dialogues de la maturité (*Phédon, République*), dans lesquels l'*elenchos* apparaît marginal, on placerait en position intermédiaire, « de transition » comme l'on dit souvent, l'*Hippias majeur* et le *Lysis*. Après eux prendrait place le *Ménon*, qui, avec l'hypothèse de la réminiscence, clôt véritablement la première période et ouvre à la seconde (inaugurée par le *Phédon*), et avant eux devrait être situé le *Gorgias :* celui-ci offre la particularité de faire permuter Socrate au sein de l'*elenchos*, puisqu'il passe à un moment de sa position traditionnelle de questionneur à celle de répondant (face à Polos), et finit devant le mutisme de Calliclès par faire lui-même les questions et les réponses[2]. Par là, le *Gorgias* ouvre bien la voie à l'*Hippias majeur*, au *Lysis*, puis au *Ménon*. Dans ces quatre dialogues, le questionnement élenctique se montre donc en pleine mutation, et à vrai dire ces transformations formelles vont de pair avec un infléchissement problématique : le *Gorgias* indique que désormais le dialogue

---

1. Ce n'est donc pas, comme le pensait Vlastos (1994, chap. 4), que l'*elenchos* est abandonné, mais son usage se transforme. C'est dans ce deuxième temps seulement qu'il acquiert véritablement une visée épistémique.Voir à ce propos Balaudé, 1996b, et l'Introduction à l'*Hippias mineur*, *supra*, p. 48-53. **2**. Voir Balaudé, 1996b, p. 18-22.

philosophique vise aussi la vérité, tandis que le *Ménon* pointe pour la première fois en direction d'un fondement théorique de cette aspiration à la vérité, sous la forme de l'hypothèse de la réminiscence [1] ; de son côté, le *Lysis* illustre ce souci désormais prédominant de définir en vérité la chose considérée, en confiant au soin exclusif de Socrate de tenter de définir la *philia*, tandis que l'*Hippias majeur* tente de cerner non plus seulement l'essence de telle valeur ou vertu, mais, avec le beau, de nature si diverse et si peu déterminée, la valeur de la valeur.

En termes de datation, ce qui précède suggère que l'*Hippias majeur* a été écrit sensiblement plus tard que l'*Hippias mineur*, très vraisemblablement donc vers la fin de la première période de l'activité littéraire de Platon, soit quelque temps avant son premier voyage en Sicile, entre 390 et 387 av. J.-C.

Une autre manière enfin de situer l'*Hippias majeur* est de l'inscrire dans un cycle de dialogues antisophistiques dans lequel entreraient également l'*Hippias mineur*, le *Protagoras*, l'*Euthydème*, mais aussi le *Gorgias*, et plus tard le *Théétète* et le *Sophiste*. À ce titre, il est l'un des témoins de la longue confrontation de Platon et des sophistes, dont l'enjeu le plus large est celui de la légitimité en matière de savoir : le sophiste se présente comme un homme de savoir, il est un prétendant au savoir ; à ce titre, le philosophe (Socrate sur le mode négatif, Platon sur le mode

1. Que cette avancée théorique repose sur le recours à d'antiques traditions est un autre problème...

positif) s'oppose à lui, et s'applique à faire ressortir les insuffisances de son enseignement, les impasses théoriques qu'il méconnaît ou occulte. En l'occurrence, c'est à une sophistique fondée sur la rhétorique des grands discours, et sur l'accumulation de savoir, que s'en prend Platon ; mais c'est aussi avec une sophistique illustrant une position théorique sérieuse et séduisante, naturaliste et nominaliste, qu'il se collette. Comme on le verra [1], ces deux aspects, de dérision et de critique sérieuse, coexistent dans l'*Hippias majeur*, et l'apparentent d'un côté à l'*Euthydème* (les sophistes ridicules), de l'autre au *Protagoras* ou mieux encore au *Théétète* (Hippias comme véritable adversaire philosophique).

II. Les circonstances du dialogue et ses personnages

Circonstances

Le dialogue, qui se présente sous forme d'un récit direct, se tient dans une exceptionnelle indétermination de temps et de lieu ; sur l'ensemble des circonstances du dialogue entre Hippias et Socrate, nous ne saurons à peu près rien, sauf qu'Hippias est là de passage à Athènes, où il retourne un certain temps après y être venu (une ou plusieurs fois ?). On ne saurait imaginer de ce point de vue plus grand contraste entre l'*Hippias majeur* et le *Protagoras*, qui, sur le mode du récit rapporté (par Socrate lui-même à un ami), relate avec

1. Cf. *infra*, p. 158-165.

un grand luxe de détails les circonstances de l'entretien entre Socrate et Protagoras (venue célébrée de Protagoras à Athènes, description haute en couleur de la maison de Callias, des personnes présentes et assistant au dialogue...). De là à supposer que l'on tient ainsi un indice de l'inauthenticité du dialogue, il n'y a qu'un pas, d'aucuns ayant imaginé que Platon n'aurait jamais pu se contenter d'une aussi totale nudité de la scène. Mais cela n'est peut-être qu'un préjugé de plus, qui prétend fixer les normes du dialogue platonicien, sans reconnaître à Platon la totale liberté d'invention et de choix des effets. Car si la scène du *Protagoras* est une arène publique, voulue comme telle, celle de l'*Hippias majeur* est inversement pensée comme un huis clos, où tous les effets sont concentrés dans l'échange, et le résultat exclusif de l'échange. En fait, les échappées hors de la confrontation duelle se font par la seule évocation d'un troisième personnage anonyme, qui est là sans être là, puisque Socrate ne fait jamais que l'évoquer. Pourtant, sa figure agit directement sur le résultat de l'échange et enrichit le dialogue, qui se dédouble en de multiples dialogues et sous-dialogues, rapportés et/ou fictifs (les dialogues antérieurs entre Socrate et l'anonyme ; le dialogue virtuel entre Socrate, reprenant les propos d'Hippias, et l'anonyme ; le dialogue entre Socrate et Hippias, Socrate mimant l'anonyme...). De ce point de vue, il fallait en effet cette nudité du décor pour que l'intensité de cette confrontation démultipliée entre le sophiste polymathe Hippias et le bicéphale Socrate-anonyme prenne tout son relief.

Plus généralement, le *no man's land* du dialogue produit un effet de très grande concentration autour de l'échange même : que vaut exactement cet individu magnifique, qui se présente comme l'homme du savoir total ? D'un bout à l'autre, le projecteur est braqué sur lui, qu'il réponde à l'anonyme ou à Socrate, ou encore que Socrate reprenne ses propos face à l'anonyme.

Cela étant, est-il possible de situer la date dramatique du dialogue ? Socrate fait allusion au succès public de Gorgias lors de son passage à Athènes en 427 av. J.-C. (cf. 282b) ; le dialogue est donc supposé avoir eu lieu ensuite. Woodruff (1982, p. 94) estime qu'il doit s'être déroulé entre 421 et 416, soit dans le temps de la paix de Nicias. Cela est plausible, mais si l'on recherche une date vraisemblable, on ne perdra pas de vue le fait qu'Hippias est né vers 450 av. J.-C.[1], et qu'il lui a fallu un certain temps de maturation, pour se former et acquérir une grande notoriété, et aussi pour accumuler les expériences diplomatiques, qu'il évoque lui-même au début du dialogue. De surcroît, Hippias est supposé avoir déjà séjourné à Athènes, ce que pourraient accréditer aussi bien l'*Hippias mineur* que le *Protagoras*. La date dramatique de ce dernier est située par certains en 431 av. J.-C., ce qui est assurément impossible rapporté à Hippias, présenté comme un maître chez Callias ; la date de 421-420 semble plus plausible à cet égard[2]. S'agissant de l'*Hippias majeur*,

1. Untersteiner (1993, p. 101) défend la date de 443, une conjecture qui a été contestée depuis. Quoi qu'il en soit, Hippias n'est sans doute pas né avant 450, étant donné les nombreux traits de jeunesse qui lui sont prêtés ici, étant donné la différence d'âge avec Protagoras que souligne Hippias lui-même dans l'anecdote sur leurs gains respectifs en Sicile (282d-e).

2. Deux arguments internes au *Protagoras* militent en faveur de cette date : l'allusion aux *Sauvages* de Phérécrate, pièce qui date de 421, et le fait que Callias soit le maître de maison, ce qui est devenu le cas seulement

on est donc tenté d'opter pour une date dramatique proche de 416, si l'on veut absolument hasarder une situation dans le temps, qui n'a en vérité pas grande importance, étant donné les constantes libertés prises par Platon avec la chronologie. Pour qu'on s'offusque de ce fait, il faudrait que Platon ait prétendu écrire l'histoire de Socrate ; mais les dialogues sont tout, sauf cela.

Personnages

Hippias d'Élis

J'ai présenté plus haut l'Hippias historique, et dégagé de l'*Hippias mineur* les caractéristiques du portrait que Platon en trace[1]. Les traits qui se manifestent ici correspondent bien à ceux préalablement notés, en même temps que certaines inflexions se manifestent : Hippias est un sophiste et un rhéteur en vogue ; il mêle intérêt public et intérêt privé ; c'est un homme jeune (il s'oppose lui-même pour son âge à Protagoras), présomptueux et arrogant. Ce sont là trois bonnes raisons

---

à la mort de son père Hipponicos, survenue précisément à la fin des années 420. Cela étant, les fils de Périclès sont supposés avoir assisté à l'entretien ; or, ils sont morts en 429, et Alcibiade est supposé avoir au moment du dialogue sa première barbe – mais, en 421, il avait 27 ans, et 17 en 431, ce qui est évidemment beaucoup plus compatible avec cette première barbe ! Tout cela montre bien les libertés que prend Platon avec la chronologie ; par voie de conséquence, elles révèlent l'intérêt très limité de cette question de la datation dramatique (les mêmes problèmes se posent pour le *Gorgias* ; cf., à ce sujet, Dodds, 1959, p. 17-18). Cf., pour la question de la date du *Protagoras*, Trédé-Demont, 1993, p. 18.

1. Cf. *supra*, p. 10-17 et 58-61.

de la part de Socrate pour s'intéresser à lui, et exercer sur lui son *elenchos*. C'est aussi un intellectuel, et même si Platon le caricature, l'on voit qu'il campe sur une position théorique déterminée, qui va le conduire de fait à soutenir avec constance un anti-essentialisme résolu, cohérent (le beau ne se laisse appréhender qu'au travers de types exemplaires de réalités belles) et assez difficile à débusquer (cette position ne voit dans le beau qu'une abstraction ; la recherche du beau pur ne mène à rien ; de fait, elle n'aboutit pas).

Socrate

L'*elenchos* encore et toujours, l'ironie (se déchaînant dans la fiction du personnage anonyme), la feinte déférence à l'égard des sophistes et d'Hippias en particulier (en continuité avec son attitude dans l'*Hippias mineur*) caractérisent le Socrate de l'*Hippias majeur*. La différence entre le Socrate du premier *Hippias* et celui du second vient du fait qu'il s'applique à lui-même l'*elenchos*, du fait donc que Socrate abandonne sa position stricte d'ignorance, cherche même à tout prix à s'en défaire (quand l'anonyme lui montre son ignorance, il s'irrite), et s'invite finalement comme répondant dans le jeu de la recherche : il est ainsi comme « happé » par Platon, qui lui impose la quête positive de l'essence. Mais la plus grande originalité du personnage de Socrate dans l'*Hippias majeur* vient assurément de cette fiction qu'il forge d'un personnage anonyme intraitable, qui présente, sous une forme exacerbée et violente, un certain nombre de traits socratiques, et qui lui permet de se jouer d'un Hippias très sûr de lui.

L'anonyme, et les autres

C'est bien en effet de ce troisième personnage, qui participe très largement à la discussion par l'entremise de Socrate, sans jamais être présent physiquement, que vient la plus notable originalité littéraire du dialogue. C'est Socrate qui fait intervenir ce personnage plein d'excès, mi-sérieux, mi-comique, dans des postures diverses par rapport aux deux protagonistes présents. Socrate rapporte d'abord un fragment de conversation passée entre ce personnage anonyme et lui qui introduit la question du beau, puis il demande à Hippias son aide pour lui permettre de venir à bout de la question que l'autre lui oppose. À partir de là, on assiste à des jeux incessants de dédoublement de l'anonyme et de Socrate : tantôt l'anonyme adresse des questions à Hippias par la bouche de Socrate (à partir de 287a), tantôt Socrate reproduit fictivement, face à l'anonyme, en les présentant comme les siennes, les réponses que donne Hippias aux questions de l'anonyme (à partir de 288a), qui lui répond (par la voix de Socrate), tantôt encore Socrate répond à l'anonyme en s'autorisant d'Hippias, qui devient ainsi indirectement interrogé par l'anonyme (à partir de 292d-e), tantôt enfin l'anonyme commente avec Socrate les réponses d'Hippias.

L'anonyme intervient très fréquemment, parce que la question qu'il a posée à Socrate semble l'obnubiler (cf. 287b), et, au fur et à mesure que l'on avance, il apparaît que Socrate a eu l'occasion de s'entretenir à maintes reprises avec lui, au point d'avoir presque épuisé en sa compagnie le sujet du *kalon* (face aux réponses d'Hippias, Socrate peut anticiper les réponses de l'anonyme), et d'autres encore (cf. 293d). Sur cette question du beau, en tout cas, l'anonyme ne semble devoir être pris au dépourvu par aucune réponse. Par ailleurs, cet anonyme manifeste très vite des traits distinctifs forts : il est brutal et direct, sans façon et grossier, retors et redoutablement précis dans ses questions, menaçant et emporté tout à la fois.

Alors, l'anonyme, est-ce Socrate ? La réponse ne peut être simple, et même s'il est facile de se convaincre que le recours à l'anonyme est de la part de Socrate un procédé, grâce auquel il peut très franchement se jouer d'Hippias, s'il est vrai qu'en effet il prête à l'anonyme des questions, des objections qui sonnent comme nettement socratiques, en même temps l'anonyme est présenté avec une outrance qui fait de lui un vrai personnage de comédie, qu'il est d'ailleurs à part entière. Son registre, vulgaire (la marmite et la bonne purée), ses attitudes, brutales et violentes (les injures et les coups de bâton), tout cela ressortit au genre de la comédie, que Platon s'est manifestement beaucoup amusé à pasticher ici. Et ainsi, il n'est au bout du compte qu'une image grossie et déformée de Socrate ; les bastonnades que ce dernier lui prête ne vont donner lieu à aucune bastonnade réelle – nous restons dans le registre du discours. C'est ainsi qu'à un moment la réelle et authentique référence de Socrate apparaît – c'est Socrate lui-même – et qu'à la fin le personnage de l'anonyme semble se résorber dans celui de Socrate : ce dernier n'explique-t-il pas que le plus féroce critique de Socrate vit dans sa propre maison, et que nul n'est plus proche de lui (304d) ? Ainsi, l'anonyme n'est pas Socrate : il en est comme le dédoublement grotesque, produit par Socrate, qui du coup semble aspirer et Hippias et Socrate lui-même dans l'espace d'une comédie philosophique aux ressorts purement langagiers.

Pour terminer, à la fin du dialogue, aussi bien Socrate (304d) qu'Hippias (301b) font allusion à un groupe également anonyme de personnes liées à Socrate : Hippias s'en prend collectivement à elles, les associant dans sa critique de la manière socratique d'aborder les problèmes. Faut-il voir là une allusion aux socratiques (dans la logique de la fiction dialogique, il s'agit bien des proches de Socrate), ou plus spécifiquement à des platoniciens (selon la perspective d'une polémique contemporaine) ? Il est en tout cas certain que l'on se trouve là face à une représentation du phénomène d'école dont Socrate, directement ou indirectement, se trouve être à l'origine.

III. Trois approches du dialogue, trois niveaux de lecture

Pour clarifier les enjeux du dialogue, il me semble nécessaire de distinguer avec netteté trois niveaux de lecture, qui en réalité, à divers moments, se superposent, voire s'intriquent l'un dans l'autre. Le but de Platon est en effet de faire rire, mais pas seulement. Il cherche aussi à faire saisir par le lecteur la pertinence d'une question (celle de l'essence), et à montrer comment elle doit être abordée. Il se confronte enfin avec une position naturaliste et nominaliste, qui est un vrai défi à l'essentialisme qu'il défend, et qui le conduit vers la question du beau.

Premier niveau – Un dialogue satirique et comique : la dérision du sophiste Hippias... et autres contemporains ?

Dialogue de dérision, dialogue comique, l'*Hippias majeur* stigmatise la prétention sophistique, en s'en prenant à l'une des figures les plus célèbres, très emblématique et haute en couleur, celle d'Hippias d'Élis. Platon n'a pas hésité à forcer le trait, il fait d'Hippias un jeune savant sans raison, brillant et superficiel, sot et vaniteux, beau parleur doté d'une prodigieuse mémoire, mais incapable de comprendre le sens des questions socratiques. La satire est efficace, et la belle rhétorique d'Hippias apparaît comme un carcan ridicule, d'une parfaite rigidité, qui l'empêche de se mouvoir, c'est-à-dire de penser. Cela étant, derrière Hippias, il est tentant de supposer, comme je l'ai suggéré dans le Préambule, qu'un autre adversaire, ou d'autres adversaires, tout aussi contemporains, se cachent. Ainsi, à travers le personnage d'Hippias, une figure telle qu'Antisthène, le socratique précurseur du mouvement cynique, pourrait *aussi* être visé [1]. En tout cas, la proximité des positions d'Hippias et d'Antisthène face à la question de l'essence pouvait permettre à Platon de mettre efficacement en porte à faux

---

1. Que l'on rapproche, pour s'en convaincre, le refus résolu d'Hippias de rechercher la nature du beau en lui-même, avec par exemple l'anecdote d'Antisthène, qui disait chercher l'Homme de Platon ou, encore, qui disait l'avoir trouvé en produisant un poulet déplumé (allusion à la définition de l'homme, animal bipède sans plumes, donnée dans le *Politique*). Cf. *supra*, p. 17-26.

Antisthène le socratique : les positions de ce dernier devenaient au mieux l'effet d'une incompréhension de Socrate ; au pire elles tournaient le dos à Socrate, pour se rapprocher du ridicule et superficiel Hippias.

Deuxième niveau – Un dialogue pédagogique : la question de l'essence et de la définition

Mais il s'agit aussi de manière plaisante de faire entendre au lecteur la question de l'essence, son sens et sa pertinence (= l'objet théorique que la réflexion philosophique doit viser) ; ensuite, de faire apparaître les critères d'une bonne définition, par la mise en évidence des défauts formels que présentent diverses tentatives de définition (d'où l'établissement des procédures formelles qui doivent être suivies et respectées), puis des difficultés intrinsèques à certaines définitions bien formées (= la difficulté de droit à circonscrire entièrement l'essence dans la définition). L'*Hippias majeur* serait ainsi comme un manuel de la définition de l'essence.

Hippias commet en effet l'erreur de proposer en guise de définition du beau un exemple particulier de chose belle ; ce type d'erreur est en vérité fréquent dans les dialogues : on voit en effet divers personnages buter dessus – Lachès, Charmide, Euthyphron, Céphale [1]. Mais Hippias persévère dans l'erreur, à la différence de ces personnages qui vont, une fois leur fourvoiement mis en évidence par Socrate, rectifier

---

1. Cf. successivement *Lachès*, 190e ; *Charmide*, 159b ; *Euthyphron*, 5d-e ; *République* I, 331b.

leur perspective et proposer une définition de l'objet d'investigation formellement correcte, à défaut de l'être par le contenu. Ainsi, la triple erreur consécutive d'Hippias est l'occasion de préciser toujours plus finement ce que doit être la bonne définition formelle d'une essence. 1) Contre le beau-belle jeune fille, Socrate use de l'argument de la co-présence des opposés (la belle jeune fille belle et laide à la fois), qui interdit de définir le beau par un type de chose belle, laquelle n'est jamais qu'en partie belle ; 2) contre le beau-or, supposé cette fois satisfaire à la condition d'universalité, Socrate met en œuvre l'argument sélectif de la convenance (l'or n'est pas beau pour tout), qui empêche désormais de définir le beau comme un matériau ; 3) contre le beau-belle vie, supposé plus universel encore puisque répondant au souhait de tous les hommes, Socrate avance l'argument de la relativité des pratiques et des différences de statut ontologique (la belle vie est articulée différemment selon que l'on est un homme, un héros ou un dieu), qui interdit toute définition anthropocentrique du beau.

Et quand ensuite Socrate va tirer des propos mêmes d'Hippias la matière d'une définition formellement correcte du beau, avant d'en proposer lui-même trois autres, à chaque fois il montrera exemplairement en quoi ces définitions s'exposent à une réfutation, qui résulte d'apories « classiques » (la convenance bute sur l'aporie être-apparence ; l'utile bute sur la relation au bien ; l'avantageux bute sur la distinction beau-bien ; le plaisir de la vue et de l'ouïe bute sur la question de la relation un-multiple).

Troisième niveau – Un dialogue zététique et aporétique : la recherche de l'essence du beau, le nominalisme d'Hippias et l'absence de réponse

Il n'y a toutefois pas de raison de penser que Platon garde par-devers lui la réponse complète à la question de l'essence du beau. Les échos que l'on peut repérer sur ce point entre l'*Hippias majeur* et le *Phèdre* ou le *Banquet* ne sont que le signe de l'approfondissement d'une question[1]. Quant à savoir si le beau est en son essence moral (le beau comme bien), ou s'il est d'une autre nature (comme plaisant, il ressortirait à une catégorie plus large), s'il est objectif (le beau comme qualité de la chose) ou subjectif (le beau comme sentiment causé par certaines choses), s'il est ou non universel, etc., rien de tout cela ne trouve de réponse complète et/ou définitive ici, mais dans une certaine mesure n'en trouve pas non plus ailleurs – et ceci concourt à faire penser que ce dialogue est aussi un dialogue de

1. On peut préférer y voir des allusions, ce qui serait le signe d'une contemporanéité entre l'*Hippias majeur* et les dialogues de la maturité, mais l'hypothèse est absolument invérifiable, et il faudrait justifier que Platon rédige des dialogues entièrement aporétiques à un moment où il a trouvé une voie pour dépasser lesdites apories. On dira que c'est dans une perspective protreptique, mais pourquoi alors des allusions à une doctrine qui ne peut être saisie par les destinataires novices du dialogue ? Cf. Krämer, *in* Liminta, 1998, p. 25-38, présentant le dialogue comme à la fois protreptique et hypomnématique. Hélas, le propre d'une interprétation ésotériste est d'être invérifiable ; tout fait sens pour l'ésotériste, et son interprétation est opératoire... pourvu que l'on accepte l'hypothèse de départ.

recherche. Le beau doit être moral, mais pas seulement ; objectif mais aussi subjectif, universel en droit sans qu'on puisse préciser son extension exacte [1].

De ce point de vue, on ne saurait négliger de prendre en compte, voire au sérieux, la position qui se dégage des réponses d'Hippias, et qui est de type nominaliste. Le plus souvent, en effet, je l'ai dit, on ne veut voir dans Hippias qu'un idiot infatué de lui-même [2]. Il est certain que Platon a voulu mettre les rieurs de son côté, mais il serait bien naïf de s'en tenir là, et la confrontation Socrate – Hippias a sans doute une valeur sensiblement différente, et plus substantielle. On voit en effet Hippias prendre son temps avant de répondre à la question de Socrate ; il voudrait répondre à la question : Qu'est-ce qui est beau ?, et non pas : Qu'est-ce que le beau ? Et lorsque Socrate lui confirme qu'il veut bien savoir ce que c'est que le beau, Hippias substitue une deuxième fois à la question du beau (*to kalon*) celle de ce qui est beau (*kalon*), et il va répondre en donnant effectivement des échantillons de beau particulièrement nets à ses yeux (belle jeune fille ; or ; belle vie menée à son terme). Ou Hippias est un imbécile, ou cette substitution est intentionnelle et raisonnée. Dans ce dernier cas, cela signifie qu'aux yeux d'Hippias la demande de Socrate – Qu'est-ce que *le* beau ? – n'est pas fondée, et que dans une certaine mesure elle

---

1. Sur la question du *kalon*, de son sens, cf. *infra*, p. 174-178.
2. Cf. ainsi Vlastos, 1994, p. 163 : « Il [Hippias] est désespérément inapte à participer à une discussion dialectique. Ses réponses à la question "Qu'est-ce que le F ?" sont stupides, au point d'être totalement dépourvues d'intérêt philosophique. » Le moins que l'on puisse dire est qu'il s'agit là d'une interprétation militante (proplatonicienne) elle-même désespérément obtuse.

est dénuée de sens. Et de fait, il n'y a, aux yeux d'Hippias, rien de tel que « le beau [1] », et cela est loin d'être stupide. Car selon la position qu'il soutient, ce qui existe, ce sont toujours, et seulement, des choses belles. Le beau n'est pas une entité, pensable de façon abstraite et autonome, car il prend sens exclusivement du fait de l'existence de choses belles, et n'est rien en dehors d'elles, qu'un mot. Je peux bien dire « le beau », je ne renvoie en vérité qu'à diverses choses belles, ou au mieux à des types de choses belles. On peut même supposer que l'obstination de sa part à substituer « *du* beau » (*kalon*) au « beau » (*to kalon*) est très méditée : dans la perspective de l'*orthoepeia* (usage correct des noms), l'emploi de la substantivation est vraisemblablement aberrant aux yeux d'Hippias, car le neutre substantivé, « le beau », ne renvoie en propre à aucune réalité existante. On peut alors comprendre l'intérêt spéculatif que Platon aura trouvé dans la confrontation théorique avec Hippias. Car sa conviction de plus en plus affirmée (dans ce dialogue même) qu'il y a au contraire un « quelque chose » (un et universel, qualifié ici d'*eidos*, forme) par lequel les choses diverses, qualifiées de la même manière, sont rendues telles, et que la nature de ce quelque chose est à explorer, à connaître, au lieu d'être simplement cerné, comme s'en contentait faute de mieux Socrate, conduit Platon à se heurter désormais très fortement à des

---

1. L'accord qu'obtient Socrate de la part d'Hippias sur l'existence de la justice, du bien, du beau (287c-d) est évidemment annulé par la réduction, qu'opère Hippias, du beau à tel type de chose belle. Il n'y a donc pas d'évidence de l'existence de ces entités aux yeux d'Hippias, comme l'avance Vlastos (1994, p. 88).

positions opposées, qui, ne reconnaissant rien de tel, reviennent à dissoudre la question même de cette forme caractéristique singulière (le courage, le juste, le beau). La réfutation de telles positions [1], parmi lesquelles on pourrait aussi bien compter aux yeux de Platon celle d'Antisthène [2], est donc le passage obligé de l'enquête sur l'essence, et l'occasion d'un approfondissement de la position en gestation qui conduit aux affirmations métaphysiques du *Phédon*.

Voilà pourquoi il s'impose d'ajouter aux deux premières dimensions de la lecture du dialogue cette troisième, qui lui donne tout son prix, et permet de comprendre que la rencontre avec Hippias ne se réduit pas à la dénonciation de la vanité d'un sot, comme on a trop souvent voulu le croire, mais à la confrontation difficile avec une position anti-platonicienne tant sur le plan de la méthode, qu'à terme sur celui de l'ontologie. Et le signe que ce dialogue est véritablement exploratoire, est bien le fait que la récusation de la position d'Hippias n'a pas pour contrepartie la mise en évidence d'une seule proposition incontestable touchant la nature du beau. Par là se trouve certes reconduit le geste socratique, mais à cette différence près qu'ici la cascade d'apories tend à préserver une certaine (quoique très faible, il est vrai) plausibilité à la position d'Hippias. Ce dernier n'aurait-il pas quelque

---

1. Certains préfèrent opposer une démarche rhétorique et une démarche philosophique. Si l'on s'exprime du point de vue de Platon, c'est sans doute exact, mais l'important est de voir que l'enjeu se situe d'abord pour lui sur le plan théorique. De fait, autant que celle d'Hippias, c'est bien la position d'un Antisthène qui se trouve également atteinte. **2**. Cf. *supra*, p. 17-26.

peu raison de s'en prendre à cette manière morcelante de traiter les problèmes, s'échinant à trouver la formule définitionnelle d'une forme, le beau, dont la multiplicité d'aspects défie l'intelligence, quand lui-même est capable d'appréhender avec souplesse la totalité mouvante de la réalité, d'en saisir les inflexions ? De ce point de vue, on peut dire que le dialogue reste minimalement ouvert, face à l'incertitude de la réponse à la question, et que Socrate n'est pas réellement venu à bout d'Hippias, un peu comme la position de Calliclès dans le *Gorgias*, pour des raisons certes différentes, n'est finalement pas entamée par la réfutation de Socrate.

IV. Les thèmes du dialogue

Le savoir sophistique

Du point de vue de Platon, c'est bien de sophistique qu'il s'agit, et l'attaque qu'il porte ici est assez sensiblement différente de celle d'autres dialogues antisophistiques. En effet, ce n'est pas l'art du faux-semblant qui est dénoncé là, comme dans le *Sophiste*, ou la virtuosité éristique, comme dans l'*Euthydème*, ce n'est pas non plus la prétention à l'enseignement de la vertu, comme dans le *Protagoras*, mais une pratique polymorphe du savoir, pratique cumulative sans raison, qui empile, entasse les faits, les dates, apparemment à l'aveugle, d'autant plus dangereuse qu'elle se donne pour savante. De surcroît, et pour couronner le tout, ce savoir-fouillis est mis au service d'une rhétorique qui semble fonctionner comme une pure mécanique, permettant d'agencer à volonté toutes sortes de discours, et visant à chaque fois à produire un effet décisif sur l'auditoire. Ainsi, le danger d'un enseignement prétentieux et fondé sur la recherche de l'effet doit être ici écarté. Le meilleur moyen pour cela est de faire rire, en montrant l'inconsistance de cette polymathie, qui ne peut parvenir à former une seule idée générale. En même temps, comme je l'ai signalé, se cache au cœur de cette pratique du savoir un naturalisme anti-essentialiste qui est vraisemblablement le véritable enjeu de la confrontation.

La question de l'essence et de la forme

Plus avant, il s'agit donc de mettre en évidence la pertinence d'une recherche de l'universel, par-delà la collection d'instances particulières. Le comique du dialogue tourne autour de la difficulté à faire saisir cela à Hippias (selon les premier et deuxième niveaux de lecture). En même temps, comme on l'a vu, la position d'Hippias, moins superficielle qu'il n'y paraît, se trouve sous-tendue par une position de type nominaliste, qui mérite une réelle attention, et dont la prise en compte offre l'occasion d'un approfondissement (selon les deuxième et troisième niveaux [1]).

Cela étant, la question se pose de savoir quel statut précis Platon accorde à l'essence dans l'*Hippias majeur*, et ceci a donné lieu à des prises de position assez tranchées. La désignation, à un moment, de cette essence du beau (dite exactement « le beau » – *to*

---

1. Pour la distinction des trois niveaux de lecture, cf. *supra*, p. 157.

kalon – ou « le beau en lui-même » – *auto to kalon*) en termes de forme – *eidos* – (289d, puis 298b) a conduit en effet certains à supposer que Platon avait conçu très tôt, dès la période des dialogues socratiques, sa théorie des Idées, d'autres à imaginer que l'*Hippias majeur* était contemporain de dialogues tels que le *Phédon* ou la *République*, d'autres enfin à conclure qu'il s'agissait d'un faux. Mais qu'est-ce qui autorise à tenir pour équivalents l'*eidos* de l'*Hippias majeur* et celui du *Phédon* ? Il faudrait avoir l'assurance que l'emploi du terme renvoie *ipso facto* à une signification déterminée et une seule ; or, ce terme n'est pas forgé par Platon, loin s'en faut [1], et il est légitime de supposer que Platon lui a conféré pour commencer une signification dont notre dialogue, notamment, porte la marque, avant d'en étoffer et même d'en élever le sens [2]. Dans cette enquête, il faut également prendre en compte l'*Euthyphron*, qui voit apparaître une première occurrence d'*eidos* (6d-e). Enfin, au sein même de l'*Hippias majeur*, si l'on ne veut pas simplifier le traitement de cette question si délicate de l'essence, il importe de signaler qu'Hippias est le premier, dans le cours du dialogue, à avoir recours à la notion d'*ousia* [3]. L'*ousia* est comprise par Hippias comme étant une ; elle s'identifie pour ainsi dire à la *phusis*, la nature, et peut être rendue, dans l'usage qu'il en fait, par « réa-

1. Pour l'étude des emplois d'*eidos* avant Platon, cf. Allen, 1970, p. 28 et suiv., et maintenant Motte, Rutten, Somville, 2003.
2. Dans le *Phédon*, Platon emploie les notions d'*idea* et d'*eidos*, et semble faire de l'*idea* la forme immanente à la chose, tandis que l'*eidos*, comme réalité en soi et par soi, est présenté par hypothèse comme séparé. **3**. 301b6. Cf. la suite du commentaire.

lité ». Socrate à son tour, mais pratiquement à la fin du dialogue, parlera aussi d'*ousia*[1], comme pour éviter d'abandonner le terme à Hippias, en l'identifiant à l'objet de la recherche, c'est-à-dire le beau. Cette occurrence tardive dans le dialogue correspond aux tout premiers emplois que l'on peut repérer dans les dialogues socratiques[2], et se trouve finalement conforme aux usages ultérieurs qu'en fera Platon ; néanmoins, pour l'essentiel, Socrate se contente ici de désigner « le beau » (*to kalon*), ou encore « le beau en lui-même » (*auto to kalon*), adoptant par conséquent une expression parfaitement neutre.

Après ce petit repérage préliminaire, nous pouvons reprendre plus en détail les diverses caractérisations proposées par Socrate (et l'anonyme) de l'objet de la recherche. Ce sera l'occasion de situer les déterminations de l'universel dans l'*Hippias majeur*, par rapport à celles des premiers dialogues, et celles des dialogues ultérieurs. Ainsi, l'*ousia* ne se rencontre qu'exceptionnellement dans les premiers dialogues, et le terme n'acquiert une valeur technique et ne connaît un emploi récurrent qu'à partir du *Ménon* et surtout du *Phédon*[3], pour désigner une réalité en tant que telle, ou son essence. Il semble significatif, comme on l'a signalé, que Socrate l'emploie dans notre dialogue une fois seulement, à la suite d'Hippias. Ce dernier use du

1. 302c5. **2**. Cf. *Charmide*, 168d2 ; *Protagoras*, 349b4 ; *Euthyphron*, 11a7. **3**. *Ménon*, 72b1 ; *Phédon*, 65d13-e1, 76d9, 78d1. La fréquence d'emploi d'*ousia* devient de plus en plus grande au fur et à mesure que l'on avance dans l'œuvre.

terme, en ce qui le concerne, pour renvoyer à la réalité même, mais apparemment dans sa plus grande généralité – il parle des « corps si grands et naturellement continus qui constituent la réalité » (*Megala [...] kai dianekè sômata tès ousias pephukota*, 301b)[1]. On peut donc avec prudence en inférer que Platon n'a pas vraiment encore acclimaté le terme, et se trouve poussé à le faire ici, en réplique à Hippias[2] ; en revanche, il utilise plus franchement la terminologie habituelle dans les premiers dialogues, caractérisée par la question *ti esti*, « qu'est-ce que ? », ainsi que par le redoublement au moyen du réfléchi, pour isoler l'objet d'investigation : ici, *auto to kalon*, littéralement « le beau même », c'est-à-dire le beau qui n'est que beau, que j'ai traduit par « le beau en lui-même » pour faire entendre le redoublement.

Lorsque la question est posée pour la première fois

1. *Ousia* est un substantif dérivé de la famille du verbe « être », *einai* (exactement, de la forme participe *essa*), et il importe de rappeler qu'il existe un usage commun, non philosophique, d'*ousia*, largement attesté, et signifiant « un bien », « un avoir » (sens à première vue paradoxal qui doit s'expliquer à peu près ainsi : l'*ousia* comme chose qui existe et que l'on possède). Hippias lui-même ne l'a donc pas inventé, mais il a pu contribuer à le charger d'une valeur théorique. **2.** Les trois occurrences anciennes mentionnées ci-dessus (note 2, p. 168) font apparaître un usage non problématisé du terme, sur lequel l'emploi hippiasien impose de revenir. Dans le *Cratyle* (401c-e), Platon proposera un rapprochement étymologique virtuose d'Hestia et d'*ousia,* par lequel il montre que le culte d'Hestia (divinité du foyer) revient à honorer justement l'*ousia-essia*, c'est-à-dire ce qui est essentiellement, en s'opposant à ceux, d'inspiration héraclitéenne, qui dérivent *ousia* d'*ôsia*, faisant ainsi de ce qui est une réalité fluente. L'usage hippiasien d'*ousia* peut vraisemblablement être visé.

par l'anonyme, il est question de chercher *ti esti to kalon*, « qu'est-ce que le beau ? » (286d1-2, puis 287d3). Aussitôt après, Socrate reprend à son compte cette question, et introduit une précision, demandant en un redoublement décisif, *auto to kalon hoti esti*, littéralement « ce que c'est que le beau en lui-même » (286d8-e1). L'explicitation de ce qu'est le beau recherché se fait au moyen d'une analogie avec d'autres domaines, ceux de la justice, du savoir et du bien. C'est l'occasion de mettre en évidence un rôle instrumental, ou causal dans un sens large, joué dans leur domaine respectif par la justice, le savoir, le bien, le beau, et qu'exprime le seul datif (*dikaiosunèi... sophiai... tôi agathôi... tôi kalôi*, 287c). Du rôle joué par ces entités, on infère leur existence, qui est une existence déterminée : chacun est un quelque chose (*ti*). La question devient donc : quel *ti* est le beau ? Autrement dit : quelle sorte de chose est le beau ?

Cette précision produit en même temps une équivoque, puisque Hippias semble s'autoriser de cette identification du beau à un « quelque chose », pour voir en lui une chose belle. Les trois niveaux de lecture évoqués plus haut s'entremêlent ici : l'erreur est comique, elle est pédagogiquement utile, et elle pointe une réelle difficulté. Les deux premiers aspects sont faciles à reconstituer ; le troisième, qui se cache derrière les deux premiers, peut s'expliciter ainsi : Platon ne se contente pas de faire dire à Socrate qu'il a demandé non un exemple de chose belle, mais ce qu'est le beau lui-même. Au contraire, il feint de prendre au sérieux encore un moment la définition proposée, en substituant au rapport instrumental marqué par le datif un rapport hypothétique qui entretient, voire accentue l'ambiguïté (288a : « toutes ces choses que tu dis être belles, c'est à la condition qu'il existe quelque chose qui est le beau en lui-même, qu'elles seront belles », cf. notes *ad loc.*), pour finalement la réfuter, au nom du seul fait que la chose belle prétendante à la définition n'est que relativement belle. S'il procède ainsi, c'est, on peut le supposer, parce qu'il teste lui-même sa position, et procède comme il le fera à plus grande échelle dans le *Parménide* : il tente de cerner les points faibles de sa théorisation. Or, si l'on définit le beau comme un « quelque chose », on risque de se voir objecter que l'existence déterminée de l'essence (*ti*) la ramène au statut de chose parmi d'autres (un *ti*). Et c'est au fond à cela que revient la position d'Hippias, qui refuse de reconnaître l'existence distincte du beau en tant que tel, et l'identifie délibérément à une chose particulièrement belle (287d-e). En cela, *le* beau (*to kalon*) n'est rien, et il n'y a que *du* beau (*kalon*). Pour en sortir, il ne suffit donc pas de poser (dogmatiquement) la distinction entre particulier et général, il faut établir les caractéristiques de l'essence, et montrer en particulier qu'elle est par elle-même non contradictoire, et qu'elle ne saurait admettre en elle des opposés, tels qu'elle soit par exemple belle et laide en même temps (288b-289d).

Lorsque l'anonyme récapitule l'erreur commise par Hippias à l'occasion de sa première définition, il produit une caractérisation nouvelle, sensiblement plus riche et néanmoins ambiguë, puisqu'elle va conduire à la deuxième définition erronée d'Hippias : le beau est l'or. L'anonyme décrit donc ainsi le beau : « le beau en lui-même, par quoi toutes les autres choses sont ornées et grâce à quoi elles paraissent belles, une fois que cette forme s'adjoint à elles » (289d). Il apparaît ici comme une réalité extrinsèque aux choses belles, qui s'adjoint à elles (cf. encore 289d-e), à la façon d'un ornement, et qui est désignée comme forme (*eidos*). Est-ce suffisant pour conclure que le beau qu'a en vue Socrate ici est une forme séparée, exacte réplique des Formes du *Phédon*, du *Banquet*, de la *République* ? Il faut sans doute se garder de toute conclusion de ce genre, qui a le défaut de s'appuyer sur des blancs bien plus que sur des données objectives [1]. En effet, dès lors que le beau lui-même est quelque chose, quelque chose de logiquement distinct des choses belles, comme il a été posé, on comprend qu'il soit possible, peut-être maladroit, mais possible, de décrire le beau comme une forme-ornement qui s'adjoint aux choses belles. Telle fille est sans beauté, telle autre est belle : il y a chez cette dernière la présence d'une beauté, que l'on expliquera non pas par le fait qu'elle soit une jeune fille, puisque l'autre est aussi une jeune fille et n'est pas belle, mais par la beauté même – la beauté est ainsi seule cause de la beauté. Certes, dans les premiers dialogues, l'essence recherchée n'est pas décrite comme un *eidos*, mais il se présente une exception notable, à savoir celle de l'*Euthyphron*, où on lit ainsi : « Te souviens-tu donc que je t'encourageais à m'enseigner, non pas une ou deux parmi les nombreuses choses pieuses, mais bien plutôt cette forme en elle-même (*auto to eidos*) par laquelle toutes les choses pieuses sont pieuses ? Car tu as déclaré, ce me semble, que c'est par une forme unique (*miai ideai*) que les choses impies sont impies et les choses pieuses, pieuses »

---

1. Woodruff, 1982, p. 55-56 et 163-164, le souligne à raison.

(6d-e), puis, réplique suivante : « En conséquence, enseigne-moi ce que peut bien cette forme en elle-même (*autèn tèn idean*), afin que, regardant dans sa direction et me servant d'elle comme d'un modèle, je puisse dire pieux,... » (6e ; je traduis). Le passage voit revenir à trois reprises les termes d'*eidos* et *idea*, utilisés comme stricts équivalents, et il comporte cette difficulté supplémentaire par rapport à l'*Hippias majeur* de présenter la forme comme « modèle » (*paradeigma*), un concept qui prendra également beaucoup d'importance dans la suite de l'œuvre. L. A. Dorion estime, en accord avec ce que montre P. Woodruff pour l'*Hippias majeur*, que l'*eidos* a dans l'*Euthyphron* une valeur purement logique [1], et il explique la caractérisation de la forme comme modèle par le fait que Platon veut montrer dans la forme « le critère infaillible à l'aune duquel Socrate peut juger ce qui est, ou non, conforme à la piété [2] ».

Ces analyses me semblent parfaitement justifiées, et il n'y a en effet pas lieu de voir dans l'*eidos* du beau, ici, autre chose qu'une essence logiquement distincte des diverses choses belles. On ajoutera toutefois ceci : le fait que l'*Euthyphron* aussi bien que l'*Hippias majeur* adoptent un terme jusqu'alors inusité (dans le lexique des dialogues platoniciens) pour isoler logiquement l'essence de tout le reste, est hautement significatif d'un souci nouveau de Platon, auquel l'a conduit le questionnement socratique, mais que celui-ci ne manifestait pas sous cette forme. Et la distinction logique de l'essence comme une forme s'adjoignant,

---

1. Dorion, 1997, p. 303-304, n. 79. **2**. Dorion, 1997, p. 304, n. 81.

etc., conduit directement à une réflexion sur le statut de cette forme. Cette réflexion n'est menée ni dans l'*Euthyphron* ni dans l'*Hippias majeur*, elle n'est que fugacement effleurée, et appelle une suite, qui nous conduit à la charnière *Ménon-Phédon*. Par là, nous vérifions le statut intermédiaire de l'*Hippias majeur*, entre les premiers dialogues et les dialogues de la maturité.

*Le beau (*to kalon*)*

Ce n'est pas à n'importe quelle sorte d'essence que nous avons affaire ici. En choisissant d'examiner la nature du *kalon* en tant que tel et non pas d'une vertu déterminée, Platon s'attaque à une question d'ordre très général, polymorphe, et plus radicale au fond que toutes celles précédemment mises en scène dans les premiers dialogues. Le *kalon* se présente d'emblée sous une très grande diversité d'aspects, et son spectre sémantique est sensiblement différent de celui couvert par notre concept moderne de beau. En effet, si, pour nous, le beau a essentiellement une valeur esthétique, et marginalement morale (« une belle action ») et fonctionnelle (« une belle machine »), au temps de Platon, le *kalon* est d'abord moral, ensuite fonctionnel et enfin esthétique[1]. Il a donc partie liée avec les valeurs

---

1. Ces écarts sémantiques entre *kalon* et « beau » n'interdisent toutefois pas à mon sens de traduire l'un par l'autre. La difficulté à rendre *kalon* par *beautiful* en anglais, qui conduit Woodruff à privilégier *fine* comme une imparfaite solution de compromis, ne vaut pas de la même façon en français, car « beau » présente une palette d'emplois assez large. De fait, l'argument (cf. Méron, 1979, p. 87-88) selon lequel les Grecs appellent *kaloi* des yeux qui voient

morales, avec le bien, avec les vertus, sans toutefois se réduire entièrement à cette dimension-là, comme l'enquête sera amenée à le montrer. On ne peut à cet égard se contenter de poser, comme certains auteurs (ainsi, Méron, 1979), le double écart sémantique entre *kalon* et beau, *agathon* et bien, en insistant sur la valeur morale prédominante de *kalon* dans la langue, tandis qu'*agathon* serait, lui, chargé d'une valeur plus utilitaire que purement morale (l'*agathos(n)* est bon à quelque chose, bon en tant que réussi). Certes, cela est juste dans les grandes lignes (le *Lysis* par exemple ne caractérise pas autrement l'*agathos*), mais ne constitue pas un donné figé, et il faut sur ce point impérativement distinguer entre le donné de la langue, et le travail philosophique qui s'opère dessus : ici, précisément, Platon réfléchit toutes les dimensions du *kalon* pour les problématiser, et il tend à faire de l'*agathon* la fin. Cette réflexion radicale sur les valeurs, qui intègre la dimension utilitaire sans en faire nécessairement l'horizon indépassable, interdit de stabiliser *a priori* le sens de ces termes. D'ailleurs, en ouvrant la question du *kalon*, et en assumant toutes ses dimensions sans exclusive, Platon amorce un dépassement du champ socratique traditionnel, illustré par les premiers dialogues. La réflexion morale va se trouver désormais prise dans un complexe théorique plus large.

---

bien, alors qu'un aveugle pour nous peut avoir de beaux yeux, est sot, et, dans sa généralisation, faux : en français aussi il y a une valeur fonctionnelle de « beau » (une belle machine, de belles performances), même si dans le cas particulier des yeux (et plus largement des parties du corps) on parlera effectivement de « bons yeux » à propos d'yeux fonctionnant bien.

Les « belles occupations » évoquées par Hippias sont le point de départ de la discussion (286a), mais aussi le point d'arrivée (304b) ; entre les deux, se laisse apercevoir une grande diversité de choses belles, êtres, objets, matériels et immatériels, sensations, qui constituent le riche matériau de la réflexion.

Ainsi, l'enquête sur l'essence que les premiers dialogues ont largement amorcée, semblerait devoir s'enrichir, avec la question du beau, d'une investigation sur les degrés d'universalité, sur les diverses formes types se rangeant sous l'universel considéré [1]. Celle-ci en réalité n'est pas menée de façon méthodique : Socrate introduit, comme des faits constatés, et sans problématisation supplémentaire, l'observation d'une diversité des formes de beau. Mais est-ce qu'entre le beau physique, le beau moral et politique, et enfin le beau esthétique, les différences sont ou non irréductibles ? Ces différences sont observées, sans donner lieu à une réflexion spécifique. Au contraire, aux divers moments de la discussion, certains aspects du beau sont mis de côté, et ne sont mentionnés qu'en passant (la beauté des lois), ou sont au contraire examinés de préférence à d'autres (la beauté physique et esthétique, avec la belle fille, avec les plaisirs de la vue et de l'ouïe ; la beauté fonctionnelle et technique, avec la marmite, puis la statuaire et le critère de convenance, avec l'utile ; la beauté morale avec l'avantageux). Ce qui devrait passer pour un défaut si l'on s'en tenait au deuxième niveau de lecture, le niveau pédagogique,

1. Cf. Irwin, 1995, p. 322, sur la distinction, à propos de l'essence, de la relation de l'essence à ses instances multiples, et de la relation de l'essence à ses espèces.

s'explique mieux si l'on se situe au troisième niveau qui est en réalité, du point de vue philosophique, décisif : il permet de justifier le caractère ouvert, sélectif et fragmentaire de la recherche. En effet, la lecture zététique du dialogue permet de comprendre l'investissement théorique novateur qu'il y a dans la recherche de l'essence du beau, et aide à saisir que l'*Hippias majeur* constitue une étape importante dans le processus de transformation que Platon fait subir à la démarche socratique. De fait, les premiers dialogues tournent autour des vertus, de leur nature, de l'enseignement que l'on peut en donner. Toutes les définitions produites échouent, mais on parvient plus ou moins nettement à cerner ce que sont ces vertus, au moins de façon générale – elles consistent dans un savoir, ou sont rendues possibles par lui, et ce savoir porte sur les choses bonnes et mauvaises. La question est ensuite de déterminer s'il y a unité des vertus ou non, et ceci est matière à aporie, toutefois, on sait en gros de quel côté chercher : la vertu vise le bien, et le savoir est ce qui est le mieux à même de nous permettre cette visée [1]. La question du *kalon* posée ici fait d'emblée éclater le cadre déterminé de la réflexion : les multiples aspects du beau rendent problématique, et donc très aiguë, la position de quelque chose comme le beau. Hippias a évoqué les « belles occupations », puis a illustré le beau par la « belle jeune fille » : en tant que définition de l'universel « beau », cela est absurde, mais cela nous

1. De fait, il ne s'agit que de direction et de visée : le dialogue fondé sur l'*elenchos* aide à aller dans le sens de la vertu et du savoir de la vertu ; mais ce savoir n'est jamais atteint. Pour Socrate, seul le dieu peut y prétendre.

indique aussi à raison que le beau est à voir, et ne se réduit pas à une évaluation morale. Et pourtant, de la relation beau – bien, on ne pourra pas faire l'économie : les définitions de l'utile, de l'avantageux, vont buter sur elle. Cela nous indique que Platon est en train de méditer sur le fondement des valeurs morales, qui semble devoir aussi constituer le fondement d'autres valeurs, que nous qualifierons de fonctionnelles et d'esthétiques. Ainsi, sans rien postuler encore, Platon est en train de *rapprocher le domaine moral du domaine de l'ontologie, réarticulant ce que Socrate avait défait* : quand le Socrate des premiers dialogues tournait le dos aux spéculations sur la nature des choses, quand il se contentait d'analogies avec le domaine artisanal pour penser la moralité, le Socrate de l'*Hippias majeur*, avec l'aide de l'anonyme, tente de penser sans exclusive le beau en tant que tel, c'est-à-dire le beau tel qu'il se manifeste à travers toutes les sortes de choses belles, de la marmite à la déesse, des belles occupations à l'or, des beaux yeux aux beaux sons. La moralité, à partir d'une réflexion sur son essence (qu'est-ce que le beau, qui rend belles les belles occupations ?), est débordée, et réinscrite dans le champ encore vierge d'une ontologie à défricher (qu'est-ce que le beau, qui rend belles toutes les choses belles ?).

V. Plan et analyse du dialogue

PROLOGUE : Le « bel et savant Hippias » (281a-286c).

PREMIÈRE PARTIE : Hippias et le beau (286c-295a).

1. Première définition proposée par Hippias : la belle jeune fille comme beau, et examen critique (287b-289d).
2. Deuxième définition d'Hippias : l'or comme beau, et examen critique (289d-290d).
3. Troisième définition d'Hippias : le plus beau comme vie comblée, sans malheur, et examen critique (291d-293d).
4. Quatrième définition proposée par l'anonyme, d'après Hippias : « le convenable », et examen critique (293d-295a).

DEUXIÈME PARTIE : Socrate et le beau (295a-304b).

1. Cinquième définition (et première de Socrate lui-même) : le beau est « ce qui est utile », et auto-réfutation (295a-296e).
2. Sixième définition (et deuxième de Socrate) : le beau est « l'avantageux », et auto-réfutation (296e-297e).
3. Septième définition (et troisième de Socrate) : le beau comme plaisir qui vient de la vue et de l'ouïe, et auto-réfutation (297e-304b).

ÉPILOGUE (304b-e).

PROLOGUE : Le « bel et savant Hippias » (281a-286c).

Le dialogue place directement face à face Socrate et Hippias, mais la formulation par Socrate de la question de la nature du beau, sur laquelle va se focaliser finalement l'entretien, n'intervient pas avant plusieurs pages. La « mise en bouche » qui précède, représentant tout de même presque un quart du dialogue, n'est toutefois pas superflue, contrairement à ce que l'on considère bien souvent. Car s'il est bien vrai que le dialogue va à un moment se concentrer exclusivement sur la nature du beau – *to kalon* –, néanmoins cette question surgit entre Socrate et son interlocuteur uniquement pour la raison que celui-ci affiche certaines préoccupations (belles paroles, belles occupations), et revendique une haute compétence en la matière, qui vont inciter Socrate à creuser le point ; c'est en somme face à un personnage « spécialiste du beau » que va se développer la discussion. D'emblée donc, Hippias est dit beau, il se prête ou se voit reconnu de beaux discours, et il finira par vanter en particulier un discours sur les belles occupations dont il est l'auteur. Ce faisceau de belles choses va alors conduire Socrate à placer au centre de la discussion ce « beau » qui affleure sans arrêt dans les propos d'Hippias, et dont il essaie de se parer. Voilà pourquoi l'*Hippias majeur* comporte cet important prologue qui est une véritable préparation à la discussion qui va suivre, et aux surprenantes affirmations qui s'ensuivront[1].

De façon topique, Socrate aborde très vite le thème de l'art des sophistes (281d), dont Hippias affiche évidemment la maîtrise, vérifiée par le prodigieux enrichissement qu'il tire de son enseignement[2]. L'ironie de Socrate est, elle, déjà bien perceptible, et sans en rester aux déclarations d'intention d'Hippias, il glisse dans un deuxième moment sur le cas de Lacédémone (Sparte), supposée non sans malignité avoir donné à Hippias le meilleur accueil (283b et suiv.). C'est en réalité un cas singulier que celui-là, puisque les Lacédémoniens apprécient à la fois l'art d'Hippias et refusent en même temps qu'il enseigne à leurs enfants, au nom de leur loi. En creusant cet exemple, Socrate réussit à placer Hippias en porte à faux : ou bien Lacédémone a de bonnes lois, ce qu'il est prêt à reconnaître, mais alors c'est son enseignement qui n'est pas bon ;

---

1. On voit ainsi ce qui continue de relier un dialogue de transition tel que celui-ci aux premiers dialogues : comme dans le *Lysis* sur l'amitié, on observe encore un lien étroit qui relie ce que l'autre est, ce qu'il manifeste, et ce que l'on entreprend de rechercher. Les premiers dialogues reposent, eux, pour l'essentiel sur la mise à l'épreuve de l'interlocuteur dans sa compétence prétendue ou revendiquée. **2.** C'est le versant rhétorique de la sophistique qu'illustre tout particulièrement Hippias, plus que le versant éristique : Hippias cherche le bel effet, il veut emporter la conviction. Réfuter, montrer la contradiction, n'entre pas dans ses intentions, d'autant moins qu'une telle démarche irait totalement à l'encontre de sa pensée de la continuité de la nature, et de la concorde.

ou bien Lacédémone ne suit pas la vraie loi (la loi de nature), puisqu'elle ne reconnaît pas la qualité de son enseignement, supposé être le meilleur. Hippias se laisse vaniteusement entraîner de ce côté, sans un seul instant remettre en question la possibilité que son enseignement ne soit pas le plus adapté ou le plus utile. La suite du dialogue revient, de fait, à remettre très largement en question cette présomption.

PREMIÈRE PARTIE : Hippias et le beau (286c-295a).

Hippias vient d'évoquer son « Dialogue troyen[1] », et les conseils justes et beaux que Nestor donne à Néoptolème. C'est en quelque sorte là-dessus que rebondit Socrate, en imaginant un étrange dédoublement, qui est sans équivalent dans la composition des dialogues socratiques : Socrate se représente, placé dans la situation de l'interrogé, par un anonyme très sourcilleux (autant que l'est Socrate habituellement) et très rude (bien plus que le patient Socrate), qui lui demande de justifier ce qu'il vient de dire, c'est-à-dire des énoncés portant jugement de beauté et de laideur. La demande est très nette, formulée presque instantanément : « ce qu'est le beau », et reprise par Socrate en son nom, adressée à Hippias : « ce qu'est le beau en lui-même » (286d).

Socrate peut alors demander à Hippias l'autorisation d'endosser le personnage de l'anonyme, et de se mettre à lui poser des questions. Socrate déclare vouloir en

---

1. Pour reprendre ce titre transmis par Philostrate (*Vies des sophistes*, I, XI), qui semble fort bien correspondre à ce qu'évoque Hippias ici.

profiter pour apprendre à lutter, et l'autre lui promet de lui apprendre à ne pas être réfuté, c'est-à-dire démenti sur la pertinence de sa réponse. C'est ainsi une promesse d'enseignement que fait ici Hippias à Socrate ; l'échange, si l'on anticipe la suite, ne manque pas de sel.

Première définition d'Hippias : la belle jeune fille comme beau, et examen critique (287b-289d)

S'étant accordé avec Socrate pour reconnaître dans le beau ce par quoi les choses belles sont belles, Hippias accepte de se prononcer sur ce qu'est la beauté, tout en commettant une étrange équivoque : il s'obstine initialement à ne pas voir la différence entre « ce qu'est le beau », et « quelle chose est belle » (287d). D'où la première définition : « le beau, c'est une belle jeune fille » (287e). Cette confusion entre définition et exemple peut paraître étonnante, et Socrate va s'attacher avec beaucoup d'ironie à faire ressortir la réelle incapacité initiale d'Hippias à donner une réponse pertinente au type de question posée. Bien sûr, comme dans l'*Hippias mineur*, la charge est forte, mais par-delà la satire de la lourdeur d'esprit d'Hippias (premier niveau de lecture [1]), l'on saisit d'emblée une polémique philosophique d'importance, touchant le statut du langage et en particulier des termes généraux et abstraits (troisième niveau de lecture). Le refus initial d'Hippias de distinguer entre le beau et la chose belle est en fait motivé : pour lui, il n'existe rien de tel que « le » beau,

---

1. Pour la distinction des trois niveaux de lecture, cf. *supra*, p. 157.

en dehors de la formule langagière, et dire « le beau » implique de se référer à des instances singulières que l'on reconnaît comme belles. D'où l'exemple finalement donné en réponse à la question posée : la belle fille. Cela signifie que la demande de définition du beau, qui ne serait aucune chose belle, n'est en somme, aux yeux d'Hippias, guère légitime : ce serait comme donner corps à un être inexistant. Bref, la position naturaliste d'Hippias paraît bien s'assortir d'un véritable nominalisme.

Socrate reprend donc – c'est la réfutation qui s'amorce – en faisant admettre sans difficulté qu'une belle jument est belle, puis une belle lyre également. Implicitement, on le comprend, ces trois cas font apparaître que le beau qui se trouve en chaque objet singulier n'est réductible à aucun d'entre eux ; le beau connaît de multiples instances, et aucune d'elles ne peut rendre compte des autres (c'est le premier point). Vient alors l'exemple de la belle marmite, qui provoque les protestations d'Hippias, et qui enrichit la réflexion sur le beau : on peut considérer qu'une marmite est belle si elle remplit sa fonction. Pour évaluer la beauté, Socrate propose donc d'user du critère d'achèvement (c'est le deuxième point). La réponse d'Hippias apporte alors un complément à la perspective qu'il défend : la marmite est belle, comme le dit Socrate, mais elle n'est que relativement belle, l'étant beaucoup moins qu'une jeune fille. Ainsi, Hippias lui-même est poussé à introduire le principe de la relativité de la beauté des diverses choses belles, qui constitue le troisième point décisif de l'argumentation.

Retournement

Cet argument de la relativité de la beauté, qui laisse à penser qu'il y a des degrés dans la beauté, se retourne en fait contre Hippias, puisqu'il n'est pas possible de s'opposer à l'affirmation selon laquelle une jeune fille est laide comparée aux dieux. Socrate, en se plaçant dans la logique de son interlocuteur, fait alors valoir que *l'on a identifié le beau à quelque chose qui n'est pas plus beau que laid, ou encore qui est à la fois beau et laid.* Autrement dit, on s'est fixé sur une réalité qui réunit en elle des contraires (il est clair que l'on tient là une anticipation de l'un des arguments majeurs en faveur de l'existence de Formes intelligibles, que l'on retrouvera dans le *Phédon* et la *République*). L'interlocuteur anonyme invoqué par Socrate réclame une réponse plus satisfaisante, qui désignerait le « beau en lui-même » (*auto to kalon*), le beau qui n'est que beau. D'où une nouvelle tentative de définition.

Deuxième définition : le beau est l'or (289d-290d)

Avec une certaine cohérence, si l'on épouse son point de vue naturaliste-nominaliste, Hippias recherche quelque chose de plus beau encore ; il tend vers un maximum. Selon le deuxième niveau de lecture, pédagogique, l'erreur est un peu moins grave, elle marque comme une progression dans la compréhension. En même temps (premier niveau de lecture), on observe qu'Hippias reste incapable de saisir la question de l'essence.

L'or rend toutes choses belles : il est ce que cherche l'interlocuteur de Socrate, puisque *à lui ne se mêle rien de laid*. Les objections de Socrate font rapidement déboucher sur ce qui pourrait apparaître comme l'esquisse d'une nouvelle définition, présentant cette fois un caractère de généralité (de fait, Socrate, s'autorisant de l'anonyme, la transformera ensuite en définition ; cf. 293d) ; pourtant, sur le moment, Hippias, qui est l'auteur de cette esquisse, ne l'identifie pas comme une définition possible. L'objection est la suivante : quand il est arrivé au sculpteur Phidias d'utiliser l'ivoire, ou des pierres précieuses, il cherchait aussi le beau ; c'est donc que l'or ne suffit pas à définir le beau. Hippias, qui n'a pas le sentiment d'être réfuté, parce qu'il a effectivement cité des choses belles, finit donc par dire en passant qu'est beau *ce qui convient* (290d-291d). Se saisissant du critère soutenu par Hippias lui-même, Socrate s'en sert alors comme d'une prémisse pour achever de réfuter la définition du beau par l'or. Il met en balance un ustensile en or et un autre en bois de figuier (la mouvette) : pour remuer les légumes dans la marmite, c'est le second qui est préférable. Ainsi, l'or n'est pas plus beau que le bois de figuier, et l'on n'a donc toujours pas trouvé ce beau purement beau. Hippias dit à ce moment avoir en réserve une définition (mais ce sera encore un exemple) de quelque chose qui n'est laid pour personne (Hippias cherche un beau non relatif, qu'il comprend pour sa part comme non conventionnel), et il la fournit aussitôt.

Troisième définition d'Hippias : le plus beau comme vie comblée, sans malheur (291d-293d)

Du point de vue d'Hippias, on a ici une dernière tentative faite pour dégager un beau non relatif, c'est-à-dire valant universellement pour tous, autrement dit parfaitement naturel :

> de tout temps, pour tout homme et en tout lieu, ce qu'il y a de plus beau, c'est d'être riche, en bonne santé, honoré par les Grecs, d'arriver à la vieillesse après avoir enseveli dans une belle sépulture ses parents morts, et de recevoir de ses propres enfants de belles et magnifiques funérailles.

On notera en particulier la formule introductive, destinée à mettre en évidence cette universalité naturelle.

C'est à ce moment que l'échange, par le biais de l'anonyme, se fait le plus vif, puisque Socrate prête à ce dernier l'intention de lui donner des coups de bâton pour sa mauvaise réponse. La force de la menace, évoquée avec malignité par Socrate, indique que l'on doit en finir avec ces réponses inadéquates d'Hippias. Il s'agit encore une fois de faire comprendre à Hippias que sa prétendue définition n'a pas porté sur « le beau en lui-même », elle ne vaut pas en tout cas ni en tout lieu, en particulier parce que tous les êtres, et tel est le cas des dieux mais aussi des héros, ne connaissent pas le sort de l'ensevelissement, sans dommage pour eux. Ainsi, cette définition, qui ne vaut *que pour les mortels*, ne peut être celle du beau qui vaut pour tous les êtres.

Socrate s'est attaché à produire une infirmation par l'exemple ; cela lui permet d'établir que le beau recherché doit valoir universellement et absolument, par-delà le seul consensus humain, par-delà même le plan anthropologique.

Le moment est alors venu de priver Hippias de l'initiative, et de l'amener à simplement accompagner la recherche, qu'il donne ou non son assentiment à ce que Socrate, appuyé ou aiguillonné par l'anonyme, va désormais avancer lui-même.

Quatrième définition proposée par l'anonyme, d'après Hippias : « le convenable » (293d-295a)

Socrate prend l'initiative en se réclamant une fois encore de l'anonyme ; il prête à ce dernier, s'appuyant sur la discussion antérieure (autour du beau-or), le mérite de dégager une véritable définition qui va du même coup être immédiatement explorée, celle du beau comme *convenable* (293e). Le rejet de cette définition va reposer en fait sur *les apories liées à la dualité être/apparence*. Ce qui convient, est-ce ce qui fait apparaître beau, ou ce qui rend réellement beau ?

a) Hippias répond que cela fait paraître beau. Socrate conclut qu'en ce cas le convenable n'est pas le beau, mais le beau apparent [1].

b) Il s'ensuit un repli d'Hippias, qui corrige en précisant que le convenable « fait être et paraître belles

---

1. L'objection, on peut le noter en passant, pourrait évidemment se retourner : qu'est-ce qui peut être beau sans se manifester comme tel ? C'est que le sens moral de beau est ici très présent. Dans *République*, I, le couple être/apparence joue également un rôle crucial à propos de la justice.

les choses où il est présent ». En effet, dans la perspective d'Hippias, comme cela ressortait également de la troisième définition, être et apparence se complètent. Mais cette solution n'est pas tenable, car la relation entre être et paraître donne lieu à une aporie : en effet, ou l'on s'accorde pour dire qu'est beau tout ce qui paraît beau à tout le monde, ou bien au contraire l'on considère que le réellement beau est ignoré et donne lieu partout à des désaccords. Or, le désaccord existe bel et bien, comme un fait (294c-d). Hippias ne peut alors que choisir la deuxième voie, étant de surcroît un tenant de la supériorité de la *physis* sur la convention (la *physis* précède la convention, et constitue le vrai fondement des valeurs). Ainsi, il n'est pas possible sans contradiction de soutenir la complémentarité de l'être et de l'apparence comme le voulait Hippias ; cette complémentarité, qui vaut peut-être dans la perspective de réalités purement naturelles, ne vaut plus dans le cas de réalités qui, d'origine naturelle, doivent néanmoins se manifester dans l'ordre de la convention.

La difficulté éclate alors : s'il y a désaccord, c'est bien que l'apparence de beauté ne s'ajoute pas à sa réalité. Ainsi, ou bien le convenable définit le beau sans être ce qui fait paraître beau, ou bien il définit l'apparence de beauté, mais pas le beau lui-même, *et il n'est pas possible qu'il définisse les deux en même temps* (application du principe de non-contradiction).

c) Sommé de se prononcer une dernière fois, Hippias revient alors logiquement à sa proposition initiale : le convenable est ce qui fait paraître beau. Par conséquent, le beau *lui-même* ne se définit pas par le convenable, et Hippias avoue en somme qu'il ne peut accéder qu'à l'apparence de beauté, et non à la beauté elle-même. C'est en tout cas ce que Platon nous invite à conclure.

Ainsi, les définitions que l'on doit en propre à Hippias sont incorrectes par leur forme (un type de chose belle ne peut définir toute chose belle) et par leur contenu (les choses belles mises en avant ne sont que relativement, ou non universellement, belles). En outre, la définition, de forme correcte, que l'anonyme proposait de tirer de la discussion antérieure, et qui avait d'ailleurs servi à la réfutation, définition fondée sur le principe de convenance, se révèle ne pas définir le beau, mais l'apparence de beauté. De la non-définition à la fausse définition, il s'est produit un certain progrès ; mais il s'agit maintenant de se rapprocher du beau réel. Pour cela, Socrate va, dans la suite, prendre l'initiative de proposer lui-même des définitions, sans plus s'appuyer sur l'anonyme, comme c'était encore le cas pour cette quatrième.

On notera enfin, à propos de l'argument réfutatif employé ici contre la quatrième définition, qu'il ne permet pas d'aboutir à la théorie des Formes dans sa version classique, puisqu'il s'oppose à l'argument des relatifs, l'un des plus forts en faveur de l'hypothèse des Formes. Socrate évoque en effet une réelle grandeur sur le modèle duquel est à penser la réelle beauté ; or, cette grandeur est supposée être saisie à même la chose : « ce par quoi toutes les choses grandes sont grandes, c'est ce qui dépasse » (294b), et le point de vue est immanentiste. Selon ce raisonnement, le beau réel qu'il s'agit de définir est lui aussi situé à même la chose, et il n'est en aucune façon question de le distinguer des choses belles. Autre difficulté : la même cause ne peut produire à la fois la réalité et l'apparence, selon la réfutation déployée ici ; or, cela est également une différence avec la propriété de l'*eidos* intelligible tel qu'il est décrit par hypothèse dans le *Phédon*.

DEUXIÈME PARTIE : Socrate et le beau (295a-304b).

Il est tout à fait remarquable que Socrate décide de proposer à son tour une définition. On peut penser qu'en cela il ne fait que répondre aux injonctions fictives et extérieures de l'anonyme, en s'ingéniant à trouver une nouvelle voie, supposée pallier les défaillances d'Hippias. Mais l'anonyme passe précisément à ce moment-là au second plan, et c'est Socrate qui, en son nom propre, relance la recherche et insiste pour qu'Hippias examine avec lui la validité de ce qu'à son tour il propose. Par ce geste, le sens de l'*elenchos* se trouve modifié en profondeur : relevant, en l'intériorisant, le défi de l'anonyme, à la suite de l'échec d'Hippias, Socrate contribue positivement à la recherche, et avance ses propres propositions : dès lors, la réfutation qu'il embraie aussitôt vise à examiner les faiblesses *de la thèse*, et non plus celles de l'individu révélées par les thèses qu'il soutient. La visée devient alors définitivement celle de la vérité proprement dite – conformément au souhait de l'anonyme (cf. 288d) et comme il sera souligné à plusieurs reprises, notamment lors de la troisième tentative de Socrate (cf. 299e, 300a, 302e) –, plutôt que la révélation de la présomption de savoir de l'interlocuteur.

À partir de ce moment donc, une recherche en commun positive se trouve lancée, qui va frayer diverses voies théoriques sérieuses et audacieuses (selon la perspective du troisième niveau de lecture), dans lesquelles au passage Hippias se laissera fourvoyer. À ce point du dialogue, en effet, Platon ne renonce pas tout à fait à la veine comique, dont les vertus pédagogiques sont incontestables (selon l'articulation des premier et deuxième niveaux de lecture). Mais encore une fois, il ne faut pas oublier qu'Hippias revendique une cohérence, et jusqu'au bout il s'emploie haut et fort à résister à la démarche socratique, qu'il taxe d'aveuglement.

Cinquième définition, et première proposée par Socrate lui-même : le beau est « ce qui est utile » (295a-296e)

Dans ce basculement vers la recherche de la vérité proprement dite, l'objet même de la recherche devient d'autant plus significatif : le beau, notion fluente, s'il en est, s'applique aussi bien aux dieux qu'aux marmites, et semble manifester des sens techniques aussi bien qu'éthiques, et ainsi de suite. Ce n'est pas en tout cas une notion purement morale, comme semblerait devoir l'être la notion de bien [1]. Ainsi, sa polyvalence défie le sens, et la possibilité de son unification est même en question ; tout cela doit être mis à l'épreuve. Dès lors, il est aisé de comprendre que Socrate, en prenant entièrement en charge la discussion (hypothèse et critique), tente de stabiliser l'essence du beau, en ayant en vue la fonctionnalité du beau, et en le

---

1. À vrai dire, comme je l'ai signalé plus haut (p. 174-178), les choses ne sont pas non plus aussi simples dans le cas de l'*agathon*.

confrontant avec le bien. Le problème est que le beau n'est pas le bien, mais ne semble pas pouvoir être pensé sans lui (dans une perspective purement fonctionnelle). Se préparent de nouvelles apories.

Pour commencer donc, Socrate propose de voir dans le beau l'utile (*chrèsimon*), faisant valoir que l'on considère comme beau ce qui a une capacité (*dunamis*) et qui, en mettant en œuvre cette capacité, révèle son utilité pour la fin correspondante – ainsi, de beaux yeux. Le raisonnement est étendu aussitôt à l'ensemble du corps, aux animaux et aux objets techniques : est beau ce qui est utile relativement à sa fin, à l'utilité pour laquelle il existe. Donc, le beau est par excellence l'utile, et belle est la puissance (en vue d'une fin).

De lui-même, Hippias renchérit en prenant le cas de la *politique*, et il conduit à un glissement du sens neutre de puissance vers un sens proprement politique (296a). C'est là devancer la critique socratique, qui n'a alors qu'à avancer un élément supplémentaire pour faire ressortir les difficultés de la définition. Socrate ajoute en effet qu'à ce moment-là le savoir (*sophia*) est ce qu'il y a de plus beau, et l'ignorance, ce qu'il y a de plus honteux (sous-entendu : parce que la puissance politique suppose un savoir correspondant). Cette addition fait alors surgir au grand jour les difficultés de la thèse, car s'il est vrai que le savoir est ce qu'il y a de plus beau, il n'en reste pas moins que l'on n'agit pas toujours avec ce savoir qui rendra son action la plus belle ; ou encore : lorsqu'on agit, que ce soit en mal ou en bien, on met nécessairement en œuvre une certaine capacité et un certain savoir correspondants. Il est donc des capacités qui n'ont pas en elles-mêmes la capacité de discerner le bien du mal, et qui sont ainsi susceptibles de porter vers le mal. On le note, cette affirmation est parfaitement compatible avec le principe socratique selon lequel on commet le mal sans le vouloir, qui est d'ailleurs rappelé par Socrate (cf. 296c). La capacité à discerner le bien du mal est tout simplement au-delà de la simple capacité à agir.

Il s'ensuit que la capacité et l'utile, tout court, ne sont pas le beau. Hippias, aussitôt, rectifie logiquement en posant que le beau, suivant ce qui vient d'être montré, doit être *l'utile en vue du bien.* Ainsi se trouvent liés beau et bien, de sorte que l'on ne peut plus penser l'un sans l'autre ; en même temps, l'un n'est pas l'autre, et l'évidence apparente de cet aménagement définitionnel va à son tour poser difficulté.

Sixième définition, et deuxième proposée par Socrate : le beau est « l'avantageux » (296e-297e)

Relayant la remarque d'Hippias, que son autocritique avait préparée, Socrate fait maintenant une distinction entre le *chrèsimon*, mis en avant précédemment, et l'*ôphelimon*, qu'il propose d'entendre comme signifiant justement *l'utile procurant une bonne fin.*

Cette nouvelle définition corrige de fait le défaut de la précédente ; mais très vite, Socrate fait apparaître un paradoxe : en tant que l'avantageux produit le bien, il en est la cause (296e-297a). Or, la cause est distincte de l'effet, car elle ne peut être cause d'elle-même ; dès lors, « le beau se présente en quelque sorte comme le père du bien » (297b). Et s'il en est ainsi, il s'ensuit que *le beau n'est pas le bon, et le bon n'est pas le beau.* C'est une conclusion qui suit rigoureusement de ce qui précède, mais l'ultime conséquence qu'en tire à présent Socrate paraît en revanche discutable : que le beau n'est pas bon, ni le bon, beau. Toujours est-il qu'elle interdit de maintenir la définition.

Pourquoi refuser de prédiquer le bien du beau ? Pourquoi faudrait-il que le beau coïncide avec le bien pour être dit bon ? Le glissement est évidemment contestable. Toutefois, par-delà le problème logique, pour ne pas dire l'erreur, l'on bute sur une difficulté plus réelle, qui n'est pas clairement thématisée : que voir le beau comme l'utile ou l'avantageux, autrement dit, comme ce qui produit le bien, n'était pas la bonne voie, tout simplement parce que de cette façon l'on s'est mis à la recherche du bien, sans parvenir à découvrir la spécificité du beau. Il faudrait donc comprendre que souvent par « beau » on entend « bien », ce qui constitue une sorte d'abus de langage. Mais dans ce cas, qu'est-ce que le beau proprement dit, le beau qui n'est que beau ?

Septième définition, et troisième proposée par Socrate : le beau, plaisir qui vient de la vue et de l'ouïe (297e-304b)

Lors d'une dernière tentative, Socrate propose de définir le beau comme « ce qui est plaisant pour l'ouïe et la vue » (298a). Précédemment, l'on a vu échouer deux définitions successives, l'une faisant du beau le *chrèsimon* (295d), l'autre l'*ôphelimon* (296e). La première des deux avait le défaut de faire du beau une capacité indifféremment orientée vers le bien ou le mal, tandis que la deuxième, palliant ce défaut, conduisait à un paradoxe inacceptable : étant puissance et cause du bien, le beau n'est pas le bon, le beau n'est pas bon (297c-d). Socrate opère ici un vaste déplacement : articulée autour de la notion de plaisir, il est clair que la nouvelle définition cherche à échapper aux apories de la relation beau-bien. Elle se place sur un terrain neutre, moralement non marqué, et ne semble envisager que des plaisirs sensibles (et encore, pas tous). Cela paraît étonnant, étant donné les réquisits fixés dès le départ (il s'agissait de découvrir ce par quoi les choses belles sont belles, sans restriction particulière), et l'on peut craindre qu'une telle définition n'atteigne pas la complétude requise. De fait, le caractère seulement partiel de cette définition est indiqué et assumé dès le début : elle semble ainsi exclure le cas des lois, qui, lorsqu'elles sont conformes à ce que l'on attend d'elles, sont qualifiées de belles – Socrate envisage d'emblée l'objection, ne veut pas la dissimuler, à la différence d'Hippias, et envisage une parade possible, avant de choisir finalement de mettre ouvertement entre parenthèses ce cas des lois (298c-d). N'est-ce pas d'emblée signaler que cette définition est vouée à l'échec ?

De fait, lorsque Socrate tente de justifier cette définition du beau comme d'un plaisir sensible procuré par deux sens, la vue et l'ouïe, c'est non seulement en écartant le cas des lois, mais également en s'appuyant sur des arguments relevant du sens commun (298e-299b). Le Socrate définissant s'apprête alors à encourir les foudres du Socrate réfutateur, qui semble au total au moins aussi vigilant que l'anonyme, auquel Hippias croit pour sa part que l'on pourra peut-être échapper (cf. 298b-c). Cette définition, qui, si l'on met de côté son caractère lacunaire, semble en apparence peu problématique et peu contestable pour son contenu (c'est un beau en somme esthétique qui se trouve décrit), va en fait révéler un paradoxe insurmontable.

Il faut d'abord souligner, pour préparer l'interprétation, que la réfutation ne va évidemment pas porter sur la restriction du « beau en lui-même » au sensible, puisque rien de semblable à l'hypothèse des Formes intelligibles du *Phédon* ne se trouve formulé ici et qu'on ne recherche que ce qui rend belles les choses belles. On ne vise à déterminer que la nature du beau en lui-même (*auto to kalon ho ti estin*, 286d8) sans qu'il soit affirmé à son propos, même si le terme d'*eidos* intervient (289d2-4 ; 298b4), qu'il est en soi et par soi, et séparé [1].

Et il faut encore rappeler ceci : dans la première partie, Socrate a fini par indiquer à Hippias que l'investigation du beau était l'investigation de ce par quoi toutes choses sont belles ; la recherche de la chose en soi est aussi *la recherche d'une cause* (cf. dès 289d, et très nettement 294b-c ; à rapprocher d'*Euthyphron*, 6d11). Finalement, toutes les définitions ont échoué sur le problème de la cause, du fait que le beau se trouvait être cause d'autre chose que du beau. La dernière définition examinée renonce à découvrir un beau qui soit cause du beau, au sens d'une réalité isolable distincte de ses effets : en définissant le beau comme un certain plaisir sensible, Socrate dégage la caractéristique commune à toutes les choses belles. Significativement, il va parler au neutre de « trait commun » (*to koinon touto*, 300a), puis de *pathèma* (que je rends par « caractère », mais plus littéralement « affection »,

1. Cf. à ce propos *supra*, p 166-174.

300b). On recherche moins une cause désormais, qu'un *trait distinctif*.

Pour en venir alors à la réfutation, des problèmes se présentent très rapidement (à partir de 299c) : en parlant de plaisirs de la vue et de l'ouïe, et non pas de tout plaisir, en restreignant ainsi le beau, on pourrait supposer que se trouve effectivement circonscrit le sentiment du beau. Or, la définition est aporétique : si les plaisirs de la vue ainsi que ceux de l'ouïe sont beaux, c'est que le beau n'est causé spécifiquement ni par la vue ni par l'ouïe (299e-300a). Le beau est donc commun à ces deux types de plaisir : mais évidemment, au-delà de ce constat, la définition ne nous informe guère sur la nature du beau. De fait, Socrate et Hippias se contentent d'observer que *tout plaisir* n'est pas beau, et en retenant, pour la définition du beau, *deux* types de plaisir, ils cernent la cause sans parvenir à la penser. Quelle est la réalité une qui fait que ces deux types de plaisir sont jugés beaux (c'est la question, posée en 299e, de ce « quelque chose de différent des autres ») ?

De là la remarque, formulée seulement en passant, mais qui va devenir l'objet d'une réfutation méthodique, selon laquelle le beau, ne se trouvant ni dans le seul plaisir de la vue, parce que la vue ne peut être cause du plaisir de l'ouïe, ni dans le seul plaisir de l'ouïe, parce que l'ouïe ne peut être cause du plaisir de la vue, pourrait résulter de la réunion des deux : *être une qualité commune aux deux, sans revenir à chacune en particulier* (300b). Il faut bien voir que ce n'est pas là la compréhension du beau que soutient Platon ; mais il s'impose ici de réfuter Hippias, qui doute qu'un certain type d'attribution collective, valant pour l'ensemble mais pas pour les éléments, existe (300b-c). Si on conclut un peu plus tard que le beau n'est pas correctement embrassé par ce qu'implique cette septième définition, du moins est-ce sur le mode d'une propriété collective que l'examen de la présente définition nous amène pour l'instant à envisager le beau.

Face à cette idée, c'est-à-dire face à la possibilité même d'une propriété qui serait celle de l'ensemble sans être celle des éléments constitutifs de l'ensemble, Hippias oppose d'abord une série d'exemples où la propriété collective est aussi une propriété individuelle (juste, malade, et ainsi de suite, 300e-301a). Puis il prend de l'assurance et renforce son propos, en opposant vision totale (celle qu'il convient d'avoir) et vision partielle (celle dont est seulement capable Socrate). Il faut le souligner, Hippias est fort loin de se comporter en éristique (cela l'amènerait à biaiser au moyen du langage) ; il vise à persuader et non à démontrer, et il veut y parvenir en faisant passer dans le langage, animé par la flamme rhétorique, un savoir de la *phusis*. Pour cette raison, Hippias critique *a contrario* l'usage que Socrate fait du langage : pour lui, la connaissance du réel doit précéder en droit la maîtrise du langage. Avec ce savant accompli, maître de langage, qu'apprend-on alors en matière d'expression ? On acquiert, selon ce qu'il revendique ici, la capacité à tenir un discours continu, unitaire, qui dit le réel dans sa continuité ; c'est en ce sens que le langage se naturalise et dit vrai, au lieu de ne rien dire. Et Socrate, aux yeux d'Hippias, fait l'inverse : il fait résonner le beau et bien d'autres choses comme des vases vides. Le grand reproche porte d'abord sur le fait de sectionner, d'isoler ce qui devrait être embrassé dans une vision d'ensemble. Ce que fait Socrate est pour Hippias l'effet d'un usage vide et non naturel du langage. Hippias veut donc critiquer une position d'inspiration conventionnaliste, au nom de la *phusis*.

En réponse à cette charge, dont les enjeux méthodologiques sont évidemment de première importance, Socrate va alors faire tourner la discussion autour de l'exemple décisif des *propriétés numériques*, qui illustrent la possibilité qu'un ensemble soit doué de propriétés différentes de ses parties (un ensemble de deux individus est pair, alors que chaque individu est impair). La superbe d'Hippias (lui, champion, entre autres, d'arithmétique) est alors ridiculisée, et sa critique est par là même sapée à la base. La démonstration de l'existence de propriétés collectives non distributives, qui prend à contre-pied Hippias, est d'autant plus cruelle qu'elle ne vise même pas à établir que le beau doit être pensé de cette façon-là. La définition tentée par Socrate et soumise à Hippias conduit en effet à se représenter le beau ainsi ; or, le point de l'autocritique socratique est *précisément* qu'il n'est pas possible de s'en tenir à une définition qui ferait du beau *seulement* la propriété commune à l'ensemble des choses belles, parce qu'à ce moment-là on retire la beauté à la chose belle (tout comme l'impair n'est pas pair), et l'on échoue à dire ce qu'est le beau en lui-même qui, dans son unicité, se trouve nécessairement au-delà de la dualité plaisirs de la vue-plaisirs de l'ouïe posée par la définition. La nature du beau reste alors un mystère.

Ainsi, même si cette septième définition, mise en parallèle avec les propriétés numériques, impose un effort d'abstraction et d'éloignement des données empiriques qui semblerait nous rapprocher du beau en tant que tel, elle débouche en réalité sur un aveu d'impuissance et d'incompréhension. Le rapprochement du beau et du nombre ne mène à rien, et ne fait que rendre plus opaque encore la question du beau. Le beau, considéré dans les choses, ou considéré en lui-même, ne peut être de l'ordre du pair produit par addition, mais bien d'une propriété distributive.

L'intérêt de cette septième définition, dans la perspective zététique, est alors double. Elle prétend d'abord montrer que la voie hippiasienne, même sous la forme raffinée que lui donne Socrate, est une impasse. Voir le beau comme la propriété collective d'un ensemble (quel qu'il soit) ne tient pas, puisque l'on ne peut conférer la beauté à chaque chose belle : le beau est alors partout et nulle part, et l'on ne comprend plus comment il peut produire la beauté dans les choses belles. Retraduit arithmétiquement, il faudrait penser à une addition de parties, ce qui conduit à plusieurs incongruités – il faudrait imaginer des fragments de beauté s'ajoutant les uns aux autres, et même alors il faudrait convenir que la beauté entière est d'une autre sorte. Précisément, c'est le beau en lui-même que l'on veut connaître, et à cela nous n'avons pas de réponse. L'on ne peut donc transiger sur le fait qu'il y a des choses belles, et que celles-ci tiennent leur beauté du beau en lui-même. Manifestement, aux yeux de Socrate, Hippias n'a pas pris la mesure de cette exigence, et cette dernière tentative de définition était l'ultime effort pour la lui faire appréhender.

Par ailleurs, la définition tente une remarquable percée en direction du sentiment subjectif du beau (le beau appréhendé comme plaisant), mais l'examen critique fait ressortir que ce sentiment subjectif ne trouvera de consistance qu'à s'appuyer sur un beau réel, objectif, qui précisément échappe. La définition par le plaisir, qui amène à penser le beau d'une façon analogue au pair, ne tient pas, puisque deux êtres beaux le sont pris individuellement (303b-d) ; il faut en conséquence l'abandonner. Le problème de fond ici est bien que l'on ne parvient pas à penser le rapport entre le plaisir ressenti à voir ou à entendre la chose belle (plaisante), et le beau lui-même ; car ce dernier ne peut se confondre avec les plaisirs qu'il suscite. La tournure de la discussion nous ramène ainsi à la réflexion sur la valeur causale du beau, et sur sa réalité objective. De fait, une définition subjective du beau, même si elle cerne notre rapport au beau, est impropre, puisqu'elle ne peut exhiber le beau, cause des choses belles : le beau cause les plaisirs de la vue et de l'ouïe, il est un « quelque chose », et ne peut être cerné au moyen de ces plaisirs qu'il suscite. De là découle une dernière tentative suggérée par l'anonyme, juste amorcée et aussitôt avortée, qui tente de rendre raison de cette beauté qui s'attache aux deux sortes de plaisirs : le beau serait ainsi un « plaisir avantageux » (303e). Mais dire cela fait aussitôt retomber dans les difficultés insolubles envisagées auparavant à propos de l'avantageux, comme le rappelle l'anonyme par la voix de Socrate (303e-304a).

ÉPILOGUE (304b-e)

Il ne reste plus à Hippias et à Socrate qu'à livrer leurs conclusions : Hippias, passablement amer, ne veut voir dans les analyses de Socrate que des « rognures de discours » (304a), tandis que Socrate avoue son embarras, son état d'aporie, lui qui à la fois se préoccupe des belles choses, et ne sait définir la nature du beau (304b-e).

Éléments bibliographiques

Éditions, traductions et commentaires de l'*Hippias majeur*

BURNET J. (1903), *Platonis opera* [texte], Oxford, Clarendon Press.

CHAMBRY E. (1936), *Platon. Œuvres complètes*, I, Paris, Garnier [rééd. poche *Platon. Premiers dialogues*, Paris, GF – Flammarion, 1967].

COUSIN V. (1985), *Hippias majeur (sur le beau)* [traduction revue par J. Lacoste ; introduction et commentaire par J. Lacoste], Paris, Hatier.

CROISET A. (1921), *Platon. Hippias majeur, Charmide, Lachès, Lysis* [texte et traduction ; notice], Paris, Les Belles Lettres.

FOWLER H. N. (1926), *Plato*, vol. 5, Loeb Classical Library.

JOWETT B. (1955), *The Dialogues of Plato*, Oxford, Clarendon Press, 4e éd.

LIMINTA M. T. (1998), *Platone. Ippia maggiore* [texte, traduction italienne, notes et étude introductive de H. Krämer], Milan, Rusconi.

ROBIN L. et MOREAU J. (1950), *Platon. Œuvres complètes*, I, Paris, Gallimard, « Bibliothèque de la Pléiade » [traduction].

SCHANZ M. (1885), *Platonis opera quae feruntur omnia, IX, Hippias maior, Hippias minor, Io, Menexenus, Clitopho*, Leipzig.

SORETH M. (1953), *Der platonische Dialog* Hippias maior, *Zetemata* 6, Munich.

TARRANT D. (1928), *The Hippias Major attributed to Plato ; with introductory essays and commentary*, Cambridge, C.U.P. (reprint New York, Arno Press, 1973).

VANCAMP B. (1996), *Platon. Hippias maior ; Hippias minor*, Stuttgart, F. Steiner [édition du texte basée sur une nouvelle collation des manuscrits].

WATERFIELD R. (1987), *Hippias major*, in *Plato's Early Socratic Dialogues*, T. J. Saunders éd., Londres, Penguin [traduction anglaise].

WOODRUFF P. (1982), *Platon. Hippias major* [traduction, commentaire et essai], Indianapolis, Hackett Publishing Company.

Autres éditions de Platon mentionnées dans l'Introduction ou les notes

CANTO M. (1987), *Platon. Gorgias*, Paris, GF – Flammarion.

DEMONT P. et TRÉDÉ M. (1993), *Platon. Protagoras*, Paris, Le Livre de Poche (L. G. F.).

DODDS E. R. (1959), *Plato. Gorgias*, Oxford.

DORION L.-A. (1997), *Platon. Lachès, Euthyphron*, Paris, GF – Flammarion.

ILDEFONSE F. (1997), *Platon. Protagoras*, Paris, GF – Flammarion.

JACCOTTET Ph. et TRÉDÉ M. (1991), *Platon. Le Banquet*, Paris, Le Livre de Poche (L. G. F.).

Études relatives à l'*Hippias majeur*

ALLEN R. E. (1970), *Plato's* Euthyphro *and the Earlier Theory of Forms*, Londres.

BALAUDÉ J.-F. (1996), « La finalité de l'*elenchos* d'après les premiers dialogues de Platon », dans *Lezioni socratiche*,

G. Giannantoni et M. Narcy éd., Naples, Bibliopolis, p. 235-258.

–, (1996b), « La philosophie comme mise à l'épreuve : le devenir de *l'elenchos*, de Socrate à Platon », dans *Platon et l'objet de la science*, P.-M. Morel éd., Presses universitaires de Bordeaux, p. 17-38.

–, (2010), *Le Savoir-Vivre philosophique. Empédocle, Socrate, Platon*, Paris, Grasset.

BEVERSLUIS J. (2000), *Cross-examining Socrates, A defense of the interlocutors in Plato's Early Dialogues*, Cambridge, Cambridge University Press [chap. 5 « Hippias : sur l'*Hippias majeur* »].

BRANCACCI A. (1990), Oikeios logos. *La filosofia del linguaggio di Antistene*, Naples, Bibliopolis.

–, (1997), « Filosofia e paideia in Antistene », in *Lezioni socratiche*, Naples, Bibliopolis.

BRUNSCHWIG J. (1984), « Hippias d'Elis, philosophe-ambassadeur » in *The Sophistic Movement*, Greek Philosophical Society, Athenian Library of Philosophy, p. 269-276.

DE STRYCKER E. (1937), « Une énigme mathématique dans l'*Hippias majeur* », dans *Mélanges Emile Boisacq, I*, Paris, p. 317-326.

DOVER K. J. (1974), *Greek Popular Morality in the Time of Plato and Aristotle*, Berkeley, University of California Press.

DÜMMLER F. (1889), *Akademika : Beiträge zur Litteraturgeschichte der sokratischen Schulen,* Giessen.

EDELSTEIN L. (1967), *The Idea of Progress in Classical Antiquity,* Baltimore, The Johns Hopkins Press.

GOLDSCHMIDT V. (1971), *Les Dialogues de Platon,* Paris, PUF, 1re éd. 1947, 3e éd. [chap. 2, concernant notamment l'*Hippias majeur*].

GRUBE G. M. A. (1926a), « Notes on the *Hippias Maior* », *Classical Review*, 40, p. 188-189.

–, (1926b), « On the authenticity of the *Hippias Maior* », *Classical Quarterly,* 20, p. 138-148.

–, (1927), « Plato's Theory of Beauty », *The Monist,* 37, p. 269-288.

–, (1929), « The Logic and Language of the *Hippias Major* », *Classical Philology*, 24, p. 369-375.

GUILLERMIT L. (2001), *L'Enseignement de Platon. I. Charmide, Lachès, Lysis, Euthydème, Euthyphron, Hippias majeur, Hippias mineur*, Nîmes, Éditions de l'Éclat.

HEATH Th. L. (1921), *A History of Greek Mathematics*, Oxford.

HOERBER R. G. (1964), « Plato's *Greater Hippias* », *Phronesis*, 9, p. 143-155.

IRWIN T. (1995), *Plato's Ethics*, Oxford, 1995.

JOHANN H. (1973), « Hippias von Elis und der Physis-Nomos Gedanke », *Phronesis*, XVIII, p. 15-25.

KAHN Ch. H. (1985), « The beautiful and the genuine : a discussion of Paul Woodruff's *Plato : Hippias Major* », *Oxford Studies in Ancient Philosophy*, 6, p. 69-102.

–, (1996), *Plato and the Socratic Dialogue. The philosophical use of a literary form*, Cambridge University Press.

KERFERD G. Br. (1999), *Le Mouvement sophistique*, trad. fr. de *The Sophistic Movement* (Cambridge, 1981) par A. Tordesillas et D. Bigou, Paris, Vrin.

MALCOLM J. (1968), « On the place of the *Hippias Major* in the development of Plato's thought », *Archiv für Geschichte der Philosophie*, 50, p. 189-195.

MICHEL P.-H. (1950), *De Pythagore à Euclide. Contribution à l'histoire des mathématiques préeuclidiennes*, Paris, Les Belles Lettres.

MOREAU J. (1941), « Le platonisme de l'*Hippias majeur* », *Revue des études grecques*, 54, p. 19-42.

MORGAN M. L. (1983), « The continuity theory of reality in Plato's *Hippias Major* », *Journal of the History of Philosophy*, 21, p. 133-158.

MOTTE A., RUTTEN Ch., SOMVILLE P. (éd.) (2003), *Philosophie de la forme*. Eidos, idea, morphè *dans la philo-*

sophie grecque, des origines à Aristote. Travaux du centre d'études aristotéliciennes de l'Université de Liège, avec la collaboration de L. BAULOYE, A. LEFKA, A. STEVENS, coll. « Aristote. Traduction et études », Louvain-la-Neuve – Paris – Dudley MA.

NEHAMAS A. (1975), « Confusing universals and particulars in Plato's early dialogues », *Review of Metaphysics*, 29, p. 287-306.

–, (1979), « Self-predication and Plato's Theory of Forms », *American Philosophical Quarterly*, 16, p. 93-103.

NIGHTINGALE A.W. (1995), *Genres in Dialogue. Plato and the Construct of Philosophy*, Cambridge University Press.

RANKIN H. D. (1983), *Sophists, Socratics and Cynics*, Londres.

ROMEYER-DHERBEY G. (2000), « Entre Ajax et Ulysse, Antisthène », in *Socrate et les socratiques*, textes réunis par J.-B. Gourinat, sous la dir. de G. Romeyer-Dherbey, Paris, Vrin.

SIDER D. (1977), « The apolitical life : Plato, *Hippias Major* 281c », *L'Antiquité classique*, 46, p. 180-183.

SORETH M. (1953), *Der platonische Dialog* Hippias Major, *Zetemata* VI, Munich.

TARRANT D. (1920), « On the *Hippias Major* », *Journal of Philology*, 35, p. 319-331.

–, (1927), « The Authorship of the *Hippias Major* », *Classical Quarterly*, 21, p. 82-87.

TARRANT H. (1994), « The *Hippias Major* and Socratic Views on Pleasure », in *The Socratic Movement*, P.A. Vander Waerdt éd., Ithaca – New York, 1994.

THESLEFF H. (1976), « The Date of the pseudo-platonic *Hippias Major* », *Acta Philologica Fennica*, 10, p. 105-117.

UNTERSTEINER M. (1993), *Les Sophistes*, tome 2, trad. fr. de *I Sofisti* (Milan, 1967^2) par A. Tordesillas, Paris, Vrin [chap. XIV et XV sur Hippias].

VERNANT J.-P. (1981), « Remarques sur les formes et les

limites de la pensée technique chez les Grecs », in *Mythe et pensée chez les Grecs*, II, Paris, Maspero, p. 44-64.

VIDAL-NAQUET P. (1990), « La société platonicienne des dialogues », in *La Démocratie grecque vue d'ailleurs*, Paris, Flammarion, p. 95-119.

VLASTOS G. (1994), *Socrate. Ironie et philosophie morale*, trad. fr. de *Socrates. Ironist and Moral Philosopher* (Cambridge, 1991) par C. Dalimier, Paris, Flammarion.

WOLFSDORF D. (2003), « Socrates' pursuit of definitions », *Phronesis*, XLVIII, 2003/4, p. 271-312.

WOODRUFF P. (1978), « Socrates and Ontology : the Evidence of the *Hippias major* », *Phronesis*, XXIII, p. 101-117.

Note sur la traduction

La traduction a été faite d'après le texte de l'édition de B. Vancamp, *Platon. Hippias maior ; Hippias minor*, Stuttgart, F. Steiner, 1996. Les très rares endroits où je m'écarte des choix philologiques de cette édition sont signalés en note.

La division en pages et paragraphes correspond à l'édition d'Henri Estienne (Genève, 1578).

HIPPIAS MAJEUR

[ou : Sur le beau. Genre anatreptique[1]*]*

1. Comme tous les autres dialogues de Platon, l'*Hippias majeur* reçoit deux sous-titres qui lui ont été donnés par les éditeurs antiques vraisemblablement dès le IIIe siècle av. J.-C., pour décrire et identifier d'emblée chacun d'entre eux. Le premier sous-titre indique le sujet, et il a souvent un caractère restrictif (ici, la mention du beau est évidemment adéquate ; néanmoins, elle conduit à considérer à tort toute la première partie comme un simple ornement littéraire). Le second vise à caractériser la forme de la discussion ; il est lui aussi souvent restrictif. En l'occurrence, « anatreptique » signifie « renversant », ou encore « réfutatif » : l'*Euthydème*, le *Gorgias* et l'*Hippias mineur* ont également été qualifiés de cette façon (cf. Diogène Laërce, *Vies et doctrines des philosophes illustres*, III, 50).

SOCRATE[1]

[**281a**] Ah, bel[2] et savant Hippias, qu'il y a longtemps que tu n'as abordé chez nous à Athènes[3] !

HIPPIAS

Je n'en ai pas eu le loisir, Socrate. Car Élis[4], lorsqu'elle doit mener une négociation avec une cité,

---

1. Le dialogue est en style direct, et met exclusivement en scène Socrate et Hippias. De ce point de vue, sa forme littéraire est des plus simples. Il acquerra toutefois une complexité narrative certaine, lorsque Socrate fera intervenir en paroles un tiers entre Hippias et lui. Ce tiers anonyme est d'abord évoqué à propos d'un précédent entretien (ou plusieurs même) avec Socrate, avant que Socrate ne continue fictivement à le faire dialoguer avec lui-même, puis avec Hippias, etc. **2**. D'emblée, Platon confère à Hippias cet attribut de beauté, qui justifiera que Socrate l'interroge spécifiquement sur le sujet. De fait, Hippias se veut beau à tous égards, par sa personne, son allure et son extérieur, sa parole et son esprit. Et c'est de beauté morale que parlent ses discours, ce qui fournira véritablement, le moment venu, la transition vers la question du *kalon* (286b-c). **3**. Cette formule introductive indique qu'Hippias est bien connu à Athènes. Elle peut aussi avoir pour fonction de rappeler qu'un premier entretien s'est déjà déroulé entre Socrate et Hippias, qui fournit la matière de l'*Hippias mineur*. **4**. La patrie d'Hippias, capitale de l'Élide, située à l'ouest du Péloponnèse.

vient toujours me choisir en premier parmi les citoyens, pour que je sois son ambassadeur [1], parce qu'elle estime que j'ai toute compétence pour juger et transmettre les déclarations [**b**] faites par chaque cité. C'est ainsi que j'ai à de nombreuses reprises mené des ambassades dans d'autres cités, et le plus souvent, touchant de très nombreuses et importantes affaires, à Lacédémone ; voilà ce qui explique, pour répondre à ta question, que je vienne rarement en ces lieux [2].

SOCRATE

Une telle charge, Hippias, signifie que l'on est à la vérité un homme savant et accompli ! Car toi, tu es également capable, à titre privé, de recevoir de la part des jeunes gens beaucoup d'argent en leur procurant [**c**] un avantage supérieur à celui que tu reçois [3], et d'autre part, à titre public, d'œuvrer pour le bien de ta cité, comme doit le faire qui se destine non pas à être méprisé, mais à être distingué du sein de la multitude. Mais alors, Hippias, qu'est-ce qui explique que ces glorieux anciens [4],

---

1. Cf. à ce propos Brunschwig, 1984, qui suggère d'unifier la personnalité intellectuelle d'Hippias précisément autour de cette activité d'ambassadeur. **2**. Le ton est empesé, les formules contournées ; tout cela est destiné à faire sentir comme cet homme public est imbu de sa personne, et pénétré de son importance. **3**. Par son enseignement, qui est rémunéré ; cf. ci-dessous 282b-e. **4**. Socrate va mentionner trois personnages qui font partie de la liste canonique des sept Sages, telle que la tradition antique la véhicule ensuite (cf. Diogène Laërce, *Vies...*, I, 13 et 40-42) : Pittacos, Bias et Thalès. Dans le *Protagoras*, il donne lui-même une liste des sept Sages, qui commence avec la triade Thalès, Pittacos, Bias (343a). Ici, après ces trois, il esquisse à la suite une succession ionienne, qui conduit de Thalès à Anaxagore, que là encore la tradition doxographique antique retiendra et confir-

dont les noms sont réputés pour leur savoir, Pittacos[1], Bias[2], Thalès de Milet et les Milésiens[3], et encore ceux qui ont suivi jusqu'à Anaxagore[4], tous ceux-là, ou à

---

mera (la branche ionienne de la philosophie a pour proto-fondateur Thalès et pour véritable instaurateur Anaximandre, qui aurait appris auprès de ce dernier ; viennent ensuite Anaximène et Anaxagore, suivis, selon Diogène Laërce, d'Archélaos et... de Socrate ; cf. Diogène Laërce, *Vies...*, I, 13-14).

1. Il s'agit de Pittacos de Mytilène, l'un des sept Sages, selon la tradition antique, et Platon lui-même (cf. note précédente). Rappelons que Pittacos est au centre de la controverse entre Protagoras et Socrate sur l'interprétation correcte du poème de Simonide à Scopas dans le *Protagoras* (cf. notamment 339c-340d, et 343b-347a). Sur la biographie de Pittacos, voir la *Vie de Pittacos* de Diogène Laërce, *Vies...*, I, 74-81. **2**. Sur Bias, également l'un des sept Sages, voir la *Vie de Bias* de Diogène Laërce, *Vies...*, I, 82-88. **3**. Litt. « ceux qui étaient proches [c'est-à-dire : appartenaient à l'école] de Thalès de Milet ». Comme, dans l'usage historico-doxographique, l'expression *hoi amphi* + un nom peut simplement désigner la personne même, on traduit souvent ici par « Thalès de Milet » ; toutefois, la formule se distingue nettement de la désignation simple de Pittacos et Bias, juste avant. On peut en inférer que Socrate renvoie ici non seulement à la personne de Thalès, mais à Thalès et à l'école milésienne qu'il initie. Les dates de Thalès sont, d'après Diogène Laërce, *Vies...*, I, 37-38 (corrigé ; cf. Goulet-Cazé [1999], p. 90 et 158) : 624-546 av. J.-C. **4**. Anaxagore de Clazomènes (500/497-428 av. J.-C.). La tradition doxographique antique inscrit de fait Anaxagore dans la lignée ionienne initiée par Thalès, et rattache Socrate à Anaxagore par l'intermédiaire d'Archélaos, tout en soulignant que Socrate est le promoteur, dans cette lignée, de la philosophie morale (cf. à ce propos Diogène Laërce, *Vies...*, I, 14, et *supra*, n. 4, p. 214).

peu près tous, aient paru s'abstenir de toute participation aux activités politiques [1] ?

HIPPIAS

Quelle raison invoquer, Socrate, en dehors de celle-ci : c'est qu'ils étaient incapables [**d**], et n'étaient pas en mesure [2] d'accéder par leur intelligence aux deux plans, celui des affaires publiques et celui des affaires privées ?

---

1. Dans toute cette réplique, Socrate s'amuse à adopter le ton sentencieux d'Hippias, avec balancement (*kai idiai... kai au dèmosiai*), et opposition (*mè kataphronèsesthai, all'eudokimèsein*). De surcroît, la question (déjà biaisée) qu'il lui pose est faite sur le mode hippiasien : il utilise le registre du catalogue historique, dont on sait qu'Hippias est le probable initiateur (cf. 86 B 6 Diels-Kranz), pour construire un schéma de rupture entre Hippias et la tradition prestigieuse des anciens Sages. Hippias va être une première fois piégé : il doit en sortir par le haut, c'est-à-dire expliquer que les anciens, pourtant si réputés, étaient loin de ses propres compétences. H. Krämer (*in* Liminta, 1998, p. 42) voudrait qu'il y eût comme une contradiction entre ce passage et celui du *Protagoras* où Platon vanterait au contraire les compétences politiques des Sages exprimées à travers de brèves sentences (342a-343b). Cette contradiction est imaginaire : Socrate vante alors l'amour du savoir et le souci de l'éducation des Sages, du reste encore partagé aujourd'hui par les Lacédémoniens, si bien qu'il ne se présente non seulement aucune contradiction sur la question de l'attitude politique, mais de surcroît on observe que le rapprochement des Sages et des Lacédémoniens est en consonance avec l'écart que Socrate s'apprête au contraire à installer entre Hippias et ces derniers (283b-285c). **2**. *Adunatoi [...] kai ouk hikanoi*. On a ici un premier exemple de doublon redondant, sans autre justification que la recherche de l'effet rhétorique. Le pastiche stylistique, visant à tourner en dérision Hippias, est bien en place.

SOCRATE

Est-ce donc, par Zeus, que, tout comme les autres arts ont progressé[1] et que les anciens artisans, comparés à ceux d'aujourd'hui, sont médiocres, nous devons dire qu'ainsi l'art des sophistes[2], le vôtre, a lui aussi progressé, et que ceux des anciens qui se consacraient au savoir sont médiocres, comparés à vous ?

HIPPIAS

Tu t'exprimes fort correctement[3], en effet.

SOCRATE

Par conséquent, Hippias, si aujourd'hui Bias revivait[4] parmi nous, [**282a**] il s'exposerait à vos rires, tout comme les sculpteurs disent à propos de Dédale[5] que,

---

1. C'est là le premier emploi absolu du verbe *epididonai* (cf. Edelstein, 1967, p. 36, n. 32, et p. 92), premier emploi attesté du moins, car on peut supposer qu'Hippias l'avait lui-même employé. Il ne fait en tout cas guère de doute qu'Hippias soit un partisan, voire un théoricien, du progrès, en pleine conformité avec son culte de la nouveauté. **2**. À la différence de l'*Hippias mineur*, dans lequel le terme n'intervenait pas, l'*Hippias majeur* situe expressément les activités d'Hippias dans l'horizon de la sophistique. Cela étant, le terme ne reviendra pas ensuite, et ne sera pas invoqué en propre par Hippias. **3**. On rencontre ici la première occurrence d'*orthôs* dans la bouche d'Hippias. Ce qui pourrait paraître anodin relève en réalité du pastiche, si on rapproche l'usage de cet adverbe du thème de l'*orthoepeia*, c'est-à-dire de la juste dénomination. **4**. *Ho Bias anabioiè* ; Platon joue sur le nom de Bias. **5**. Dédale, sculpteur mythique qui aurait fabriqué des statues capables de s'animer, que Platon évoque à diverses reprises dans son œuvre. L'idée d'une maladresse de Dédale est sans écho ailleurs, et il faut supposer que cette affirmation est loin de refléter la conviction de Socrate et de Platon : « nouveau » n'est pas pour eux synonyme

s'il vivait de nos jours et produisait des œuvres semblables à celles qui lui ont assuré son renom, il serait un objet de risée.

HIPPIAS

Il en est exactement, Socrate, comme tu le dis ; cependant, pour ma part, j'ai l'habitude de faire l'éloge des anciens et de ceux qui nous ont précédés, avant celui des contemporains et de façon plus appuyée, parce que, si je me garde de la jalousie des vivants, je redoute la colère des morts [1].

SOCRATE

[**b**] C'est une bien belle formule et une bien belle réflexion que tu livres là, voilà mon sentiment. Et je peux témoigner avec toi que tu dis vrai, et que votre art a réellement progressé dans la capacité à mener de front affaires publiques et affaires privées [2]. En effet, Gorgias de Léontion [3], le sophiste, est arrivé ici en mission officielle, envoyé par sa patrie pour être

---

de « mieux », contrairement à ce que Socrate feint de considérer ici.

1. Cette réplique fait éclater la superficialité de la position d'Hippias : il croit au progrès dans son intérêt, mais prend toujours soin de faire l'éloge des morts avant celui des vivants, pour éviter, sait-on jamais, la vengeance des morts ; une bête superstition est ainsi supposée s'exprimer. Cela étant, Platon fait sans aucun doute ici une allusion désobligeante aux travaux historiques d'Hippias, notamment en matière de recueils d'opinions. **2**. Le compliment est évidemment très ironique. Il n'est rien de pire, aux yeux de Platon, que la confusion de l'intérêt privé et de l'intérêt public, qui est source de corruption, et qui pervertit la fonction politique, ainsi que la *République* l'explique tout du long. **3**. Gorgias (né vers 480 av. J.-C.) était originaire de Léontion, une ville de Sicile. Il

ambassadeur, parce qu'il était, entre les Léontins, le plus compétent pour traiter les affaires d'intérêt général, et l'Assemblée du peuple trouva qu'il s'exprimait excellemment, tandis qu'en privé il proposait des conférences et se réunissait avec les jeunes gens, **[c]** retirant beaucoup de revenus de cette cité. Et si tu veux encore, notre camarade Prodicos [1] s'est souvent rendu en mission officielle en divers endroits, mais dernièrement, alors qu'il venait d'arriver, chargé de mission, de Céos [2], son discours au Conseil lui a valu un grand renom, et en privé il a proposé des conférences et s'est réuni avec des jeunes gens, ce qui lui a procuré des revenus prodigieu-

---

donne son nom à un dialogue de Platon, où il est présenté comme maître de rhétorique plutôt que comme sophiste (cf., à ce sujet, le Préambule, p. 27-31). Cela dit, la tradition a suivi ce que Platon expose ici, en faisant de Gorgias l'un des quatre grands sophistes ; les trois autres sont nommés ensuite : Prodicos et Protagoras, et bien sûr Hippias, présent comme interlocuteur. De fait, la frontière entre enseignement rhétorique et enseignement sophistique est floue, et si l'on prend comme critère l'enseignement rémunéré par une personnalité itinérante, comme c'est le cas dans le présent passage, il n'y a guère à s'étonner de voir Platon désigner Gorgias comme un sophiste. Hippias lui-même sera désigné par Socrate comme un sophiste (dans le *Protagoras* également), même s'il ne semble pas particulièrement s'enorgueillir du titre, et s'il brille essentiellement par sa capacité rhétorique. Le séjour de Gorgias à Athènes, enfin, aurait eu lieu en 427 av. J.-C., selon Diodore de Sicile (82 A 4 DK).

1. Prodicos de Céos (né entre 470 et 460 av. J.-C.) est toujours traité en ami par Socrate dans les dialogues platoniciens, même s'il se mêle dans l'hommage quelque ironie. Ce sont les compétences de Prodicos en matière de synonymie qui sont vantées par Socrate, et que ce dernier utilise à l'occasion. Un pastiche de Prodicos se trouve dans le *Protagoras*, 337a-c. **2**. Île de la mer Égée, qui fait partie des Cyclades.

sement grands. En revanche, parmi les glorieux anciens, aucun n'a jamais jugé bon de se faire régler un salaire en argent, ni de proposer des conférences [**d**] exposant leur propre savoir à des hommes de tous horizons. Ils étaient si naïfs : il leur échappait que l'argent est digne d'un grand prix. Chacun des deux sophistes en revanche a retiré plus de revenus de son savoir qu'un autre artisan de son art, quel qu'il soit ; et avant eux encore, ç'a été le cas de Protagoras [1].

HIPPIAS

Tu n'as donc pas idée de ce qui est vraiment beau en la matière, Socrate [2] ! Car si tu savais tout l'argent que j'ai gagné, moi, tu en serais émerveillé. Je te passe le reste : j'arrive un jour en Sicile, où Protagoras [**e**] séjournait, et où il avait grande réputation, lui qui est d'un âge supérieur au mien ; eh bien, moi qui étais beaucoup plus jeune [3], en très peu de temps, je réussis à gagner plus de cent cinquante mines, et en un seul minuscule endroit, Inycos [4], plus de vingt mines. En retournant chez moi, muni de cette somme, je la donnai à mon père, de telle sorte que lui et les autres citoyens en étaient remplis d'admiration – c'était un choc pour eux ! Et je pense que

---

1. Protagoras (492-422 av. J.-C.). Sur l'enseignement délivré par Protagoras, voir notamment le début du *Protagoras*, 317e-328d. **2**. Comme on le voit, Hippias se présente franchement comme un spécialiste du beau. Socrate n'aura ensuite qu'à le prendre au mot. **3**. D'une quarantaine d'années ! Protagoras et Hippias se sont en effet croisés, l'un à la fin de sa carrière, l'autre à son commencement. **4**. Il s'agit d'une toute petite cité de Sicile, proche d'Agrigente.

j'ai obtenu, moi, à peu près autant de revenus que deux autres sophistes réunis, quels qu'ils soient [1].

SOCRATE

Assurément, Hippias, tu me donnes un beau [2] et fort témoignage de la supériorité [**283a**] de ton savoir et de celui des contemporains, sur le savoir des anciens. Grande était l'ignorance de nos prédécesseurs [3], à suivre ton propos. On raconte de fait qu'il est arrivé à Anaxagore le contraire de vous : il avait reçu en héritage beaucoup d'argent, et il l'a complètement négligé et a tout perdu ; tant son savoir sophistique manquait d'intelligence [4] ! Et l'on raconte à propos des autres anciens, aussi bien, des anecdotes de ce genre. Par là, tu me sembles fournir un beau témoignage sur le savoir [**b**] des contemporains comparé à celui de nos prédécesseurs ; d'ailleurs, la plupart des gens sont d'accord pour penser que le savant doit avant tout être savant pour lui-même. L'objectif pour ce dernier, c'est donc d'obtenir le plus d'argent possible [5]. Bien, restons-en

---

1. Forfanterie à la Matamore, ou vérité historique ? Il est évidemment impossible de vérifier... **2**. Ici et encore quelques lignes plus bas, Socrate prépare la focalisation sur la question du beau. **3**. Comme en avait jugé Stallbaum, il faut ici retirer du texte *peri Anaxagorou legetai*, qui est manifestement une glose interpolée (Burnet et Vancamp ne le maintiennent qu'entre crochets droits). La correction de *peri* en *mechri* (Grube, 1926, repris par Woodruff, 1982) donne sens au texte, mais me paraît peu plausible ; le rappel que les prédécesseurs vont jusqu'à Anaxagore serait d'une lourdeur étonnante, dans la mesure où Socrate va, tout aussitôt après, pointer justement le cas d'Anaxagore. **4**. Mot d'esprit de Platon : le principe de tout selon Anaxagore est le *Noûs*, Esprit ou Intelligence ; qu'il en manque à titre personnel n'est pas le moindre paradoxe. **5**. Socrate ramène à son essence le nouveau savoir des sophistes

là sur le sujet, et instruis-moi sur le point suivant : toi-même, dans laquelle des cités où il t'est arrivé de te rendre as-tu gagné le plus d'argent ? Je suppose que c'est à Lacédémone, où tu t'es si souvent rendu [1] ?

HIPPIAS

Par Zeus, non, Socrate !

SOCRATE

Que me dis-tu ? Serait-ce celle qui t'a rapporté le moins ?

HIPPIAS

[c] Elle ne m'a jamais rien rapporté du tout !

SOCRATE

Ce que tu me dis là tient du prodige et me stupéfie, Hippias ! Et dis-moi : est-ce que le savoir qui est le tien n'a pas la capacité d'améliorer dans le sens de la vertu ceux qui le pratiquent et l'étudient ?

---

contemporains : fondé sur la recherche du plus grand profit personnel, il est de nature purement chrématistique. Telle est la conclusion, évidemment accablante, de cet échange sur le mérite respectif des anciens et des modernes. La satire fait d'autant plus mouche qu'Hippias vient d'étalonner avec une parfaite vanité sa propre compétence au moyen des revenus exceptionnels qu'il en tire.

1. Socrate sait-il que Lacédémone est une grosse épine dans le pied d'Hippias, ou vient-il de le déduire des propos d'Hippias ? De fait, ce dernier s'est prévalu de ses nombreuses ambassades à Lacédémone et a vanté ses succès de sophiste... en Sicile. Il y a une sorte d'échec personnel d'Hippias à Sparte, que Socrate va cruellement mettre en pleine lumière.

HIPPIAS

Oh si ! et de beaucoup, Socrate.

SOCRATE

Ainsi, tu t'es montré capable d'améliorer les fils des Inyciens[1], mais incapable d'améliorer les fils des Spartiates ?

HIPPIAS

Non, loin s'en faut !

SOCRATE

Mais alors, c'est que les Siciliens ont le désir de s'améliorer, et pas les Lacédémoniens ?

HIPPIAS

[**d**] Les Lacédémoniens aussi, je pense, le désirent par-dessus tout, Socrate.

SOCRATE

Est-ce donc par manque de ressources qu'ils ont fui ta compagnie ?

HIPPIAS

Certes non, ils en disposent à suffisance.

SOCRATE

Comment se fait-il que, s'ils en ont le désir et qu'ils disposent de moyens, et si par ailleurs tu as toi-même la possibilité de leur procurer les plus grands avantages, ils ne t'ont pas fait repartir couvert d'argent ?

---

1. Cf. ci-dessus, 282e.

Ah, je sais : ne serait-ce pas que les Lacédémoniens éduquent mieux que toi leurs propres enfants ? Pouvons-nous nous exprimer ainsi ? Toi, tu es prêt à en convenir ?

HIPPIAS

[**e**] Absolument pas !

SOCRATE

Est-ce alors que tu n'étais pas capable de persuader les jeunes gens de Lacédémone qu'en te fréquentant ils progresseraient plus dans le sens de la vertu qu'en fréquentant leurs propres parents, ou bien t'était-il impossible de persuader leurs parents qu'il fallait qu'ils te les confient plutôt que d'en prendre soin eux-mêmes – à supposer toutefois qu'ils aient en quelque façon le souci de leurs fils ? Car, j'imagine, ils n'ont pas jalousé leurs propres enfants, de crainte qu'ils deviennent les meilleurs possible [1].

HIPPIAS

Je ne crois pas en ce qui me concerne qu'ils les jalousent.

SOCRATE

Et pourtant, Lacédémone dispose de bonnes lois.

---

1. Il est intéressant de noter que cette interprétation « psychanalytique », mentionnée pour être aussitôt écartée, n'est pas envisagée dans le *Ménon*, dans un contexte que l'on peut rapprocher, puisque Socrate s'y interroge longuement sur le paradoxe des hommes politiques de grande valeur, comme Thémistocle et Périclès, incapables de former à la vertu leurs propres enfants (93a-94e).

HIPPIAS

À n'en pas douter.

SOCRATE

[**284a**] Et dans les cités qui disposent de bonnes lois, ce que l'on honore le plus est la vertu.

HIPPIAS

Oui, bien sûr.

SOCRATE

Et toi, tu sais transmettre cette vertu à autrui de la plus belle façon qui soit pour un homme.

HIPPIAS

Oui, c'est tout à fait cela, Socrate.

SOCRATE

Eh bien, quelqu'un qui sait transmettre de la plus belle façon l'art de l'équitation, ne serait-il pas, en Grèce, particulièrement honoré dans la région de la Thessalie, et n'y recevrait-il pas les plus gros revenus ? et ne serait-ce pas aussi le cas partout où l'on s'adonne à l'équitation ?

HIPPIAS

Oui, vraisemblablement.

SOCRATE

Ainsi, quelqu'un qui a la capacité de transmettre les connaissances les plus précieuses pour l'acquisition de la vertu, cet homme ne sera pas particulièrement honoré [**b**] à Lacédémone[1], il ne tirera pas de là les plus gros revenus, s'il le veut, et semblablement dans toute autre cité grecque qui dispose de bonnes lois ! En revanche, en Sicile, camarade, tu penses qu'il le sera davantage, et spécialement à Inycos ? Croirons-nous cela, Hippias ? En tout cas, si c'est toi qui l'ordonnes, il faut le croire[2].

HIPPIAS

En fait, pour les Lacédémoniens, il n'est pas conforme à la règle ancestrale[3] de faire évoluer les lois, et d'éduquer leurs enfants à l'encontre des coutumes.

SOCRATE

Que veux-tu dire ? Pour les Lacédémoniens, il n'est pas conforme à la règle ancestrale [**c**] d'agir correctement, mais ce qui est conforme, c'est de se tromper ?

HIPPIAS

Pour ma part, je ne dirais pas cela, Socrate[4].

---

1. En vertu de l'axiome énoncé en 284a1, une cité régie par de bonnes lois, ce qui est le cas de Lacédémone, doit par-dessus tout se soucier de la vertu. Son attachement à une bonne éducation devrait être égal à celui de la Thessalie pour les spécialistes de l'équitation. **2**. Contre toute raison, mais au nom de cette autorité dont Hippias cherche toujours à se prévaloir. **3**. *Ou patrion*. Hippias fournit la vraie réponse aux questions de Socrate : le conservatisme de Sparte lui interdit de s'ouvrir à toute influence étrangère. C'est ainsi qu'Hippias, qui est pourtant, pour les Lacédémoniens, le sophiste idéal, pétri de valeurs homériques, spécialiste des généalogies, et ainsi de suite, est interdit d'enseignement sur leur sol. **4**. Hippias est pris entre deux feux : il devrait déplorer la fermeture (éducative) de Lacédémone à

SOCRATE

Donc, ils agiraient correctement, s'ils donnaient une meilleure éducation à leurs enfants, et non pas une pire.

HIPPIAS

Ils agiraient correctement ; mais chez eux il n'est pas légal de donner une éducation étrangère à leurs enfants : c'est pourquoi, sache-le, si jamais quelqu'un avait gagné de l'argent là-bas pour dispenser une éducation, j'en aurais gagné beaucoup plus ; car il est bien certain qu'ils ont plaisir à m'écouter et me couvrent d'éloges ; mais, je l'affirme, la loi l'interdit.

SOCRATE

[**d**] Et affirmes-tu, Hippias, que la loi nuit à la cité, ou lui procure un avantage [1] ?

HIPPIAS

On l'institue, selon moi, en ayant en vue l'avantage,

---

l'étranger, mais son naturalisme trouve un aliment dans le conservatisme des Spartiates (la loi ancestrale, non écrite, ne s'ancre-t-elle pas dans la nature ?). Il doit donc se satisfaire d'une reconnaissance gratuite.

1. Nous trouvons une première discussion autour de l'avantage, que l'on peut voir comme précurseur de la deuxième définition proposée ultérieurement par Socrate du beau (à partir de 296e). Dans le présent passage 284d-285b, l'avantage est investi d'une valeur de critère moral : il permet d'évaluer le bien, en l'occurrence le bien de la cité (cf. aussi n. 1, p. 230).

mais quelquefois elle est nuisible, si on l'a mal instituée[1].

SOCRATE

Comment ? Ceux qui instituent la loi ne le font-ils pas en se disant que c'est le plus grand bien pour la cité ? Et que sans elle il est impossible de bien se gouverner[2] ?

HIPPIAS

Ce que tu dis est vrai.

SOCRATE

Donc, chaque fois que ceux qui entreprennent d'instituer des lois se trompent sur le bien, ils se trompent sur la légalité et la loi. Est-ce cela[3] ?

---

1. Hippias campe ici sur la même ligne que celle qu'il défendait dans le *Protagoras*, où il qualifiait la loi de « tyran des hommes », qui « veut souvent faire violence à la nature » (337c-338b). **2**. *Meta eunomias oikein*. **3**. On rappelle souvent, à propos de Socrate, son légalisme intransigeant, exprimé dans le *Criton*, qui lui interdit d'échapper, de quelque manière que ce soit, à la sentence prononcée à son endroit. Cela est exact, mais cohabite chez lui avec une attitude critique non moins intransigeante à l'égard des lois instituées, susceptibles en effet d'être bonnes ou mauvaises – de fait, c'est du dieu que dépend la justice. En définitive, discuter des principes de la justice n'exempte pas d'obéir à la loi qui, comme loi, doit valoir inconditionnellement. On peut donc considérer que Socrate adhère aux termes de la question qu'il pose ici à Hippias.

HIPPIAS

[**e**] En toute rigueur, Socrate, il en est ainsi ; toutefois, les hommes n'ont pas coutume de parler ainsi [1].

SOCRATE

Les hommes qui savent, Hippias, ou ceux qui ne savent pas ?

HIPPIAS

La multitude.

SOCRATE

Est-ce elle qui connaît le vrai, la multitude ?

HIPPIAS

Non, bien sûr [2].

---

1. Le naturalisme d'Hippias n'est pas une arme de combat, comme pour Antiphon ; c'est un moyen de distinction, de sorte que sa position reste de toute façon largement consensuelle ; il ne cherche pas pour sa part à discuter frontalement de la valeur des lois, mais plutôt à remonter à un fond naturel de la légalité, considérant que les lois sont causées par une sorte de nécessité ou d'exigence naturelle. En ce sens, les remarques de Socrate l'embarrassent doublement, puisqu'elles disent avec franchise ce qui est au fond la position d'Hippias : elles suggèrent que la liaison nature-loi n'est pas toujours établie ; elles impliquent ensuite que l'on prenne le contre-pied de l'opinion commune, ce qui va cette fois à l'encontre des pratiques d'Hippias (il n'y a pas à proprement parler d'erreur, mais des perspectives plus ou moins englobantes ; le savoir des savants est ainsi plus élaboré que celui du commun). Cela explique la réponse biaisée d'Hippias.

2. Tel est aussi, bien évidemment, l'avis de Socrate. Hippias est donc pris entre deux feux : comme savant, il doit défendre les prérogatives des savants, mais en même temps son savoir n'est que la mise en forme élégante

SOCRATE

Or, les hommes qui savent estiment que le plus avantageux est en vérité plus conforme à la loi pour tous les hommes[1] que le désavantageux. N'es-tu pas d'accord ?

HIPPIAS

Oui, je t'accorde qu'il en est ainsi en vérité.

SOCRATE

Donc, il en est et il en va comme l'estiment les hommes qui savent ?

HIPPIAS

Oui, assurément.

SOCRATE

Il est donc plus avantageux aux Lacédémoniens, selon tes dires, d'être éduqués [**285a**] selon la forme

---

des opinions qui ont cours, ni plus ni moins. À ce point, il doit toutefois marquer la supériorité des savants ; autrement, il se trouverait lui-même destitué de toute légitimité.

1. On le voit clairement, l'utile (ou plus exactement l'avantageux) apparaît comme un critère savant, contre l'opinion commune, soupçonnée en somme d'être incapable d'exercer un esprit critique, et de constater l'éventuel échec du gouvernant. Le critère utilitariste, qui permet ici de donner un contenu conceptuel précis à la loi, n'est pas exceptionnel chez Platon, et revient fréquemment dans les dialogues socratiques et ultérieurs. Mais il importe de préciser qu'il s'agit de dégager l'utilité véritable, celle qui précisément sera, plus loin dans le dialogue, désignée comme l'utile ayant en vue le bien, soit donc l'avantageux.

d'éducation qui est la tienne, bien qu'elle soit étrangère, plutôt que selon la forme locale.

HIPPIAS

Oui, je l'affirme en vérité [1].

SOCRATE

Et ce qui est plus avantageux est plus conforme à la loi : c'est bien là ce que tu affirmes, Hippias ?

HIPPIAS

C'est en effet ce que j'ai dit.

SOCRATE

Ainsi, selon ton raisonnement, il est plus conforme à la loi que les fils des Lacédémoniens soient éduqués par Hippias, et plus éloigné de la loi qu'ils le soient par leurs pères, puisqu'en réalité le plus grand avantage leur viendra de toi [2].

---

1. Comment résister à ce raisonnement flatteur ? Hippias a dû se plier à la loi de Lacédémone, ce qu'il a fait d'autant plus volontiers qu'il admire cette cité et ses valeurs ; mais il ne peut qu'être conquis par la conclusion qui établit le caractère d'utilité publique de son enseignement... **2**. Démontrer la faible légalité (*anomôteron*), puis, dans la réplique suivante, l'illégalité des lois de Lacédémone : Platon ne manque pas une occasion d'associer le comique au sérieux. Le critère de l'avantageux conclut à la supériorité d'Hippias et met hors la loi Lacédémone : c'est bien de provocation et de dérision qu'il s'agit ici. Et si Hippias en est la première victime, Lacédémone l'est également, car elle est le modèle d'une cité figée, opposée en cela à Athènes, mais dans son genre aussi critiquable que cette dernière (menacée pour sa part de sombrer dans l'anarchie par licence et relâchement).

HIPPIAS

Assurément, Socrate, ils en retireront un avantage.

SOCRATE

[**b**] Les Lacédémoniens s'opposent donc à la loi [1], lorsqu'ils ne te donnent pas d'or, et ne te confient pas leurs fils.

HIPPIAS

Je suis d'accord avec cela ; tu me sembles en effet argumenter en ma faveur, et je n'ai rien à y opposer [2].

SOCRATE

S'il en est ainsi, camarade, nous découvrons que les Lacédémoniens s'opposent à la loi, et ce sur une question des plus importantes, alors qu'ils croient être les plus respectueux de la loi. Mais voyons, par les dieux, Hippias, ils t'adressent des louanges, et sont remplis de plaisir [3] en écoutant quels types de discours ? Il doit s'agir évidemment des plus beaux que tu connaisses, je veux parler des discours relatifs aux astres, [**c**] et aux phénomènes célestes [4] ?

---

1. Gradation ultime dans la provocation et le burlesque : on passe de l'*anomia* de Lacédémone, à sa *paranomia*, de l'écart par rapport à la loi, à l'opposition à la loi, et ce autour de la personne d'Hippias et des gains qui lui sont refusés ! **2**. Avec cet accord, la vanité d'Hippias s'étale. On décèle toutefois une vague gêne de sa part ; perçoit-il que Socrate se moque ? **3**. Rappel de la formule satisfaite d'Hippias, en 284c. **4**. Plusieurs témoignages confirment la compétence d'Hippias en la matière (à commencer par l'*Hippias mineur* et le *Protagoras* ; cf. Introduction, p. 58). Dans la suite sont évoqués d'autres savoirs, géométrie, calcul, grammaire, dont plusieurs sources, de façon convergente, créditent également Hippias.

HIPPIAS

Absolument pas ; ceux-là, ils ne peuvent pas même les supporter.

SOCRATE

Mais ils prennent plaisir à t'entendre traiter un sujet de géométrie ?

HIPPIAS

En aucun cas, étant donné que la plupart d'entre eux ne savent pour ainsi dire même pas compter.

SOCRATE

Alors, tant s'en faut qu'ils supportent de te voir faire une démonstration en matière de calcul.

HIPPIAS

Oh oui, par Zeus, il s'en faut de beaucoup !

SOCRATE

Mais alors, ce seront ces discours où tu opères mieux que quiconque des distinctions des plus subtiles, **[d]** qu'il s'agisse de la valeur des lettres, des syllabes, des rythmes, des harmonies [1] ?

---

1. Cf. *Hippias mineur*, 368d, pour une énumération très proche ; cf. aussi *Sophiste*, 253a-b sur la combinaison harmonieuse ou non des lettres entre elles (l'Étranger parle d'un *armottein*), ainsi que des sons.

HIPPIAS

Quel type d'harmonies et de lettres pourrait les remplir de plaisir, mon brave ?

SOCRATE

Mais enfin, qu'est-ce donc qu'ils t'écoutent prononcer avec plaisir, et pour quoi ils te louent ? Dis-le-moi toi-même, car personnellement je ne trouve pas.

HIPPIAS

Les races, Socrate, aussi bien celles des héros que celles des hommes, et les fondations – comment dans l'ancien temps les cités ont été implantées –, en un mot tous les récits sur l'ancien temps, voilà ce qu'ils écoutent avec le plus grand plaisir, [**e**] si bien que j'ai été moi-même obligé à cause d'eux d'apprendre et de retenir à fond toutes les histoires de ce genre [1].

SOCRATE

Eh bien, par Zeus, tu as de la chance, Hippias, que les Lacédémoniens ne prennent pas plaisir à se faire réciter la liste de nos archontes depuis Solon [2] ; sinon, tu aurais eu du travail à l'apprendre en entier !

---

1. Ici se marque l'aberrant renversement, qui voit Hippias acquérir des savoirs dans le but exclusif de plaire à son auditoire. Le savoir n'est plus à lui-même sa raison ; purement ustensilisé, il est réduit à un simple moyen d'acquérir la gloire. **2**. Cela ne représente rien de moins que 180 noms. La tâche ne paraît pas insurmontable à Hippias, qui est capable de retenir instantanément une suite d'une cinquantaine de noms, comme il l'explique aussitôt après.

HIPPIAS

Qu'est-ce qui te fait croire ça, Socrate ? Fais-moi entendre une seule fois une liste de cinquante noms, et je m'en souviendrai.

SOCRATE

Tu dis vrai, Hippias, c'est que je n'avais pas présent à l'esprit que tu possèdes l'art mnémonique [1]. Si bien que, je m'en rends compte, les Lacédémoniens prennent vraisemblablement du plaisir auprès de toi [**286a**], parce que tu sais beaucoup de choses, et ils ont recours à tes services comme les enfants ont recours aux vieilles femmes, pour qu'elles leur racontent des histoires plaisantes [2].

HIPPIAS

Oui, par Zeus, Socrate ; d'ailleurs, j'ai remporté là-bas il y a peu un vif succès, à propos des belles occupations [3], en leur présentant à quoi un jeune homme doit s'occuper. J'ai en effet composé sur ces questions un fort beau discours, et particulièrement bien disposé [4] pour ce qui est du choix des mots. Voici

1. Avec cet oubli de l'art de la mémoire, Platon s'amuse (sur la mnémotechnie, cf. *Hippias mineur,* 368d). 2. L'on atteint ici un sommet dans la dérision, tant il est désobligeant de ravaler Hippias au rang de vieille conteuse. Platon se plaît à montrer Hippias, enveloppé de sa vanité, apprécier le compliment, ou en tout cas ne rien laisser paraître de son désagrément. 3. *Peri epitèdeumatôn kalôn*. La formule est vraisemblablement empruntée à Hippias. 4. Jeu sur *sunkeimenos* (composé) / *diakeimenos* (disposé, c'est-à-dire mis en ordre). Ces termes ont par ailleurs une valeur technique, et devaient appartenir au vocabulaire d'Hippias.

l'argument et le début du discours en question[1]. Après la prise de Troie, mon discours raconte que Néoptolème[2] [**b**] interroge Nestor[3] pour savoir quelles sont les belles occupations auxquelles un jeune homme doit se consacrer pour devenir très estimé ; après quoi Nestor lui parle et lui soumet toutes sortes de conseils conformes à la loi et pleins de beauté. J'ai donc exposé ce discours là-bas, et ici je m'apprête à l'exposer dans trois jours, à l'école de Phidistrate[4], ainsi que bien d'autres choses qui valent la peine d'être entendues. C'est Eudicos[5], le fils d'Apèmantos, qui me l'a demandé. J'espère que tu viendras toi aussi [**c**] et que tu amèneras d'autres personnes. Lorsque vous m'aurez écouté, vous serez à même de juger de ce que j'expose.

SOCRATE

Eh bien, il en sera ainsi, si la divinité le veut, Hippias. À présent, toutefois, réponds-moi à ce sujet sur

---

1. Il était intitulé *Dialogue troyen*, selon Philostrate (*Vies des sophistes*, I, XI, 4-5 = A 2 DK). **2**. Le fils d'Achille. **3**. Nestor, l'un des plus vieux chefs achéens, joue tout au long du conflit avec Troie le rôle de conseiller. Il est tenu par Hippias dans l'*Hippias mineur* pour « le plus sage » (*sophôtatos*, 364c). **4**. Phidistrate n'est pas autrement connu. Il n'y a pas lieu de supposer que cette démonstration est celle à l'issue de laquelle Socrate est invité à interroger Hippias, dans l'*Hippias mineur* (ainsi Pradeau, *in* Croiset [1999], p. 2, n. 1) : dans ce dernier dialogue, c'est d'une conférence mobilisant Homère et d'autres poètes qu'il a été question (363b-c). **5**. Eudicos ouvre la discussion dans l'*Hippias mineur*, et Socrate s'appuie, pour interroger Hippias, sur les propos tenus par Apèmantos, le père d'Eudicos (363a-b). On imagine aisément que cet admirateur d'Hippias (ainsi dans l'*Hippias mineur*) soit l'ait invité à donner une conférence, sitôt connue son arrivée à Athènes, soit même l'ait accueilli chez lui.

un petit détail ; le fait est que tu viens de me le rappeler avec un bel à-propos [1]. Récemment en effet [2], homme admirable, quelqu'un [3] m'a jeté dans l'embarras, tandis que dans mes paroles je blâmais certaines choses en les qualifiant de laides, et qu'au contraire j'en louais d'autres en les qualifiant de belles. C'est alors qu'il m'a apostrophé [4] à peu près ainsi, sur un ton plein de rudesse :

---

1. *Eis kalon.* L'expression constitue un jeu avec ce qui va devenir le thème central du dialogue, le beau, *to kalon*. **2**. Mise en abyme : l'entretien se déroule sur fond d'un autre entretien. L'actuel est supposé compléter le précédent, mais en réalité va sans arrêt être réinscrit dans un troisième entretien virtuel (cf. note suivante). **3**. Socrate fait ici surgir l'interlocuteur anonyme, qui est supposé l'avoir questionné, comme on le voit ici, et qu'il va proposer d'animer et de faire parler (287b5), puisque la question que lui a posée cet homme est restée sans réponse, et qu'elle continue de le tarauder, lui, Socrate. Cela est évoqué comme un souvenir réel, à la différence des échanges ouvertement fictifs imaginés par Socrate, entre lui et l'anonyme, puis entre Hippias et l'anonyme, qui commencent en 287b5. Mais peu à peu, cet échange fictif prendra de plus en plus de consistance, du fait que Socrate et l'anonyme tendent à se superposer ; inversement, le dédoublement de Socrate et de l'anonyme apparaîtra alors de plus en plus comme une fiction. À un certain moment, l'anonyme finira même par s'effacer, avant de resurgir tout à la fin. **4**. Rien n'impose d'imaginer que cet échange se soit déroulé dans le cadre d'un entretien réglé ; Socrate semble au contraire évoquer une conversation à bâtons rompus, que la rudesse de l'intervention de l'anonyme confirme. Mais d'un autre côté, le personnage anonyme lui pose deux questions, dont le caractère frontal semblerait relever de la joute oratoire directe. De fait, les réflexions ultérieures, sur sa propre aporie, son incapacité à répondre, l'évocation de ce premier échange comme d'une *sunousia*, puis l'intention avouée d'en découdre à nouveau, sur le plan des arguments, pour ne pas être confondu une deuxième fois (*exelenchtheis*, c'est-à-dire pour ne pas subir l'*elenchos*), tout cela indique que Socrate voit cet échange

« Dis-moi, Socrate, d'où sais-tu, toi, [**d**] quelles choses sont belles et laides [1] ? Eh bien, vas-y, es-tu capable de dire ce qu'est le beau [2] ? » Et moi, médiocre que je suis, je me trouvais embarrassé, et je n'étais pas en mesure de lui donner une réponse appropriée. En repartant de cet entretien, rempli de colère contre moi-même je m'injuriais, et je pris la résolution, dès que je rencontrerais l'un d'entre vous, les savants, de l'écouter, de m'instruire, de m'exercer à fond, pour retourner voir mon questionneur, et reprendre le combat des arguments. Aujourd'hui

---

comme une joute argumentative. Cet aspect composite de la rencontre Socrate – anonyme signifie en réalité et en un mot une chose : qu'il s'agit d'une rencontre fictive, dont Socrate va tirer un profit immédiat pour la mise en place des règles de la discussion présente, entre Hippias et lui.

1. *Sic*. Platon aurait pu répéter le relatif, mais il ne l'a pas fait, de sorte que l'ellipse donne l'impression que sont évoquées des choses à la fois belles et laides. Étant donné la question suivante, il ne peut s'agir de cela, mais au stade préliminaire de la discussion entre Socrate et l'anonyme, cette imprécision peut être volontaire, ménageant la perspective de rectifications ultérieures (cf. *infra* 289c-d, et n. 3, p. 252 et 1, p. 253). **2**. L'on trouve ici une formulation classique de la question de l'essence, s'exprimant par l'interrogation *ti esti*, « qu'est-ce que ? », que l'on retrouve dans la plupart des dialogues socratiques. Par ailleurs, pour désigner l'objet d'investigation, l'anonyme emploie le substantif neutre *to kalon*, le beau, plutôt que *to kallos*, la beauté (employé en revanche dans le *Banquet* par Diotime ; notons toutefois, pour être précis, que le terme se rencontre une fois dans l'*Hippias majeur*, en 292d4). Ce choix est évidemment mûri ; il est comme la claire indication que ce qui est à chercher est d'abord un *trait commun* à toutes les choses belles, plus qu'une entité distincte (il parlera ultérieurement de *pathèma* et de *pathos*, que j'ai rendus par « caractère » ; cf. 300b et 302e). On notera enfin que l'anonyme n'explicite pas d'emblée le rapport entre le beau et les choses belles (ou plus précisément, comme il le dit ici, belles et laides).

donc, tu es venu avec un bel à-propos, comme je viens de le dire : enseigne-moi sans faute ce qu'est le beau en lui-même [1], [**e**] et essaie de répondre aussi précisément que possible à mes questions, afin que je ne sois pas confondu [2] une deuxième fois et que je ne m'expose pas à ses rires. Tu connais bien le sujet, la chose est claire, et j'imagine que c'est un sujet d'enseignement de faible dimension dans l'ensemble abondant des savoirs que tu possèdes.

HIPPIAS

De faible dimension assurément, par Zeus, et qui, pour ainsi dire, ne vaut pas la peine d'être signalé.

SOCRATE

Je l'apprendrai donc facilement, et personne ne viendra plus me confondre !

HIPPIAS

Personne, sois-en sûr ; sinon, mon enseignement serait vil [**287a**] et trivial.

---

1. *Auto to kalon hoti esti.* Socrate, on le voit, ne comprend que trop bien la demande de son interlocuteur, et se charge de retraduire lui-même la question de l'essence en question de la chose même : savoir ce qu'est le beau, c'est exactement statuer sur le beau lui-même, le beau qui n'est que beau, en se demandant donc ce qu'il est, en tant que seulement beau, et rien d'autre. **2**. *Mè exelenchtheis* ; cf. *supra*, n. 4, p. 237.

SOCRATE

Par Héra, voilà qui est bien parlé, Hippias, si nous parvenons effectivement à vaincre l'homme en question ! Bon, dans ce cas, y a-t-il quelque empêchement à ce que moi, j'imite cet individu : toi, tu répondrais, et je t'objecterais ses arguments, afin que tu m'exerces le mieux possible ? J'ai en effet une certaine expérience des objections. Si donc tu n'y vois pas d'inconvénient, j'aurai à cœur de t'adresser des objections, afin d'apprendre plus solidement [1].

HIPPIAS

Eh bien, adresse-les-moi. En tout cas, comme je viens de te le dire, ce n'est pas [**b**] une question de bien grande importance, et moi, je pourrais t'apprendre à répondre à des questions bien plus difficiles que celle-là, si bien qu'aucun homme ne serait en mesure de te confondre.

SOCRATE

Oh, comme tu parles bien ! Alors, puisque tu m'y encourages, je vais me transformer du mieux que je peux en cet individu, et vais tenter de t'interroger. En effet, si tu lui exposais le discours que tu évoques, celui qui a trait aux belles occupations, après t'avoir écouté, une fois que tu aurais fini de parler, il ne t'interrogerait

---

1. Socrate définit ici la procédure qui va être suivie dans la discussion, qui finalement le place dans la position habituelle pour lui du questionneur, mais qu'il présente ironiquement comme une imitation de l'anonyme, c'est-à-dire comme un rôle qu'il s'apprête à jouer.

sur rien d'autre, pour commencer, que sur le beau – [**c**] c'est en somme son habitude –, et te dirait : « Étranger d'Élis, n'est-ce pas par la justice que les justes sont justes [1] ? » Réponds donc, Hippias, en faisant comme si c'était lui qui t'interrogeait [2].

HIPPIAS

Je répondrais que c'est par la justice.

SOCRATE

« C'est donc quelque chose [3], cela, la justice [4] ? »

HIPPIAS

Bien sûr.

---

1. La formule esquisse un rapport causal entre la justice et les choses justes, qui se reproduit analogiquement pour le savoir, le bien, et enfin le beau, sans autre précision. Ce rapport reste donc remarquablement indéterminé ; tout ce que l'on peut dire est qu'il faut qu'il existe un « quelque chose » désigné comme « justice » pour qu'il y ait des choses justes. La justice est condition de possibilité du juste, mais son mode causal n'est pas plus déterminé. **2**. Socrate achève sa distribution des rôles. La « comédie », dont Socrate est à la fois le metteur en scène et l'un des deux acteurs, peut commencer. **3**. Rien ne sera précisé touchant le statut ontologique de ce « quelque chose ». Nous sommes bien face à un postulat d'existence, mais, contrairement à ce qu'estiment certains interprètes, rien ne nous permet de poser que Platon implique plus dans le dialogue que ce simple postulat. Autrement dit, il ne se prononce en aucune façon sur le statut ontologique du « x par quoi une chose est dite x ». **4**. Socrate mime ici l'anonyme ; l'interrogation est directe, mais c'est bien l'anonyme qui s'adresse à « l'étranger d'Élis ».

SOCRATE

« Donc, c'est aussi par le savoir que les savants sont savants et par le bien que les biens sont bons ? »

HIPPIAS

Comment n'en serait-il pas ainsi ?

SOCRATE

« Ce sont bien là des choses qui existent, car j'imagine qu'il ne peut s'agir de choses qui n'existent pas. »

HIPPIAS

Elles existent, bien évidemment.

SOCRATE

« Dans ces conditions, est-ce que les choses belles dans leur ensemble [**d**] ne sont pas belles par le beau ? »

HIPPIAS

Oui, par le beau.

SOCRATE

« Celui-ci est bien quelque chose ? »

HIPPIAS

Il l'est ; – mais quelle peut bien être son intention [1] ?

---

1. Ce dernier membre de phrase est un *aparté* qu'Hippias adresse à Socrate, ou bien à lui-même ; tout en répondant sur le mode du jeu à l'anonyme incarné par Socrate, Hippias rend tangible, par le ton vaguement inquiet de cette interrogation, qu'il ne

SOCRATE

« Dis-moi donc, étranger, reprendra-t-il, qu'est-ce que le beau en question [1] ? »

HIPPIAS

Celui qui m'interroge de la sorte, Socrate, a-t-il besoin d'apprendre autre chose que ceci : qu'est-ce qui est beau [2] ?

SOCRATE

Je ne crois pas, Hippias ; il s'agit plutôt de ceci : quelle chose est le beau ?

HIPPIAS

Et en quoi cette question diffère-t-elle de la précédente ?

SOCRATE

Il ne te semble pas y avoir de différence ?

---

perçoit déjà plus comme aussi transparente la question de tout à l'heure...

1. Voilà donc la question sur laquelle vont s'exercer Socrate et Hippias jusqu'à la fin. Il est à noter que c'est la dernière question directe adressée par l'anonyme (*via* Socrate) à Hippias. Ensuite, Socrate va, changeant de posture, reprendre les réponses d'Hippias dans un dialogue fictif avec l'anonyme (288a et suivantes). **2**. Là se situe l'erreur principale, qui va être source de comique dans la suite (premier niveau de lecture), mais qui constitue en même temps un excellent support pédagogique (deuxième niveau). Progressivement, l'on se rendra compte que la « méprise » d'Hippias est aussi, dans une bonne mesure, délibérée (troisième niveau) ; cf. notes suivantes. Pour la distinction des niveaux de lecture, cf. Introduction, p. 158-165.

HIPPIAS

Non, il n'y en a aucune.

SOCRATE

Il est bien clair que tu sais de plus belles choses à ce propos. Néanmoins, mon cher, concentre-toi ; il te demande non pas : Qu'est-ce qui est beau, mais : Qu'est-ce précisément que [**e**] le beau ?

HIPPIAS

Je comprends, mon cher ; je vais répondre à la question de savoir ce que c'est précisément que le beau [1], et il n'est pas possible que je sois jamais réfuté [2]. En effet, Socrate, sache-le bien, s'il faut dire la vérité, une belle jeune fille, c'est beau [3].

---

1. Hippias cette fois parle bien du beau (*to kalon*), mais comiquement semble persister à fournir un exemple de chose belle. En fait, ce qu'il présente est plus exactement donné pour un échantillon de beau, c'est du *kalon* (= phrase suivante), qui suffit pour prendre connaissance de ce qu'est le beau. À ses yeux, il n'est pas possible d'aller plus loin : montrant ce qui est beau, je vais aussi loin que possible dans la connaissance du beau. Pour Hippias, en effet, il n'y a *rien qui existe comme beau, à part l'ensemble varié des choses belles* ; on ne peut donc dire ce qu'est *le* beau (*to kalon*), sauf à produire *du* beau (*kalon*), prélevé dans les séries des choses belles qui sont belles sous divers aspects. Cf. Introduction, p. 166-174. **2**. Cela relève du thème sophistique, et notamment hippiasien, de l'impossibilité de contredire : si l'on dit correctement ce qui est, l'on ne peut être contredit. **3**. Hippias revient donc avec obstination à la question : « qu'est-ce qui est beau ? », au lieu de « qu'est-ce que le beau ? », alors même qu'il semble avoir fini par admettre les termes de cette dernière question (cf. n. 1 ci-dessus pour la justification de l'attitude). Ma traduction, ici et ensuite, de

SOCRATE

Hippias, par le chien, tu as donné une réponse belle et brillante. Ainsi donc, si moi, je réponds cela, [**288a**] j'aurai répondu à la question posée et je l'aurai fait correctement, sans risque d'être réfuté ?

HIPPIAS

Comment pourrais-tu être réfuté, Socrate ? Ce que tout le monde pense – tous tes auditeurs t'en seront témoins – tu l'énonces à bon droit [1] !

---

kalon (*esti*) par « c'est beau », faute d'être élégante, me semble la plus adéquate. Elle rend le neutre, et montre ainsi qu'Hippias livre une réponse qui n'est pas absolument déplacée (Socrate veut connaître le beau ; Hippias lui présente du beau) ; en ce sens, elle convient mieux que la traduction par « (est) une chose belle », qu'on pourrait tenir pour plus naturelle, mais qui particularise d'emblée, et contribue à caricaturer la position d'Hippias (cf. à ce propos les justes remarques de Woodruff, 1982, p. 50). On doit à cet égard toujours garder à l'esprit les trois niveaux de lecture dont Platon joue en permanence : tout en faisant passer Hippias, en première approche, pour un sot, il suggère aussi à qui sait lire que la position de ce dernier offre une autre résistance...

1. Platon met polémiquement à nu le naturalisme d'Hippias : le juste, le vrai, le beau qu'Hippias prétend connaître en les référant à la nature, ne sont en réalité rien d'autre que l'expression de l'opinion dominante (on pourrait développer ainsi : tout le monde est d'accord pour dire qu'une belle jeune fille, c'est beau ; la réponse est donc juste). Or, du *Criton* au *Gorgias* en passant par le *Protagoras*, rien n'indispose plus Socrate que cette dictature de l'opinion, d'autant qu'elle est très fluctuante et donne lieu à des avis contradictoires, comme il le fera remarquer ensuite, lors de la discussion sur le beau et le convenable (294c-d). Voir déjà l'échange antérieur entre Socrate et Hippias, sur la question de la loi (284e).

SOCRATE

Soit, très certainement. Alors supposons, Hippias, que je reprenne à mon compte ce que tu dis là. Lui m'interrogera à peu près de cette façon : « Allons, Socrate, réponds-moi ; toutes ces choses que tu dis être belles, c'est à la condition [1] qu'il existe quelque chose qui est le beau en lui-même [2], qu'elles seront belles ? » Et moi, alors, je lui répondrai qu'à la condition qu'une

---

1. Tout à l'heure, l'anonyme *via* Socrate usait du datif instrumental pour décrire le rapport entre les choses justes et la justice, etc., ce datif exprimant, faute de détermination supplémentaire, quelque chose comme le moyen ou la cause ; ici, c'est très exactement un rapport de conditionnalité qui est indiqué : c'est sous la condition d'existence d'un quelque chose qui est le beau, que les choses belles existent. Cela revient à sous-entendre plus nettement qu'auparavant, mais sans que cela soit réellement explicité, un rapport causal. Cependant, la relative indétermination de la relation entre beau et choses belles ménage la possibilité de l'équivoque qui suit. **2**. Je comprends que le *ti* est ici un indéfini (*idem* Croiset et Robin). Woodruff analyse le *ti* comme un pronom interrogatif, ce qui revient à interpréter ainsi le membre de phrase : « c'est à la condition que le beau lui-même soit quelle chose... ? » On peut en effet envisager que Socrate reprenne ici la question posée plus haut en 287d4 : *ti esti touto to kalon*, mais il s'agit plutôt ici de savoir s'il existe bien un quelque chose (*ti esti*), qui est le beau lui-même (*auto to kalon*), et qui est tel qu'il rende compte de la totalité des choses belles ; d'où le tour hypothétique employé. Il est vrai que Socrate répond (phrase suivante) en identifiant le beau à la jeune fille, comme si la question était bien celle de l'identification du beau. Mais il faut y regarder de plus près : à ce moment-là, Socrate mime Hippias, il reprend sa réponse même (la belle jeune fille est du beau – et non pas le beau), en l'introduisant dans la réponse faite à la question fondamentale de l'anonyme : ne faut-il pas admettre l'existence du « beau lui-même » ? D'où l'inférence saugrenue et en réalité absurde : si une belle jeune fille est belle, pour

belle jeune fille, ce soit beau[1], pour cette raison ces choses-là seront belles.

HIPPIAS

[**b**] Tu crois donc qu'il essaiera encore de te réfuter, en prétendant que ce que tu avances n'est pas beau, ou, s'il l'essaie, qu'il ne se couvrira pas de ridicule ?

SOCRATE

Je sais bien qu'il essaiera, homme merveilleux ; quant à savoir s'il se couvrira de ridicule après avoir essayé, la tentative même le révélera. Cela étant, de ses remarques je veux te faire part[2].

---

cette raison ces (diverses) choses belles seront belles. On trouve donc ici une première critique, pas plus appuyée mais pourtant fatale, de la réponse d'Hippias : comment la belle jeune fille rendrait-elle compte d'une belle occupation par exemple ? La belle jeune fille manque donc d'universalité. Par ailleurs, c'est une autre faiblesse de la « définition » que va pointer précisément Socrate tout aussitôt après, à savoir que la belle jeune fille n'est pas vraiment, pas pleinement, belle.

1. Socrate reprend très exactement la formulation d'Hippias, ce qui se justifie parfaitement par le fait que la réfutation va mettre en comparaison plusieurs échantillons de beau (cf. aussi note précédente). Vancamp place la fin de la phrase (*kalon, esti di' ho taut'an eiè kala*) entre *cruces* ; pour les raisons indiquées dans cette note et dans la précédente, je ne crois pas nécessaire de suspecter le texte, moyennant la correction de Stephanus (*di'ho* au lieu de *dio* de T et P). **2**. Le fait qu'Hippias ne voie aucune absurdité dans sa propre réponse – la belle jeune fille est bien un échantillon de beau ; le beau (*to kalon*) de Socrate ne se donne-t-il pas à connaître par la mise en évidence de quelque chose de beau ? – incite Socrate à adopter une autre stratégie, plus radicale : montrer que la belle jeune fille n'est même pas belle. Le raisonnement d'Hippias sera alors sapé à la base.

HIPPIAS

Eh bien, vas-y.

SOCRATE

« Que tu es délicieux, Socrate, dira-t-il. Une belle jument, elle dont le dieu a fait l'éloge dans son oracle [1], est-ce que ce n'est pas beau [2] ? » [**c**] Que répondrons-nous, Hippias ? Pouvons-nous faire autre chose qu'admettre que la jument aussi, c'est beau, celle du moins qui est belle [3] ? Comment en effet aurions-nous l'audace de contester que le beau n'est pas beau [4] ?

HIPPIAS

Tu dis vrai, Socrate ; et le fait est que le dieu l'a affirmé à bon droit ; chez nous [5], en effet, nous avons de très belles juments.

---

1. En effet, un oracle delphique avait vanté, avec Argos, les juments de Thrace et les femmes de Lacédémone (connu par une scholie à Théocrite, XIV, 48 ; cf. Tarrant, 1928, *ad loc.*). **2**. L'anonyme reprend lui-même le terme employé par Hippias, c'est-à-dire l'adjectif au neutre sans article. **3**. Reprenant scrupuleusement la terminologie d'Hippias, Socrate en fait éclater ici l'aspect creux et finalement cocasse (la jument, c'est beau – *kalon* –, si elle est belle – *kalè*). **4**. Socrate continue à mimer Hippias avec rigueur et jusqu'à l'absurde : si le beau est du beau tel qu'une belle jeune fille, il peut également être un autre échantillon de beau tel qu'une belle jument. Si je substitue « beau » à « belle jument », en vertu de ce que s'est autorisé Hippias auparavant avec « belle jeune fille », je peux évidemment imposer l'accord sur la nature de *kalon* de la jument, puisqu'elle est identifiée au beau. Nous sommes en pleine dérision. **5**. En Élide, région réputée pour ses élevages de chevaux.

SOCRATE

Soit, dira-t-il ; et qu'en est-il de la belle lyre ? Est-ce que cela n'est pas beau ? Le dirons-nous, Hippias ?

HIPPIAS

Oui.

SOCRATE

Par conséquent, après cela, l'homme dira – je le connais suffisamment bien pour le conjecturer d'après son caractère : « Ah, homme sublime, que dis-tu d'une belle marmite ? Est-ce que ce n'est pas beau ? »

HIPPIAS

[**d**] Socrate, quel homme est-ce là ? Comme il est dépourvu d'éducation, pour oser prononcer des mots aussi vils dans une auguste discussion !

SOCRATE

Il est vraiment comme ça, Hippias, sans raffinement, une racaille, qui se soucie uniquement de la vérité [1]. Quoi qu'il en soit, il faut répondre à l'homme, et pour ma part je te donne par avance mon sentiment : supposons que la marmite ait été fabriquée par un bon potier, qu'elle soit lisse, ronde, et bien cuite, comme certaines belles marmites à deux anses, d'une conte-

---

1. Remarquable alliance de la vulgarité et de la recherche du vrai, qui sera – le *Banquet* le confirmera – la condition de possibilité d'une authentique appréhension du beau, jusque dans sa forme la plus spirituelle. Car la visée du beau sublime commence dans la saisie du plus vil...

nance de six conges[1], de toute beauté ; s'il nous interrogeait à propos d'une telle marmite, [**e**] il nous faudrait accorder qu'elle est belle[2]. Comment en effet pourrait-on dire, à propos de quelque chose qui est beau, qu'il n'est pas beau ?

HIPPIAS

Impossible, Socrate.

SOCRATE

« Par conséquent, la belle marmite aussi, dira-t-il, c'est beau ? » Donne une réponse.

HIPPIAS

Socrate, selon moi, il en est ainsi : cet objet-là aussi, de belle facture, c'est beau, mais tout cela ne mérite pas d'être jugé beau, comparé à une jument, à une jeune fille, et à toutes les autres belles choses[3].

SOCRATE

[**289a**] Soit, je comprends, Hippias, qu'il nous faut en conséquence répondre de la façon suivante à celui qui nous pose ces questions : « Homme, tu méconnais la justesse du mot d'Héraclite, selon lequel le plus beau

---

1. Belle marmite en effet, puisque le conge est une unité de mesure équivalant à 3,24 litres. La contenance de la marmite est ainsi d'environ 20 litres. **2**. C'est un sens fonctionnel que prend ici « beau », pour qualifier un objet technique, d'usage, bien réalisé. Bien qu'il trouve l'exemple vulgaire, il importe de noter qu'Hippias admet la pertinence du cas. **3**. Hippias se défend en introduisant lui-même le principe d'une gradation dans la beauté. Ce faisant, il n'est pas en contradiction avec lui-même, puisqu'il a livré un cas de réalité vraiment belle, et qu'à ses yeux la réalité chatoyante,

des singes est laid, comparé à une autre espèce [1], et la plus belle marmite, laide, comparée à l'espèce des jeunes filles, ainsi que le dit le savant Hippias [2]. » N'est-ce pas cela, Hippias ?

HIPPIAS

Tu as fort bien répondu, Socrate.

SOCRATE

Écoute donc. Après cela, je sais bien ce qu'il dira :

---

multiforme, illustre dans tel ou tel de ses aspects davantage telle qualité que telle autre, ou telle qualité plus intensément. Mais l'anonyme, saisissant la perche qu'offre Socrate (la citation d'Héraclite), va s'emparer du critère des degrés pour orienter cet ensemble graduel vers une pointe qui serait le principe même de la beauté des choses belles – le beau –, faisant d'elles toutes, quel que soit leur degré de beauté, des choses seulement relativement belles. On pourrait trouver dans ce développement comme une préfiguration de la méthode des échelons exposée par Diotime dans le *Banquet,* à ceci près qu'il va être montré ici qu'aucune des réalités belles n'est vraiment telle.

1. Héraclite, fr. B 82 DK. Les éditeurs adoptent la correction de Bekker pour la citation d'Héraclite (*anthrôpôn genei*, « comparé à la race des hommes », au lieu de *allôi genei*, donné par tous les manuscrits ; Plotin, qui cite l'aphorisme, donne lui-même *eterôi genei*). C'est une correction selon le sens. On trouve pourtant une justification forte à garder le texte transmis par Platon : la beauté superlative de tel singe a pour pendant exact la laideur superlative de l'espèce simiesque, comparée à toute autre. C'est ainsi qu'un singe peut être à la fois le plus beau, individuellement, et le plus laid, génériquement, illustrant sur le mode grotesque le principe de la coexistence des contraires. **2**. Socrate se livre à ce cocasse complément de la formule d'Héraclite, qu'il prête en forme de dérision à Hippias. Il est vraisemblable que Platon parodie ici encore Hippias, qui avait dressé des recueils d'opinions, et les avait peut-être agrémentés de compléments de son cru...

« Eh quoi, Socrate ! Si l'on compare l'espèce des jeunes filles à l'espèce des déesses, [**b**] est-ce qu'on n'admettra pas qu'il en va exactement comme lorsqu'on compare l'espèce des marmites à celle des jeunes filles ? Est-ce que la plus belle des jeunes filles n'apparaîtra pas laide ? Et est-ce qu'Héraclite, que tu mentionnes, ne dit pas cela même, à savoir que le plus savant des hommes, comparé à un dieu, apparaîtra tel un singe, pour son savoir, pour sa beauté, et pour tout le reste [1] ? » Admettrons-nous, Hippias, que la plus belle des jeunes filles est laide, comparée à l'espèce des déesses ?

HIPPIAS

Qui pourrait bien s'opposer à cela, Socrate ?

SOCRATE

[**c**] Par conséquent, si nous admettons ce point, il se mettra à rire et nous dira : « Socrate, te souviens-tu donc de la question que je t'ai posée ? » « Oui, dirai-je, tu me demandais ce que peut bien être le beau en lui-même [2]. » « Après qu'on t'a demandé, dira-t-il, ce qu'est le beau, tu réponds par ce qui ne se trouve être, selon tes propres dires, pas plus beau que laid [3] ? » « C'est ce qu'il semble », dirai-je ; ou alors, mon ami, que me conseilles-tu de répondre ?

---

1. Fr. B 83 DK. Le soutien d'Héraclite se renverse... Cette citation supposée, et la précédente, sont les deux seules que Platon donne d'Héraclite dans son œuvre. Mais par ailleurs, il fait fréquemment référence à ce dernier, que ce soit dans le *Cratyle*, dans le *Théétète* ou dans le *Sophiste*. **2**. Cf. 286d. **3**. On pourrait trouver une difficulté dans le fait que l'anonyme semble dénier à la belle jeune fille une beauté qui pourtant la caractérisait, sous

HIPPIAS

Oui, cela ; et donc que, comparée aux dieux, l'espèce des hommes n'est pas belle, il le dit en vérité.

SOCRATE

« Si je t'avais demandé depuis le début, me dira-t-il, ce qui est [**d**] beau et laid [1], si tu m'avais fait les mêmes réponses que maintenant, tu aurais bien répondu, n'est-ce pas ? Mais crois-tu encore que le beau en lui-même, par quoi toutes les autres choses sont ornées et grâce à quoi elles paraissent belles, une fois que cette forme s'adjoint à elles [2], ce soit une jeune fille, une jument ou une lyre ? »

---

prétexte qu'elle est *aussi* laide. N'est-elle pas plutôt belle et laide ? La réponse est que l'anonyme prend sans doute ici beau et laid dans un sens absolu : la jeune fille n'est pas belle tout court, elle n'est pas laide tout court, elle n'est cela que relativement. Il le rappelle : la question était celle du beau, c'est-à-dire du beau pris en lui-même, et la réponse donnée a été celle d'un beau relatif, qui se révèle aussi être un laid relatif, qui n'est donc ni beau ni laid au sens absolu.

1. Il est amusant de se souvenir que c'était là la première question posée par l'anonyme à Socrate, aussitôt rectifiée il est vrai en « qu'est-ce que le beau ? » (286d ; cf. n. 1, p. 238). Cette nouvelle réplique montre d'ailleurs, comparée à la précédente, que l'on peut aussi bien dire la jeune fille belle et laide, en un sens relatif cette fois (cf. note précédente). **2**. D'un seul coup, l'anonyme, par la bouche de Socrate, ajoute un nombre considérable de précisions sur la nature de l'objet recherché : il n'est plus seulement le beau en lui-même par quoi les choses belles sont belles, mais il semble avoir un rapport extrinsèque aux choses belles, puisqu'il est dit « orner » les choses auxquelles il s'ajoute ; il est aussi clairement présenté comme la cause de la beauté des choses belles, et il est encore désigné comme une forme (*eidos*). Deux remarques sont à

HIPPIAS

Eh bien alors, Socrate, si c'est cela qu'il cherche, il n'y a rien de plus facile que de lui répondre ! Qu'est-ce que le beau, par quoi toutes les autres choses sont ornées et qui, lorsqu'il s'adjoint à elles, les rend belles ? [**e**] Cet homme est un vrai benêt, et il n'entend rien aux beaux objets. En effet, si on lui répond que ce beau sur lequel il pose ses questions n'est rien d'autre que l'or, il restera coi et il n'essaiera pas de te réfuter[1]. Car nous savons tous, je pense, que là où on l'adjoint, même si auparavant la chose paraissait laide, une fois ornée d'or elle paraît belle.

---

faire à ce propos. Pour commencer, cette description chosifiante du beau n'implique pas plus qu'auparavant (cf. n. 3, p. 241, *ad* 287c) qu'il disposerait d'un statut ontologique précis ; il s'agit d'abord et avant tout de faire admettre que le beau est un quelque chose (*ti*) de distinct des choses belles, et qui est à penser comme tel, c'est-à-dire comme quelque chose présent dans toutes les choses belles sans être aucune d'entre elles, qui peut ainsi être décrit comme une chose extérieure aux choses belles, venant s'ajouter à elles comme une parure, comme une forme (de ce fait, l'*eidos* en question n'est pas un *eidos* transcendant, puisqu'il s'ajoute à la chose même et l'orne). Il faut ensuite saisir le ressort comique du passage : en décrivant le beau comme une parure ou un attribut, l'anonyme *via* Socrate va conduire Hippias à une seconde méprise, savoureuse selon le premier niveau de lecture, et pédagogiquement utile selon le deuxième niveau.

1. Hippias tombe dans le panneau, mais... volontairement ? On rencontre en tout cas la même idée que tout à l'heure : il n'est pas possible d'être contredit et réfuté lorsqu'on dit quelque chose de vrai, d'incontestable donc. Car tout le monde honore l'or, qui correspond en tout point à la description que vient de faire l'anonyme, et va donc constituer la deuxième « définition » hippiasienne du beau.

SOCRATE

Tu n'as pas l'habitude de cet homme, Hippias, tu ne sais pas comme il est terrible, et comme il n'accepte rien sans difficulté !

HIPPIAS

Quelle importance, Socrate ? Il faut bien qu'il accepte ce qui a été énoncé de façon correcte, [**290a**] ou alors, s'il ne l'accepte pas, qu'il soit notre risée.

SOCRATE

Pourtant, cette réponse-là, homme parfait, non seulement il ne l'acceptera pas, mais en plus il se moquera bien de moi, et me dira : « Ah, quel aveuglement est le tien ! Crois-tu que Phidias[1] soit un mauvais artiste ? » Et moi, je pense, je lui répondrai que je n'en crois rien !

HIPPIAS

Et tu fais là une bonne réponse, Socrate.

SOCRATE

Oui, sans doute. Eh bien donc, une fois que je me serai déclaré d'accord pour affirmer que Phidias est un bon artiste, cet homme [**b**] me dira : « Ensuite, crois-tu que ce beau dont tu parles, Phidias en ignorait

---

1. Phidias, le plus grand sculpteur grec, connut la gloire à Athènes du temps de Périclès. Ce dernier le chargea de sculpter les statues du Parthénon (en 447), et il réalisa la fameuse statue chryséléphantine d'Athéna, œuvre monumentale de 12 mètres de haut. C'est à cette statue que fait ensuite référence l'anonyme.

l'existence ? » Et moi, je lui répondrai : « Mais enfin, pourquoi ? » « Étant donné, dira-t-il, qu'il n'a pas fait en or les yeux d'Athéna, ni le reste de son visage, ni ses pieds, ni ses mains, alors que s'ils avaient été en or, ils seraient apparus plus beaux, mais qu'il les a faits en ivoire, il est clair qu'il a commis cette erreur par ignorance, méconnaissant le fait que l'or, là où il est adjoint, est ce qui rend toutes choses belles. » Lorsqu'il dira cela, que devrons-nous lui répondre, Hippias ?

HIPPIAS

[**c**] Il n'y a là rien de difficile ; nous lui répondrons en effet que l'artiste a bien fait. Car l'ivoire aussi, à mon sens, c'est beau [1].

SOCRATE

« Pour quelle raison, à ce moment-là, dira-t-il, n'a-t-il pas fait aussi en ivoire l'intervalle entre les yeux, mais en pierre, lorsqu'il eut découvert une pierre aussi approchante que possible de l'ivoire [2] ? Est-ce que la

---

1. On pourrait traduire par « est beau », puisque le terme pour « ivoire » est neutre en grec. Mais la réplique suivante de l'anonyme, concernant le marbre, montre la reprise de la formule d'Hippias (le *kalon* échantillon de beau) en écho à la présente. C'est bien qu'Hippias n'a pas varié, et qu'il estime avoir produit, après la belle jeune fille, un nouvel échantillon de beau avec l'or. Et il admet maintenant ces autres échantillons que sont l'ivoire et le marbre. On perçoit donc clairement la logique intégrative du raisonnement d'Hippias : il n'y a pas un seul type de chose belle, mais diverses sortes qui ne sont pas exclusives les unes des autres, et sont à penser en continuité, comme il le plaidera à la fin du dialogue. **2**. Il s'agit en fait de marbre.

belle pierre aussi, ce serait beau ? » Le dirons-nous, Hippias ?

HIPPIAS

Oui, nous dirons que c'est beau, du moins quand elle convient[1].

SOCRATE

Mais quand elle ne convient pas, elle est laide ? Est-ce que je donne ou non mon accord à cela ?

HIPPIAS

Donne ton accord, dans le cas du moins où elle ne convient pas.

SOCRATE

[**d**] « Eh bien alors, me dira-t-il, savant que tu es, l'ivoire et l'or, n'est-ce pas quand ils conviennent, qu'ils font paraître beau, mais quand ils ne conviennent pas, ils font paraître laid ? » Refuserons-nous cela, ou lui accorderons-nous qu'il s'exprime bien ?

---

1. *Prepôn.* Hippias introduit lui-même, sous la pression des questions et objections de l'anonyme-Socrate il est vrai, cette notion de convenance, appelée à occuper ensuite le premier plan (cf. 293d, qui s'appuie sur ce moment de l'échange). Même si elle se révèle inadéquate pour définir le beau, la façon dont Hippias la produit ici, incidemment, suggère qu'il y aurait là comme une illustration « naturelle » de la réminiscence, ensuite théorisée dans le *Ménon*. Car, pour être inadéquate, cette définition par la convenance ne nous en rapproche pas moins, aux yeux de Platon, d'une pensée sérieuse du beau.

HIPPIAS

Oui, nous admettrons cette idée, que ce qui convient à chaque chose, cela rend belle chacune d'elles.

SOCRATE

« Qu'est-ce qui convient, dira-t-il, lorsqu'on fait bouillir la marmite dont nous avons parlé il y a un instant, la belle marmite remplie de bonne purée de légumes : une cuiller en or ou une cuiller en bois de figuier ? »

HIPPIAS

Par Héraclès, de quel individu est-ce que tu parles, Socrate ! [**e**] Tu ne veux pas me dire de qui il s'agit ?

SOCRATE

Tu ne le connaîtrais pas mieux, si je te disais son nom [1].

HIPPIAS

Mais je sais bien à présent que c'est un ignorant [2] !

SOCRATE

Il cause bien des tracas, Hippias ! Toutefois, que lui dirons-nous ? Laquelle des deux cuillers convient pour

---

1. On peut déceler là une allusion polémique au savoir d'Hippias en matière de rectitude des noms. Le seul nom ne fournit aucun savoir réel, et en l'espèce, savoir par exemple que l'anonyme et Socrate ne font qu'un, ou bien que l'anonyme pourrait être désigné comme le Réfutateur, ou Marius, ou ce que l'on veut, ne changerait absolument rien à la succession d'incompréhensions d'Hippias.
2. Même s'il est un effet de l'incompréhension d'Hippias, ce jugement, référé à l'ignorance que revendique traditionnellement Socrate, se révèle vrai.

la purée de légumes et pour la marmite ? N'est-il pas évident que c'est celle qui est en bois de figuier ? Car elle donne, je pense, à la purée de légumes, une meilleure saveur, et de plus, mon camarade, on ne risque pas avec elle de briser la marmite, de répandre la purée, d'éteindre le feu, et de priver ceux qui s'apprêtaient à dîner d'un plat solide ! La cuiller d'or, elle, aurait eu toutes ces conséquences, si bien qu'à mon avis nous devrions dire que la cuiller en bois de figuier convient mieux que celle en or, [**291a**] à moins que tu n'aies, toi, quelque autre chose à dire.

HIPPIAS

En effet, elle convient mieux, Socrate. Toutefois, pour ma part, je ne voudrais sûrement pas avoir une discussion avec un individu qui pose de pareilles questions [1].

SOCRATE

Tu as raison, mon ami ; il ne serait pas convenable qu'on t'emplisse de mots semblables [2], toi qui es vêtu de si belle manière, et chaussé de si belle manière, toi qui jouis d'une telle réputation pour ton savoir dans toute la Grèce. Mais pour ce qui me concerne, cela ne me fait rien de me frotter [**b**] à cet individu. Aussi, livre-moi à l'avance ton enseignement, et pour moi accepte de répondre. « Car si la cuiller en bois de figuier convient mieux que la cuiller en or, dira l'homme, elle sera aussi plus belle, puisqu'on s'est accordé à dire, Socrate, que ce qui convient est plus

---

1. C'est pourtant bien ce qu'il est en train de faire, par la grâce de Socrate ! **2**. Encore une allusion sarcastique à l'attachement d'Hippias à la rectitude des noms.

beau que ce qui ne convient pas. » Donnerons-nous notre accord à autre chose que ceci, Hippias : que la cuiller en bois de figuier est plus belle que celle en or ?

HIPPIAS

Veux-tu que je te dise, Socrate, ce que tu devrais lui dire qu'est le beau, pour te débarrasser de ses abondantes remarques ?

SOCRATE

[**c**] Oui, bien sûr, mais pas avant toutefois que tu ne m'aies dit ce que je dois répondre à la question de savoir laquelle des deux cuillers dont nous venons de parler convient, et est la plus belle.

HIPPIAS

Eh bien, si tu veux, réponds-lui que c'est celle qui est faite en bois de figuier.

SOCRATE

Alors, dis-moi maintenant ce que tu t'apprêtais à me dire à l'instant. Car avec la réponse que nous venons de faire, si j'avance que le beau est de l'or, à ce qu'il me semble, l'or ou le bois de figuier ne se révélera en rien plus beau, comparé à l'autre [1]. Et maintenant,

---

1. C'est la fin de la réfutation de la deuxième définition, qui a permis de montrer que le beau ne pouvait être un matériau précieux plutôt qu'un autre (or contre ivoire), et même qu'en vertu du critère de convenance, un matériau vulgaire pouvait dans certains cas être plus « beau » (c'est-à-dire convenable) qu'un matériau noble. Dans l'absolu, le bois de figuier peut prétendre être aussi beau que l'or ; ni l'un ni l'autre ne sont donc « le » beau.

quelle nouvelle réponse donnes-tu à la question de ce qu'est le beau ?

HIPPIAS

[**d**] Je vais te le dire. En effet, il me semble que tu cherches à donner une réponse où le beau soit quelque chose de tel qu'il n'apparaisse jamais, en rien ni à personne, laid.

SOCRATE

C'est bien cela, Hippias ! Et à présent tu me comprends de belle manière !

HIPPIAS

Alors, écoute. Car, sache-le, si face à cela quelqu'un a quoi que ce soit à t'opposer, je déclare que je ne m'y entends absolument pas[1].

SOCRATE

Parle sans délai, au nom des dieux !

HIPPIAS

Je dis donc que de tout temps, pour tout homme et en tout lieu, ce qu'il y a de plus beau, c'est d'être riche, en bonne santé, honoré par les Grecs, d'arriver à la

1. C'est ce que l'on décrirait aujourd'hui comme un effet d'annonce, et des plus appuyés. Platon n'hésite pas à montrer Hippias excellent dans cet art. Mais, comme tout à l'heure, une équivoque fatale se prépare, car Hippias vise à fonder cette inconditionnalité du beau dans un consensus des opinions : pour faire taire l'anonyme grossier et impertinent, Hippias va mettre en évidence une sorte de beau dont l'évidence s'impose à tous. Mais cela va rester un échantillon de beau...

vieillesse [**e**] après avoir enseveli dans une belle sépulture ses parents morts, et de recevoir de ses propres enfants de belles et magnifiques funérailles [1].

SOCRATE

Oh ! oh ! Hippias, tu viens de parler d'une façon si admirable, si majestueuse et si digne de toi ! Et, par Héra, je t'admire de m'être venu en aide, me semble-t-il, avec tant de bienveillance, autant que cela t'était possible. Mais le fait est que nous n'atteignons pas notre homme, et il va à présent redoubler dans ses moqueries à notre endroit, sache-le bien.

HIPPIAS

Ce sont des rires misérables, Socrate ; car s'il n'a rien à répondre à ce que je viens d'avancer, mais se contente de rire, c'est de lui qu'il se moquera [**292a**] et c'est lui-même qui sera la risée des personnes présentes.

SOCRATE

Peut-être en sera-t-il ainsi ; peut-être toutefois, pour une pareille réponse, j'en ai pour ma part le pressentiment, se moquer de moi risque de ne pas lui suffire.

HIPPIAS

Mais que veux-tu dire ?

---

1. Telle est l'emphatique et abondante troisième définition proposée par Hippias, qui ne répond pas davantage que les deux premières aux critères formels d'une définition essentielle.

SOCRATE

La chose suivante : si d'aventure, il a un bâton, et si je ne parviens pas à lui échapper en prenant la fuite, il essaiera à coup sûr de m'en donner[1].

HIPPIAS

Comment cela ? L'homme est-il ton maître ? et s'il fait cela, ne sera-t-il pas traîné en justice, et condamné ? [**b**] Est-ce que votre cité n'est pas une cité où règne le droit, et est-ce qu'on laisse impunément les citoyens se frapper les uns les autres ?

SOCRATE

Non, absolument pas.

HIPPIAS

On punira donc celui qui te frappe injustement.

SOCRATE

Je ne crois pas, Hippias ; si je faisais une réponse de ce genre, ce n'est pas injustement, mais justement qu'il me frapperait, à mon sentiment[2].

---

1. C'est à une vraie parodie de bastonnade de comédie, que nous assistons ici. On peut par exemple rapprocher cette scène imaginaire des *Nuées* (v. 1321 et suiv.) et des *Acharniens* d'Aristophane.

2. La réponse est toute socratique. Hippias a évidemment raison sur un plan juridique : un homme libre ne peut pas en frapper un autre sans raison obvie – réplique à une agression, de ses biens ou de soi, etc. –, mais Socrate place le critère de justice sur un autre plan que celui des institutions, comme il le fait d'ailleurs constamment (voir déjà plus haut l'échange sur la loi, 283e-285b). La justice doit être référée à un plan transcendant les institutions

HIPPIAS

Alors au mien aussi, Socrate, étant donné du moins que tu en es toi-même d'avis[1].

SOCRATE

Te dirai-je donc pourquoi je suis moi-même d'avis qu'il m'aurait justement frappé, si j'avais répondu cela ? Ou bien toi aussi vas-tu me frapper sans jugement ? Acceptes-tu que je t'explique ?

HIPPIAS

[**c**] Je serais indigne, Socrate, de ne pas l'accepter ; alors, quelle est cette explication ?

SOCRATE

Je vais te la dire, en imitant cet individu de la même façon que tout à l'heure, afin que je n'use pas, contre toi, des propos accablants et étranges que cet homme ne manquera pas de m'adresser[2]. En effet, sache-le bien, il me dira : « Dis-moi, Socrate, crois-tu que tu aurais reçu des coups injustement, toi qui as chanté un tel dithyrambe avec si peu de goût, et qui t'es tellement

humaines, un plan dont relève aussi le beau, et que le savoir vise à approcher. Ce qui est nouveau toutefois, c'est que ce plan soit identifié comme le plan de la vérité, si bien qu'attenter à la vérité, avec par exemple une réponse aussi absurde que celle que vient de faire Hippias, constitue une véritable offense à la réalité de la justice ; celui qui la profère mérite bien une petite correction, au nom de la justice, c'est-à-dire de la vérité.

1. La recherche hippiasienne du consensus est ici lourdement parodiée. **2.** Délicate attention, qui n'est en fait qu'une pure prétérition...

éloigné de la question posée ? » « Comment cela ? », répondrai-je. « Comment ? dira-t-il, tu n'es pas capable de te souvenir que je t'interrogeais sur le beau en lui-même, [**d**] grâce auquel tout ce en quoi il survient a la possibilité d'être beau, que ce soit une pierre, un morceau de bois, un homme, un dieu, toute espèce d'action et toute espèce de savoir ? Car moi, je t'interroge sur la beauté[1] en elle-même, afin de savoir ce qu'elle est, et je ne parviens pas mieux à me faire entendre, malgré mes cris, que si une pierre était assise à mes côtés, une pierre meulière, sans oreilles ni cervelle ! » Si alors, pris de peur, je venais à lui répondre ceci à la suite de ses propos, est-ce que tu n'en serais pas fâché, Hippias ? « Mais c'est Hippias[2] qui a dit que le beau, c'était cela ! [**e**] Je l'avais pourtant interrogé comme toi tu m'as interrogé, sur ce qui est beau pour tous et en tout temps ! » Qu'en dis-tu ? Tu ne seras pas fâché que je lui fasse une réponse de cette nature ?

HIPPIAS

Je sais bien, Socrate, que ce que j'ai dit est beau pour tous, et apparaîtra tel.

SOCRATE

« Il le sera toujours ? dira-t-il ; car le beau est, j'imagine, toujours beau. »

---

1. C'est l'unique fois où, dans le dialogue, Socrate emploie le terme *kallos*, au lieu de l'habituel adjectif substantivé au neutre, *to kalon*. **2**. Socrate implique cette fois directement Hippias dans le dialogue fictif qu'il a avec l'anonyme. Il va alors rapporter à Hippias les objections que l'anonyme adresse à « l'étranger d'Élis ».

HIPPIAS

Oui, évidemment.

SOCRATE

« Donc, il était beau, aussi ? », reprendra-t-il.

HIPPIAS

Il était beau aussi.

SOCRATE

« Est-ce que pour Achille aussi, dira-t-il, l'étranger d'Élis a prétendu qu'il était beau d'être enseveli à la suite de ses ancêtres, et pour son grand-père Éaque également, et pour tous ceux qui [**293a**] sont issus de dieux, et pour les dieux eux-mêmes [1] ? »

HIPPIAS

Mais qu'est-ce que cela ? Envoie-le promener ! Les questions que pose cet homme ne respectent pas la religion.

---

1. La définition d'Hippias est immédiatement réduite à l'absurde : en effet, les héros, fils de dieux (ou descendants de dieux) comme il est rappelé ensuite, tels qu'Achille (le meilleur des Achéens qui combattirent à Troie, fils de Pélée et de la nymphe marine Thétis) et Éaque (roi d'Égine et père de Pélée, il descend de Zeus ; il trône aux Enfers comme juge aux côtés de Minos et de Rhadamante), ne peuvent vouloir être ensevelis comme leurs ancêtres, puisque ces derniers sont des dieux immortels ! Et si on l'admettait pour les descendants des dieux, il faudrait l'admettre pour les dieux mêmes. D'où la réaction de colère d'Hippias, lui, le spécialiste des généalogies, piégé en somme sur son propre terrain.

SOCRATE

Mais quoi ? Quand quelqu'un d'autre vous interroge, n'est-ce pas d'affirmer que pour ces êtres [1] cela est beau qui est lourdement blasphématoire [2] ?

HIPPIAS

Peut-être.

SOCRATE

« Peut-être par conséquent es-tu celui, dira-t-il, qui dit que pour tout homme et en tout temps, ce qui est beau [3], c'est de recevoir des funérailles de ses enfants, et d'en faire à ses parents ; mais n'y a-t-il pas une exception à faire entre tous avec Héraclès, et aussi avec tous ceux dont nous venons de parler ? »

HIPPIAS

Mais moi, je ne disais pas cela pour les dieux !

SOCRATE

[**b**] Ni pour les héros, semble-t-il.

HIPPIAS

Non, dans la mesure où ils sont des enfants de dieux.

---

1. Achille, Éaque, et les dieux eux-mêmes. **2**. Dans la mesure où, en soutenant qu'il est beau pour les dieux aussi d'être ensevelis, on laisserait entendre qu'en fait il n'y a pas d'immortels. **3**. Jusqu'à la fin de la réfutation de cette nouvelle tentative, Socrate reprend la formulation qui était initialement celle d'Hippias (cf. la première définition en 287e et note 3, p. 244) : *kalon* (*esti*), « c'est beau ».

SOCRATE

Et ceux qui ne le sont pas ?

HIPPIAS

Eux, oui, bien sûr.

SOCRATE

Donc [1], apparemment, selon ton nouveau raisonnement, parmi les héros, c'est terrible, impie et honteux pour Tantale, Dardanos et Zèthos [2], mais pour Pélops [3] et les autres nés comme lui, c'est beau.

HIPPIAS

Oui, c'est mon avis.

SOCRATE

« Tu as donc un avis différent, dira-t-il, de celui que tu [4] énonçais tout à l'heure, à savoir qu'après avoir offert des funérailles à ses parents, en recevoir de la part de ses enfants est quelquefois [**c**] et pour quel-

1. On note que dans cette réplique, Socrate omet de rapporter le propos à l'anonyme. **2**. Ces trois héros étaient en effet fils de Zeus. **3**. Pélops était le fils de Tantale, mentionné au-dessus ; il est ainsi un mortel, fils de mortel. Le choix de Pélops est comique, puisque Tantale son père l'avait découpé et offert à manger aux dieux pour les mettre à l'épreuve. À la suite de quoi, les dieux ramenèrent Pélops à la vie, et punirent Tantale en le privant éternellement de boire et de manger, tout en lui donnant à contempler mets et boissons. Le fils comme le père, pour des raisons différentes, ne pouvaient en fait que souhaiter être ensevelis plutôt que de subir le sort que le père dans un cas, les dieux dans l'autre, leur réservaient. **4**. On revient à la fiction d'un échange direct entre l'anonyme et Socrate, où Socrate donne ses propres arguments.

ques-uns une action laide. Bien plus, semble-t-il, il est impossible que cela ait été et soit beau pour tous, si bien que cette tentative tout comme les précédentes, la jeune fille et la marmite, ont subi le même sort, et de façon encore plus risible c'est beau pour les uns, mais pas pour les autres [1]. Et au jour d'aujourd'hui tu n'es toujours pas capable, Socrate, dira-t-il, de répondre à la question qui t'est posée à propos du beau : qu'est-il précisément [2] ? » Voilà les reproches, et d'autres du même genre, qu'il m'adressera à juste titre, si je lui réponds comme tu l'as fait. Bien souvent, Hippias, [**d**] il me parle à peu près comme cela ; quelquefois, comme s'il avait pitié de mon inexpérience et de mon ignorance, il me demande, alors qu'il m'interroge, si le beau me semble être telle chose, et il procède de même pour tout autre sujet sur lequel il se trouve s'enquérir, et sur lequel porte notre discussion.

HIPPIAS

Qu'est-ce que tu veux dire, Socrate ?

SOCRATE

Je vais t'expliquer. « Divin Socrate, me dit-il, arrête

---

1. L'exigence d'universalité a fait chuter la première définition et fait maintenant sombrer la troisième. L'échec de celle-ci est toutefois encore plus risible, parce qu'elle prétendait précisément satisfaire à cette exigence. **2**. C'est la fin de la réfutation de la troisième définition, qui a sombré dans la considération de la différence des statuts ontologiques. La définition du beau proposée n'était au mieux que relative aux hommes ; le naturalisme d'Hippias est purement anthropocentrique. Un point de vue qui voudrait prétendre à la vérité devrait réellement valoir pour tous les types d'êtres.

de me donner de pareilles réponses, et de cette façon-là ; car elles sont trop simples et faciles à réfuter. [**e**] Examine plutôt si une chose de cette nature te paraît être belle, je veux parler de celle dont nous nous sommes emparés tout à l'heure, lorsque nous disions que l'or, pour ce à quoi il convient, est beau, et pour ce à quoi il ne convient pas, non, et ainsi pour tout le reste à quoi ce convenable s'ajoute. Examine ce convenable lui-même[1], ainsi que la nature du convenable lui-même, pour savoir s'il se trouve être le beau[2]. » Pour ma part, j'ai coutume à chaque fois de lui concéder ce genre de suggestions, car je ne sais pas quoi lui dire ; en ce qui te concerne, crois-tu que le convenable soit beau ?

HIPPIAS

Oui, tout à fait, Socrate.

SOCRATE

Examinons cela, afin d'éviter de nous tromper.

HIPPIAS

Eh bien, entreprenons l'examen.

SOCRATE

Considère donc le point suivant[3] : disons-nous donc

---

1. *Auto touto to prepon.* **2**. Cette quatrième définition présente la particularité d'être proposée par l'anonyme, à partir des remarques antérieures d'Hippias (cf. 290c). C'est par ailleurs la première qui soit formellement correcte, puisqu'elle peut prétendre coiffer l'ensemble des choses belles. **3**. Ici, de façon impromptue, Socrate abandonne la fiction de l'anonyme. Il ne fait alors plus qu'un avec l'interrogateur, et le dédoublement est comme aban-

que le convenable est ce qui, lorsqu'il survient, [**294a**] fait paraître belle chacune de ces choses dans lesquelles il apparaît, ou bien qu'il les fait être belles, ou bien ni l'un ni l'autre ?

HIPPIAS

Il me semble que [1]...

SOCRATE

Quoi ?

HIPPIAS

... c'est ce qui les fait paraître belles ; c'est comme quand quelqu'un met un manteau ou des chaussures seyants, même si c'est quelqu'un de ridicule, il paraît plus beau.

SOCRATE

Si donc le convenable fait paraître plus beau que l'on n'est, le convenable sera une tromperie sur le beau, et il ne saurait s'agir là de ce que nous cherchons, Hippias ! Car nous, [**b**] nous cherchons ceci : ce par quoi toutes les belles choses sont belles ; de même que

---

donné. Toutefois, l'anonyme reviendra au moment d'examiner la dernière définition, à partir de 298a.

1. La phrase est interrompue par l'interjection de Socrate. Ce pronom interrogatif (*potera*, litt. « laquelle des deux ? ») a été suspecté par plusieurs éditeurs, dont Vancamp en dernier lieu. Je suis ici le découpage de Schanz, qui le place dans la bouche de Socrate. Plutôt que d'imaginer une impatience de Socrate, il faut au contraire supposer qu'Hippias hésite et tarde à donner sa réponse ; Socrate est alors conduit à le pousser un peu (cf. 295c, pour une rupture syntaxique analogue).

ce par quoi toutes les choses grandes sont grandes, c'est ce qui dépasse. Car c'est par cela que toutes choses sont grandes, et même s'il n'y paraît pas, mais que pourtant elles dépassent, il est nécessaire qu'elles soient grandes. Ainsi donc, nous nous demandons, concernant le beau par quoi toutes choses sont belles (qu'elles paraissent telles ou pas), ce qu'il peut bien être. Car il ne peut être le convenable ; celui-ci fait paraître les choses plus belles qu'elles ne sont, selon ton raisonnement, et ne les laisse pas paraître telles qu'elles sont. Ce qui les fait être belles, [**c**] qu'elles paraissent telles ou non, comme je viens de le dire [1], il nous faut essayer de dire ce que c'est ; c'est cela que nous cherchons, puisque nous cherchons le beau.

HIPPIAS

Mais le convenable, Socrate, fait être et paraître belles les choses où il est présent [2].

---

1. Une opposition capitale est introduite ici entre être et apparence, opposition à l'impact métaphysique profond, qui n'est toutefois que fugitivement mise en place dans le dialogue. De fait, il est patent que l'on touche ici au troisième niveau de lecture, le niveau zététique (cf. Introduction, p. 161-165). Cela étant, cette réplique de Socrate ne laisse pas d'étonner : comment la grandeur des choses grandes pourrait-elle ne pas apparaître ? n'est-ce pas la grandeur *perçue* qui permet de les désigner ainsi ? La définition de la grandeur comme ce qui dépasse n'est pas elle-même sans faire question. Enfin, l'idée principale que ce qui fait *être* beau ne fait pas nécessairement *paraître* beau introduit un élément certain de perplexité, car il ne va évidemment pas de soi que l'essence du beau puisse être présente sans s'accompagner d'une manifestation de ce beau. La suite va toutefois fournir une illustration de ce cas de figure avec l'exemple des lois. **2**. Dans la perspective d'Hippias, il n'y a pas à choisir : puisque le beau, ce n'est rien d'autre

SOCRATE

Il est donc impossible que les choses qui sont réellement belles n'apparaissent pas belles, du moment qu'est présent ce qui les fait paraître belles ?

HIPPIAS

Impossible.

SOCRATE

Devons-nous alors accorder, Hippias, que toutes les choses réellement belles, les règles légales et les occupations[1], tout le monde à tout moment estime **[d]** qu'elles sont et qu'elles paraissent belles, ou bien que, tout au contraire, elles sont ignorées, et plus que tout provoquent à leur sujet querelles et affrontements, aussi bien entre personnes privées que publiquement entre cités ?

HIPPIAS

Plutôt de cette dernière façon, Socrate ; elles sont ignorées[2].

---

que les choses belles, il serait à l'évidence absurde d'imaginer qu'autre est l'apparence de beauté, et autre sa réalité.

1. C'est d'un discours sur les belles occupations, on s'en souvient, que se prévalait Hippias, et c'est cela qui a marqué le point de départ de la réflexion sur le beau (cf. 286a-b). **2**. Hippias ne peut que s'accorder là-dessus, lui qui délivre un enseignement sur ce que doivent être les belles occupations – si chacun savait ce qu'il convient de faire, un tel enseignement n'aurait pas de raison d'être. Et précisément, sa théorie de la légalité naturelle vise à faire apparaître ce que doivent être les principes réels d'action. Mais d'un autre côté, il ne s'accorde pas sur la disjonction entre être et

SOCRATE

Elles ne le seraient pas, si, j'imagine, le paraître s'adjoignait à elles. Et il s'y adjoindrait, si le convenable était beau, et ne rendait pas seulement les choses belles, mais les faisait aussi paraître belles. De sorte que le convenable, s'il lui est possible de faire être les choses belles, serait le beau que nous cherchons, pas seulement ce qui fait paraître beau ; si en revanche [**e**] le convenable est ce qui fait paraître beau, il ne sera pas le beau que nous cherchons ; car ce dernier fait être beau, et la même chose ne peut pas faire paraître et être non seulement les choses belles, mais aussi bien n'importe quoi d'autre. Alors, à nous de choisir : nous semble-t-il que le convenable est ce qui fait paraître les choses belles, ou ce qui les fait être belles ?

HIPPIAS

Ce qui les fait paraître, à mon avis, Socrate.

SOCRATE

Hélas ! Voici donc que s'éloigne en nous fuyant, Hippias, la connaissance du beau et de ce qu'il peut bien être, dès lors que le convenable s'est révélé être autre chose que beau.

---

paraître : ce que les autres ne voient pas, ils pourraient le voir s'ils regardaient mieux... et avec l'aide d'Hippias. La théorie de ce dernier n'est donc pas critique, et peut tout à fait s'accommoder de l'existence d'un dissensus sur la question des valeurs. Mais Platon ne lui laisse pas le loisir de tenter une sortie hors de cette aporie de l'être et du paraître – et le convenable va ainsi sombrer dans ce dilemme irrésolu.

HIPPIAS

Oui, par Zeus, Socrate, et cela me semble totalement déroutant !

SOCRATE

[**295a**] Pour autant, mon camarade, ne le laissons pas encore s'en aller ; car j'ai encore quelque espoir que nous apparaisse ce que, d'aventure, le beau se trouve être.

HIPPIAS

Entièrement d'accord, Socrate ; car il n'est pas bien difficile de le découvrir. Moi, en tout cas, je sais bien que si je me retirais un petit moment pour mener en moi-même l'examen, je pourrais te donner une réponse exacte au-delà de toute exactitude.

SOCRATE

Ah, Hippias, n'annonce pas des choses mirifiques ! Tu vois tous les soucis qu'il[1] nous a déjà causés ! Prends garde qu'irrité contre nous il ne se mette à fuir de plus belle. [**b**] Mais pardon, je dis n'importe quoi : toi en effet, je crois bien volontiers que tu le découvriras sans peine, dès que tu te retrouveras seul. Cela étant, au nom des dieux, trouve-le en restant face à moi, et si tu veux bien, mène la recherche en ma compagnie, comme nous l'avons fait jusqu'à présent. Si nous le trouvons, ce sera la plus belle des issues ; sinon, je me résignerai à mon sort, je pense, et toi, quand tu m'auras quitté, tu trouveras aisément. Et si

---

1. Il s'agit du beau, qui, par un procédé comique amorcé dans la réplique précédente de Socrate, se trouve personnifié.

nous le trouvons dès maintenant, tu gagnes l'assurance que je ne t'importunerai pas en cherchant à apprendre de toi ce qu'il était, et que tu aurais découvert par toi-même. Bien, à présent considère ce que je vais te dire, pour savoir si cela te semble être le beau. [**c**] Je dis donc qu'il est... – mais examine bien ce que je dis, et appliques-y avec force ton esprit, afin de m'éviter de déraisonner – disons [1] donc que ce qui est beau pour nous, c'est ce qui est utile [2]. J'ai avancé cela, en me faisant les réflexions suivantes : nous disons des yeux qu'ils sont beaux, non pas en parlant de ceux qui donneraient l'impression d'être incapables de voir, mais de ceux qui en sont capables, et qui sont utiles pour voir [3] ; n'est-ce pas le cas ?

HIPPIAS

Oui.

SOCRATE

Nous disons donc aussi pareillement que le corps tout entier est beau, l'un sous le rapport de la course,

---

1. La phrase présente une rupture syntaxique (à rapprocher du passage de 294a). Socrate ménage soigneusement ses effets. **2**. *Chrèsimon*. C'est là une nouvelle définition, la cinquième, entièrement produite par Socrate cette fois, et non extrapolée à partir de ce qu'Hippias avait dit précédemment, comme dans le cas du convenable. Comme on va le voir, c'est une induction menée méthodiquement qui conduit à cette tentative de définition. Le contraste avec les définitions « instantanées » d'Hippias est très net. **3**. Le raisonnement inductif qui suit (295d-296d) va confirmer ce qui est d'emblée mis en place ici : est utile ce qui dispose d'une capacité déterminée et la met en œuvre ; une telle réalité utile est aussi belle. Être beau, c'est donc avant tout être utile.

l'autre sous le rapport de la lutte, et à leur tour [**d**] tous les animaux, qu'il s'agisse d'un cheval, d'un coq, d'une caille, et tous les outils, et tous les véhicules, terrestres et maritimes, les navires marchands, les trirèmes, et tous les instruments, que ce soit pour la musique ou pour les autres arts, et si tu veux, les occupations et les lois, à peu près toutes ces choses [1], nous les appelons belles en vertu d'une même caractéristique : nous apercevons dans chacune d'elles, que ce soit dans sa nature, dans sa fabrication ou dans son état, l'utile, et nous l'appelons belle, en tant qu'elle est utile, en la rapportant à ce pour quoi elle est utile, [**e**] et quand elle est utile, tandis que ce qui est totalement inutile sous ce rapport est laid. N'es-tu pas toi aussi de cet avis, Hippias ?

HIPPIAS

Oui, tout à fait.

1. Le deuxième niveau de lecture – pédagogique – est nettement prévalent à cet endroit. On voit clairement qu'un mouvement inductif large soutient la définition, et le fait est que sont ici rassemblés tous les types de choses belles déjà envisagés au cours du dialogue. Par là, cette nouvelle définition tire les leçons de l'échec de la précédente définition par le convenable, en s'efforçant, par un procédé rigoureux, de ne plus laisser s'échapper et fuir le beau (cf. 295a). L'échec de cette définition, et de la suivante, qui en est le correctif, amènera finalement Socrate à renoncer à cette exigence de complétude de la définition ; pour terminer, il se satisfera à titre exploratoire d'élaborer une définition délibérément partielle (cf. 297e-298c). Nous rejoignons alors l'articulation entre niveau pédagogique et niveau zététique de lecture.

SOCRATE

Nous disons donc maintenant, à bon droit, que l'utile est ce qui se trouve être plus beau que tout.

HIPPIAS

À bon droit, en effet.

SOCRATE

Donc, à chaque fois, ce qui est capable de produire quelque chose, pour ce qu'il est capable de produire, pour cela il est également utile, tandis que ce qui n'est pas capable est inutile ?

HIPPIAS

C'est tout à fait ça.

SOCRATE

La capacité est donc belle, et l'incapacité laide ?

HIPPIAS

Oui, parfaitement. Bien des domaines, [**296a**] Socrate, nous fournissent des témoignages qu'il en va ainsi, et en particulier la politique. Car dans le domaine politique et dans sa propre cité, la capacité est tout ce qu'il y a de plus beau, et l'incapacité tout ce qu'il y a de plus laid.

SOCRATE

Bien parlé. Est-ce alors pour cette raison, Hippias, au nom des dieux, que le savoir est tout ce qu'il y a de plus beau, et l'ignorance tout ce qu'il y a de plus laid ?

HIPPIAS

Mais que veux-tu dire, Socrate[1] ?

SOCRATE

Garde patience, mon cher camarade ; car je suis effrayé par ce que nous sommes en train de dire.

HIPPIAS

[**b**] Mais quelle est la raison de cette nouvelle frayeur, Socrate, puisqu'à présent ton raisonnement a fait de si beaux progrès ?

SOCRATE

Je le voudrais bien, mais examine avec moi le point suivant : est-ce qu'il se pourrait que quelqu'un fasse ce qu'il ne connaît pas ou ce dont il n'est absolument pas capable ?

HIPPIAS

En aucun cas ; comment en effet serait-il possible de faire ce que l'on n'est pas capable de faire ?

SOCRATE

Alors, ceux qui se trompent, qui obtiennent de mauvais résultats et accomplissent de mauvaises actions[2]

---

1. La surprise d'Hippias vient du déplacement opéré à l'instant par Socrate, qui semble abandonner le couple capacité-incapacité pour celui du savoir et de l'ignorance. S'il ne le comprend pas entièrement dès à présent, Hippias pressent probablement que le parallèle capacité-savoir, incapacité-ignorance va conduire à de nouvelles difficultés. **2**. *Kaka*, complément commun d'*ergadzomenoi* et de *poiountes*, intervient pour la première fois. C'est un

malgré eux, n'est-il pas vrai qu'ils ne les auraient pas accomplies, s'ils n'en avaient pas été capables ?

HIPPIAS

Cela est bien clair.

SOCRATE

Pourtant, c'est bien par une capacité [**c**] que ceux qui sont capables sont capables ; ce n'est pas, j'imagine, en vertu d'une incapacité.

HIPPIAS

Certes non.

SOCRATE

Et ils ont la capacité de faire, ceux qui font ce qu'ils font[1] ?

HIPPIAS

Oui.

SOCRATE

Et tous les hommes accomplissent beaucoup plus de mauvaises actions que de bonnes[2], dès leur enfance, et ils se trompent malgré eux[3].

---

critère purement moral qui est utilisé ici, et qui va permettre d'évaluer les comportements et les actions, du point de vue de leur effet ou de leur résultat. Trois répliques plus loin, Socrate met en regard les *kaka* et les *agatha*, les mauvaises actions et les bonnes.

1. La capacité doit être découplée du bien et du savoir ; elle ne les implique pas. L'abandon de la cinquième définition va en résulter. **2**. *Kaka polu pleiô è agatha.* **3**. Lieu commun socratique : nul ne commet le mal de son plein gré.

HIPPIAS

Il en est ainsi.

SOCRATE

Eh bien alors ? Cette capacité et ces choses utiles, qui sont utiles pour accomplir quelque mauvaise action, dirons-nous que ce sont [**d**] des choses belles, ou s'en faut-il de beaucoup ?

HIPPIAS

Il s'en faut de beaucoup, selon moi, Socrate.

SOCRATE

Notre capable et notre utile ne sont donc pas, semble-t-il, le beau [1].

HIPPIAS

À moins qu'il [2] ne soit capable, Socrate, de réaliser des choses bonnes, et qu'il ne soit utile pour de telles choses.

SOCRATE

Elle s'éloigne, par conséquent, la proposition selon laquelle le capable et l'utile tout court sont beaux. Mais était-ce cela, Hippias, que notre âme cherchait à

---

1. La cinquième tentative de définition du beau se révèle donc à son tour un échec. **2**. Le sujet indéterminé, ici encore, ne peut être que le beau. Hippias, sous la poussée de l'autocritique socratique, fait intervenir le critère du bien, qui ne sera pas confondu avec le beau, puisqu'il est en somme appréhendé comme l'effet de ce dernier. L'utile strictement tourné vers le bien serait donc le beau.

exprimer, à savoir que l'utile et la capacité de faire, tournés vers un bien, cela, c'est le beau ?

HIPPIAS

[**e**] Oui, je le crois.

SOCRATE

Mais c'est bien là l'avantageux [1], non ?

HIPPIAS

Oui, absolument.

SOCRATE

Ainsi donc, aussi bien les beaux corps que les belles lois, que le savoir, et ce que nous avons énuméré auparavant, tout cela est beau, parce que avantageux.

HIPPIAS

Cela est clair.

SOCRATE

C'est donc l'avantageux qui nous apparaît comme étant le beau, Hippias.

HIPPIAS

Parfaitement, Socrate.

SOCRATE

Mais l'avantageux est ce qui produit un bien.

---

1. *Ôphelimon*. Voici à présent la sixième définition, et la deuxième proposée par Socrate ; elle est directement issue de la précédente, dûment amendée, comme on vient de le voir (l'avantageux comme utile *en vue* du bien).

HIPPIAS

Oui, en effet.

SOCRATE

Et ce qui produit n'est rien d'autre que la cause, non ?

HIPPIAS

C'est ça.

SOCRATE

[**297a**] Cause du bien, voilà par conséquent ce qu'est le beau.

HIPPIAS

Oui.

SOCRATE

Mais ce qui est cause, Hippias, et ce dont est cause la cause, sont différents ; car, je suppose, la cause ne saurait être cause de la cause. Examine la chose ainsi : ne nous est-il pas apparu que la cause est productrice ?

HIPPIAS

Parfaitement.

SOCRATE

Donc, ce que produit le producteur, ce n'est rien d'autre que ce qui devient, ce n'est pas le producteur ?

HIPPIAS

C'est cela.

SOCRATE

Donc, autre est ce qui devient, et autre ce qui produit ?

HIPPIAS

Oui.

SOCRATE

Donc, la cause n'est pas cause [**b**] de la cause, mais elle est cause de ce qui devient de son fait.

HIPPIAS

Tout à fait.

SOCRATE

Si donc le beau est cause du bien, c'est par le beau que devient le bien ; et c'est pour cette raison, à ce qu'il semble, que nous nous empressons vers la pensée et toutes les autres belles choses, parce que leur œuvre et leur rejeton, le bien, est digne d'empressement, et il y a des chances, d'après ce que nous sommes en train de découvrir, que le beau se présente en quelque sorte comme le père du bien [1].

HIPPIAS

C'est tout à fait cela ; tes paroles sont belles [2], Socrate.

---

1. Litt., « ait l'aspect (*ideai*) d'une sorte de père du bien ».
2. Pourquoi, sinon parce que Socrate met en évidence une filiation ? Hippias, spécialiste en généalogie, apprécie ce qui lui apparaît comme une démonstration originale.

SOCRATE

J'ajoute en conséquence cette parole qui elle aussi est belle : le père n'est pas le fils [**c**], ni le fils, le père.

HIPPIAS

Belle parole, assurément[1].

SOCRATE

Or, la cause n'est pas ce qui devient, ni ce qui devient, la cause.

HIPPIAS

Tu dis vrai.

SOCRATE

Par Zeus, homme d'exception, le beau n'est donc pas bon, ni le bon, beau[2] ; à moins que tu n'estimes

---

1. Mais aussi bien, parfait truisme... Platon continue à se moquer d'Hippias. **2**. On peut parler d'une confusion logique, par laquelle est inférée, de la distinction de deux qualités, l'impossibilité de prédiquer l'une de l'autre, dès lors que l'une est cause de l'autre. Car à supposer qu'il ne faille pas en toute rigueur qualifier le beau de bon, parce qu'il va produire le bien (bon) comme un dérivé, on ne voit pas en revanche pourquoi le bon, produit du beau, ne serait pas beau lui-même ; Platon admet évidemment que le principe transmet quelque chose de lui-même au produit, et en fait il admet aussi expressément que le producteur dispose par surcroît des qualités du produit : c'est ainsi que dans le célèbre texte de *République* VI, où, en position inversée par rapport à l'*Hippias majeur*, le Bien est affirmé principe de ce qui est connu et de ce qui connaît, la beauté du savoir et de l'être paraît inférieure à la beauté du Bien lui-même (une « beauté inimaginable », 509a). C'est donc un piège que le personnage Socrate tend au personnage

que cela soit possible d'après ce que nous venons de dire ?

HIPPIAS

Non, par Zeus, il ne me semble pas.

SOCRATE

Est-ce que cela nous plaît, et est-ce que nous voudrions soutenir que le beau n'est pas bon, et que le bon n'est pas beau ?

HIPPIAS

Non, par Zeus, moi, cela ne me plaît guère.

Hippias, et dans lequel l'auteur Platon souhaite faire tomber ce dernier. Cela étant, on peut effectivement sur le fond reprocher à cette définition de séparer de façon problématique le beau et le bien, en faisant de l'un la cause de l'autre, puisque aussi bien Platon admet généralement la quasi-équivalence du beau et du bien (cf. ainsi *Banquet*, 201c, Socrate à Agathon : « Ne te semble-t-il pas que les choses bonnes sont également belles ? », et 204e, Diotime à Socrate : « Imagine que l'on remplace *beau* par *bon*, et qu'on te demande... » ; il est aussi à noter que la *République* ne pose pas la supériorité du Bien sur le Beau, puisque le Bien, désigné comme principe, est également, on l'a rappelé, une « beauté inimaginable »). Ainsi, tout en s'efforçant de penser le rapport entre beau et bien, la définition a le défaut de les distinguer. On touche ici les raisons du caractère insoluble de la démarche entreprise : le beau ne doit pas être dissocié du bien, et toute définition qui implique cela sera fausse, mais d'un autre côté le beau n'est pas le bien ; il faudrait donc pouvoir isoler le beau, tentative vers laquelle Socrate va finalement s'orienter, mais on s'apercevra que l'élément unificateur retenu est toujours partiel...

SOCRATE

Oui, par Zeus, Hippias ! et en ce qui me concerne, rien ne me plaît moins que les propos que nous avons tenus.

HIPPIAS

[**d**] C'est mon sentiment.

SOCRATE

Il y a donc des chances pour qu'à l'inverse de ce qui nous apparaissait il y a un instant, ce très beau raisonnement, selon lequel l'avantageux, l'utile et la capacité de produire quelque chose de bon sont beaux, ne soit pas exact, mais, si la chose est possible, il est encore plus risible que les premiers, ceux dans lesquels nous pensions que le beau est une jeune fille, et chacune des choses que nous avons précédemment énumérées [1].

---

1. Telle est la fin, apparemment calamiteuse, de la sixième définition. Socrate ne manque évidemment pas de souligner à quel point la beauté du raisonnement, vantée par Hippias, n'était qu'apparente. Cela étant, l'échec revient à Socrate, un échec manifestement programmé, puisque, sitôt énoncée, la définition est commentée de telle sorte qu'elle débouche sur des conséquences inacceptables. L'enchaînement utile-avantageux a été suivi jusqu'au bout pour que soient épuisées toutes les virtualités de cette voie ; pédagogiquement (deuxième niveau de lecture), la démarche est exemplaire, et l'on voit que Socrate n'hésite pas à faire porter sur ses propres propositions la dérision (premier niveau de lecture) : il présente en effet comme encore plus ridicule que les précédentes cette définition qui dénie au beau le caractère de « bon ». La belle jeune fille était au moins relativement belle ; le beau dont on parle n'est même pas bon.

HIPPIAS

Il semble bien.

SOCRATE

Pour ma part, je ne sais plus de quel côté me tourner, Hippias, je suis dans une impasse ; et toi, sais-tu quoi dire ?

HIPPIAS

Pas pour le moment, mais comme je le disais il y a un instant [1], [**e**] une fois que j'aurai cherché, je sais bien que je trouverai.

SOCRATE

Eh bien, pour ma part, j'ai le sentiment que mon désir de savoir ne me permettra pas d'attendre que tu trouves ; je crois d'ailleurs avoir découvert à l'instant une issue. Observe donc : si ce qui fait que nous nous réjouissons – je ne veux pas parler de tous les plaisirs, mais de ceux de l'ouïe et de la vue [2] –, nous l'appelions beau, que penser de notre défense ? [**298a**] Assurément, les beaux individus, tous les ornements peints, les peintures, les sculptures, s'ils sont beaux, plaisent à notre vue ; et les belles sonorités, la musique dans son ensemble, les discours, les récits mythiques, pro-

---

1. Cf. plus haut 295a3. **2**. Le beau est ici clairement identifié à *ce qui cause* un sentiment de jouissance (*chairein*), décrit aussitôt dans l'incise comme plaisirs (*hèdonai*) visuels ou auditifs. Dans la suite (et dès la reformulation de la définition, en 298a6-7), Socrate va parler de « ce qui est plaisant » (*to hèdu*), en alternance avec le substantif *hèdonè* (cf. n. 3, p. 289).

duisent ce même effet[1], de sorte que si nous répondions à cet homme hardi[2] : « Noble personnage, le beau est ce qui est plaisant pour l'ouïe et la vue[3] », ne crois-tu pas que nous refoulerions sa hardiesse ?

HIPPIAS

Il me semble à présent, Socrate, que tu as parfaitement énoncé [**b**] ce qu'est le beau.

---

1. C'est vers le beau que nous qualifierions d'esthétique, que se tourne maintenant Socrate. Cette compréhension du beau, qui paraît assez large et englobante, si l'on s'appuie sur les exemples fournis, laisse toutefois de côté certaines figures de beau, comme les lois, ainsi que cela va être souligné (c'est le problème du beau moral), ou la marmite, pour reprendre l'exemple employé au début (le beau fonctionnel). **2**. Après une absence d'une longueur significative (depuis 293e), l'anonyme revient soudain dans la discussion, de manière quelque peu surprenante. Au bout de deux répliques toutefois, Socrate va procéder à une sorte de substitution entre l'« homme hardi » et lui-même. Mais il n'ira pas plus loin, et au contraire redonnera voix à cet « homme hardi » à partir de 298d, avec toutefois une nette volonté d'élargissement : « si l'on nous demandait – que ce soit l'homme dont je parle, ou quelqu'un d'autre... » **3**. Dans la reprise de la définition, Socrate varie l'énoncé, et le rend plus lapidaire. Il fait cette fois du beau « ce qui est plaisant » (*to hèdu*), et la formule présente une certaine ambiguïté : le beau peut passer à la fois pour ce qui suscite le plaisir, mais également pour le plaisir même que l'on éprouve. De fait, comme je l'ai déjà signalé, le substantif *hèdonè*, renvoyant proprement au sentiment de plaisir, va être employé à plusieurs reprises dans la suite de la discussion. Il n'en reste pas moins que les exemples utilisés ici indiquent que le beau est bien compris comme étant *dans* la chose (individu, peinture, musique) ; c'est une *détermination objective suscitant un sentiment de plaisir* que cherche à cerner Socrate.

SOCRATE

Mais quoi ? Des belles occupations et des belles lois, Hippias, disons-nous qu'elles sont belles parce qu'elles sont plaisantes à l'ouïe ou à la vue, ou bien parce qu'elles ont quelque autre forme [1] ?

HIPPIAS

Peut-être, Socrate, que ce point échappera à notre homme [2].

---

1. *Eidos*, au sens ici de « trait caractéristique », susceptible d'être connu. 2. Hippias tolère l'approximation, dès lors que le discours est persuasif ; il n'en va évidemment pas de même pour Socrate. Cela dit, l'on ne se précipitera pas pour opposer en général, sur ce point, Socrate à Hippias. Dans l'*elenchos* des premiers dialogues, Socrate s'en tenait à l'examen des positions de son interlocuteur pour valider ou invalider la proposition que ce dernier soutenait ; de là une recherche partielle, voire quelque peu arbitraire, menée toutefois avec une redoutable rigueur critique. Ici, il poursuit dans la voie de l'*elenchos*, à ceci près qu'il devient à lui-même son propre interlocuteur, et tend à faire valoir, dans le registre de la critique, un point de vue s'élevant véritablement à l'universel, en même temps qu'une recherche s'efforçant davantage à l'exhaustivité. Or, l'effet de surprise, et l'ambiguïté, du présent passage, viennent de ce que Socrate signale d'emblée le caractère partiel de la définition imaginée, sans qu'elle soit pour autant invalidée : les lois sont-elles plaisantes à la vue et à l'ouïe ? Les deux tergiversent : non ; peut-être ; laissons leur cas de côté... En réalité, Socrate voit l'approximation et la signale (cela suffit en réalité à l'invalider), mais il s'en accommode, dans la mesure où la définition va *de toute façon* présenter une autre sorte de difficulté, qu'il lui importe de faire ressortir. Ainsi, il n'y a pas encore d'issue hors du jeu des opinions, même raffinées.

SOCRATE

Par le chien, Hippias, il n'échappera sûrement pas à celui devant qui j'aurais le plus honte de dire des sottises, et de feindre de dire quelque chose alors que je ne dis rien [1].

HIPPIAS

Qui est celui-là ?

SOCRATE

Socrate [2], fils de Sophronisque, qui ne me permettra pas plus [**c**] d'énoncer avec légèreté ces affirmations qui n'ont pas été explorées, que de dire, comme si je le savais, ce que je ne sais pas.

HIPPIAS

Eh bien, moi aussi, maintenant que tu t'es exprimé, je suis du même sentiment que toi : en ce qui concerne les lois, le cas est d'une certaine façon différent.

---

1. Le ressort du dialogue tel que le mène Socrate, c'est la mise en évidence de l'inconsistance des pensées de ses interlocuteurs. Il ne peut donc s'accorder à lui-même le privilège d'une parole sans consistance, en connaissance de cause. **2**. On s'attend à ce que Socrate rappelle l'anonyme à notre bon souvenir, et on découvre que c'est à lui-même cette fois qu'il fait référence. Comme s'il n'était pas moins exigeant que l'anonyme lui-même... On doit toutefois noter qu'il insiste, à propos de lui-même considéré comme juge de lui-même, sur le rejet des faux-semblants et des approximations, quand l'anonyme exigeait la mise en évidence d'un savoir réel.

SOCRATE

Garde ton calme, Hippias ; nous risquons en effet de nous être jetés dans la même impasse au sujet du beau que tout à l'heure [1], alors même que nous imaginons avoir trouvé une autre issue.

HIPPIAS

Que veux-tu dire par là, Socrate ?

SOCRATE

Je vais t'exposer ce qui m'apparaît, à supposer que je dise quelque chose [2]. [**d**] Il pourrait peut-être nous sembler que ce qui concerne les lois et les occupations n'est pas sans rapport avec la sensation qui se produit par l'ouïe et la vue ; mais endossons cette proposition, selon laquelle ce qui est plaisant à ces sens est beau, sans mettre au-devant de la scène le cas des lois [3]. Or,

---

1. Cf. 296a, pour la prise de conscience de la difficulté que présente la définition du beau par l'utile, et 297d, pour la définition par l'avantageux. Si le Socrate de l'*Hippias majeur* accepte de tenter des définitions, à la différence de celui des premiers dialogues, il décèle toutefois immédiatement les failles de ses tentatives, tel un joueur d'échecs qui jouerait contre lui-même, anticipant les parades à tous les coups tentés. De façon étonnante, toute la suite de la discussion consiste d'ailleurs à faire admettre à Hippias les termes de la réfutation que Socrate s'oppose immédiatement à lui-même. **2**. C'est-à-dire quelque chose qui vaille. **3**. Il serait possible, quoique délicat, de faire entrer tant bien que mal la beauté des lois dans le cadre de la définition. Mais Socrate ne veut pas s'attarder sur ce qui serait au fond un artifice, d'autant plus que la définition va se révéler aporétique pour une raison fondamentale, qui est longuement examinée dans la suite. Il suggère donc de réserver le cas des lois.

si l'on nous demandait – que ce soit l'homme dont je parle[1], ou quelqu'un d'autre : « Pourquoi donc, Hippias et Socrate, séparez-vous du plaisant ce plaisant dont vous dites qu'il est beau, tandis que celui qui correspond aux autres [**e**] sensations, celles de la nourriture, de la boisson et des relations sexuelles, et toutes les autres choses de ce genre, vous ne dites pas que cela est beau ? Est-ce que vous voulez dire que cela n'est pas plaisant, et qu'il n'y a pas du tout de plaisir dans de pareils cas[2], mais qu'il s'en trouve uniquement dans le cas de la vue et de l'ouïe ? » Que répondrons-nous, Hippias ?

HIPPIAS

Nous répondrons très certainement, Socrate, que dans ces cas-là aussi il y a de très grands plaisirs.

SOCRATE

« Pourquoi alors, dira-t-il, si ce sont des plaisirs[3] qui ne sont pas moins grands que ceux-là, leur retirez-vous ce nom de beau et les privez-vous [**299a**] de la qualité d'être beaux ? » « Parce que, répondrons-nous, il n'est personne qui ne se moquerait de nous, si nous disions qu'il est non pas plaisant de manger, mais que cela est beau, ou qu'une odeur est non pas plaisante,

1. L'anonyme évidemment. **2**. Platon emploie ici des neutres, qui ne renvoient pas directement aux sensations (terme féminin) ; le neutre semble plutôt renvoyer au complexe « objet de la sensation-sensation » (comme la sensation associée à la nourriture, etc.). **3**. Dans tout cet échange fictif entre l'anonyme et Socrate, on note que c'est l'anonyme qui centre ses questions sur le plaisir (*hèdonè*), tandis que Socrate revient toujours dans ses réponses à la notion de « chose plaisante » (*hèdu*).

mais belle ; quant aux relations sexuelles, tout le monde nous attaquerait en faisant remarquer que c'est ce qu'il y a de plus plaisant, mais qu'il faut, lorsqu'on s'emploie à la chose, le faire de telle sorte que personne ne nous voie, car rien n'est plus honteux que d'être vu dans cette situation. » Supposons que nous répondions cela, il répliquerait peut-être : « Je comprends pour ma part que depuis longtemps vous ressentez de la honte à avouer que ces plaisirs sont beaux, parce que ce n'est pas là le sentiment des hommes ; [**b**] mais moi je ne vous demande pas ce qui semble beau à la multitude, mais ce qui est beau » ; nous répondrons alors, je suppose, ce qui faisait l'objet de notre hypothèse, à savoir que nous disons que cette partie du plaisant, qui survient lorsqu'on voit et lorsqu'on entend, est belle. Eh bien, peux-tu faire quelque chose de ce raisonnement, Hippias, ou donnerons-nous encore une autre réponse ?

HIPPIAS

Il est nécessaire, en réponse à ses déclarations, Socrate, de n'avancer rien d'autre que cela même.

SOCRATE

« Ce sont là de belles affirmations que les vôtres, dira-t-il. Donc, puisque [**c**] ce qui est plaisant à la vue et l'ouïe est beau, ce qui ne fait pas partie de ces choses plaisantes-là, clairement, ne saurait être beau ? » Nous accorderons-nous là-dessus ?

HIPPIAS

Oui.

SOCRATE

« Est-ce donc que ce qui est plaisant à la vue, dira-t-il, est plaisant à la vue et à l'ouïe, ou encore que ce qui est plaisant à l'ouïe est plaisant à l'ouïe et à la vue ? » « Pas du tout, dirons-nous, ce qui est plaisant à l'un des deux sens ne l'est pas aux deux à la fois. C'est là ce que tu veux dire, nous semble-t-il ; tandis que nous, nous voulions dire que chacune de ces choses plaisantes, elle-même par elle-même, est belle, ainsi que toutes les deux ensemble. » N'est-ce pas ainsi que nous répondrons ?

HIPPIAS

[**d**] Bien certainement.

SOCRATE

« Est-ce qu'alors, dira-t-il, une chose plaisante quelconque diffère d'une autre chose plaisante quelconque par cette qualité d'être plaisante ? Car il ne s'agit pas de savoir si un plaisir est plus ou moins grand, ou s'il est plus ou moins plaisir, mais si l'un des plaisirs se distingue par le fait même que l'un est un plaisir, et l'autre non. » Bien sûr, ce n'est pas notre avis, n'est-ce pas ?

HIPPIAS

En effet, ce n'est pas là notre avis.

SOCRATE

« Par conséquent, dira-t-il, c'est en raison d'une autre qualité que le fait d'être des plaisirs, que vous avez distingué ces plaisirs des autres plaisirs, [**e**] c'est parce que vous voyez en eux deux une certaine qualité, et parce qu'ils ont quelque chose de différent des autres, vers quoi vous tournez vos regards, et qui vous amène à les dire beaux [1]. Ce n'est donc pas, je suppose, à cause du fait qu'il a lieu par la vue qu'est beau le plaisir de la vue ; car si c'était pour lui la cause du fait d'être beau, l'autre ne serait pas beau, je veux dire le plaisir de l'ouïe ; ce n'est donc pas en raison de la vue qu'il est plaisir [2]. » Lui répondrons-nous : « Tu dis vrai ? »

HIPPIAS

Oui, nous le lui répondrons.

SOCRATE

[**300a**] « Et d'un autre côté, le plaisir de l'ouïe, ce n'est pas parce qu'il a lieu par l'ouïe, qu'il se trouve être beau. Car à l'inverse, le plaisir de la vue n'aurait jamais été beau. Ce n'est donc pas en raison de l'ouïe qu'il est plaisir [3]. » Dirons-nous que l'homme qui s'exprime ainsi énonce la vérité ?

HIPPIAS

La vérité, oui.

---

1. « Plaisir » détermine génériquement les plaisirs de la vue et de l'ouïe ; mais s'ils sont beaux, c'est pour autre chose que le fait d'être des plaisirs. C'est une certaine *autre* qualité qui les rend beaux. **2**. Il n'est pas question non plus d'être trop restrictif : le plaisir de la vue n'est pas beau en tant que plaisir de la vue, puisque le plaisir de l'ouïe a aussi cette qualité. La qualité « beau » est donc, pour ce qui est de son extension, à mi-chemin entre le plaisir tout court, et le plaisir de la vue ou de l'ouïe. **3**. Cette analyse est l'exact pendant de celle qui vient d'être appliquée au plaisir de la vue.

SOCRATE

« Toutefois, ces deux plaisirs ensemble sont beaux, selon vos dires. » L'affirmons-nous ?

HIPPIAS

Nous l'affirmons.

SOCRATE

« Ils possèdent donc tous deux le même trait, qui les rend beaux, ce trait commun[1], qui est associé à tous deux, en commun [**b**] et à chacun en propre ; autrement en effet, les deux ne seraient pas beaux pris ensemble et séparément[2]. » Réponds-moi comme si j'étais lui.

HIPPIAS

Je réponds, et il me semble qu'il en est comme tu dis.

SOCRATE

Si donc ces plaisirs, pris ensemble, possèdent un caractère, mais pas pris séparément, ce n'est pas par ce caractère[3] qu'ils sont beaux[4].

---

1. *To koinon touto.* C'est le point : « beau » est une qualité *distinctive* des deux plaisirs, et *commune* aux deux. **2**. Même si Socrate ne marque pas ici qu'il rapporte les propos de l'anonyme, la manière dont il sollicite aussitôt après Hippias montre qu'il feint encore de le faire parler. Ensuite, en revanche, c'est lui qui endosse le questionnement. **3**. *Pathèma.* **4**. Socrate introduit ici l'objection que ne va pas comprendre immédiatement Hippias : si « beau » vaut pour tous les deux, il ne vaut pas pour un seul, ce qui a été souligné. « Beau » est analogue à une certaine propriété numérique, comme on va le voir.

HIPPIAS

Et comment pourrait-il se faire, Socrate, que si aucun des deux ne possède un caractère réel, quel qu'il soit, ensuite ce caractère-là [1], qu'aucun des deux ne possédait, les deux ensemble le possèdent ?

SOCRATE

[**c**] Tu ne crois pas que ce soit possible ?

HIPPIAS

Il faudrait que j'aie une bien piètre expérience, et de la nature de ces choses, et de la manière d'énoncer les propositions en question [2].

SOCRATE

C'est plaisamment formulé, Hippias. Alors, en ce qui me concerne, il se peut que j'aie l'illusion d'apercevoir quelque chose de cette sorte que tu dis, toi, impossible, alors qu'en réalité je ne vois rien.

HIPPIAS

Non, Socrate, ce n'est pas qu'« il se peut », mais il est tout à fait assuré que tu vois de travers !

SOCRATE

Pourtant, beaucoup d'idées de ce genre se présentent à mon âme, mais je m'en défie, parce qu'elles ne se forment pas en toi, [**d**] l'homme qui, parmi les contem-

---

1. *Pathos*. **2**. *Tès tôn parontôn lexeôs logôn*. C'est de sa compétence en matière lexicale qu'Hippias est amené ici à se prévaloir. Dans le contexte, Platon va ainsi pouvoir montrer que la compétence lexicale affichée n'implique pas nécessairement une compétence conceptuelle et analytique de même niveau.

porains, s'est le plus enrichi par son savoir, mais en moi, qui n'ai jamais rien gagné. Et j'en viens à me demander, compagnon, si tu ne te joues pas de moi et si tu n'es pas en train sciemment de me tromper ; ces idées se présentent à moi si fortes et si nombreuses !

HIPPIAS

Personne mieux que toi ne saura si je joue ou non : essaie de m'expliquer quelles sont ces idées qui se présentent à toi, et tu vas t'apercevoir que tu ne dis rien. Car il n'est pas possible que tu trouves jamais un caractère que ni toi ni moi ne manifestons, mais que nous manifesterions tous les deux ensemble [1].

SOCRATE

[**e**] Que veux-tu dire, Hippias ? Peut-être exprimes-tu là quelque chose, mais moi je ne le comprends pas. Car il me semble, à moi, que ce que je n'ai pas manifesté, et que je n'ai pas, ni toi non plus, cela, il est possible que nous le manifestions tous les deux ensemble ; et qu'inversement, des caractères que nous avons manifestés tous les deux, ceux-là, aucun de nous deux ne les possède.

HIPPIAS

Voilà qu'à nouveau dans ta réponse tu ressembles à un diseur de prodiges, Socrate, et plus encore dans celle-ci que dans celle que tu m'as faite précédemment. Examine

---

1. Le continuisme physique d'Hippias transparaît ici nettement. Sa vision du monde est celle d'une totalité fluide, unifiée de part en part, de telle sorte que les propriétés du tout doivent se retrouver dans les parties, et *vice versa*.

donc : est-ce que, si nous sommes justes tous les deux, chacun de nous deux ne le sera pas, ou si chacun de nous deux est injuste, nous ne le serons pas tous les deux, ou si nous sommes en bonne santé, [**301a**] chacun de nous deux ne le sera pas ? Ou encore, si chacun de nous deux était souffrant, ou blessé, ou s'il recevait un coup, ou s'il subissait quoi que ce soit d'autre, est-ce que tous deux aussi nous ne subirions pas cela ? Et encore : s'il se trouvait que nous soyons faits d'or, d'argent ou d'ivoire, et si tu veux, nobles, savants, honorés, vieux, ou jeunes, ou quoi que ce soit d'autre qui peut échoir aux hommes, est-ce qu'il n'y aurait pas une grande nécessité que chacun de nous deux aussi soit cela [1] ?

SOCRATE

[**b**] Oui, bien certainement.

HIPPIAS

Mais c'est que toi, Socrate, tu n'examines pas les choses dans leur totalité, et pas davantage ceux avec lesquels tu as coutume de dialoguer ; au contraire, vous séparez et entrechoquez le beau et chacun des êtres que vos discours décortiquent [2]. C'est pour cela que vous échappent les corps si grands et naturellement continus qui constituent la réalité [3]. Et à présent, cela

1. Hippias retrouve ici de sa superbe, occupant l'espace que lui dégage malignement Socrate avant de faire tomber le couperet des propriétés numériques. **2**. S'enhardissant à nouveau, Hippias semble estimer qu'il a repris l'avantage, et entreprend donc de faire la leçon à Socrate. Nous atteignons ici le *climax* du dialogue : Hippias croit avoir triomphé de son interlocuteur, quand en réalité il est déjà défait, sans le savoir encore. **3**. *Megala [...] kai dianekè sômata tès ousias*. Le caractère naturaliste de la position d'Hippias

t'échappe tellement que tu crois qu'il existe quelque chose, caractère ou réalité[1], qui est simultanément attaché à deux choses, [**c**] sans l'être à chacun des deux, ou au contraire qui s'attache à chacun des deux, mais pas aux deux ; c'est dire à quel point il vous manque de raisonnement, de sens de l'observation, à quel point vous faites montre de niaiserie, à quel point l'intelligence vous fait défaut[2] !

SOCRATE

Ainsi vont les choses pour nous[3], Hippias, elles ne sont pas telles qu'on veut qu'elles soient, comme le dit couramment le proverbe, mais telles qu'elles peuvent être. Mais toi, tu nous es bien utile en nous adressant de constantes admonestations ; d'ailleurs, à présent, avant que tu ne m'admonestes sur cette question,

---

se manifeste ici. On note également dans cette expression l'emploi du terme *ousia ;* cf., à ce propos, *supra*, p. 167-169.

1. *Pathos è ousian*. La redondance stylistique, soulignée par Woodruff, 1982, p. 86, signifie avant tout qu'Hippias accepte de reprendre le vocabulaire suggéré par Socrate (*pathèma,* auquel il a fait écho en parlant de *pathos*, cf. 300b et suiv.), tout en introduisant un terme – *ousia* – qu'il présente comme équivalent, mais en réalité qu'il préfère, comme il est clairement apparu immédiatement avant. Il n'y a évidemment, dans l'usage de ce couple, rien qui impose d'admettre une influence aristotélicienne, comme l'ont avancé certains partisans de l'inauthenticité (cf. encore Woodruff, *ibid.*). On retrouve ce couple, placé dans la bouche de Socrate, dans l'*Euthyphron*, 11a7, et Socrate déplore alors que son interlocuteur ne lui ait livré qu'un *pathos* et non l'*ousia* du pieux.

2. Hippias semble prendre maintenant avec une certaine hargne sa revanche sur Socrate.

3. Socrate admet, comme l'a suggéré Hippias, qu'il parle au nom d'un groupe. Ce « nous », qui fait école, revient bien plus évidemment à Platon qu'à Socrate.

est-ce que je peux encore mieux te montrer à quel point nous sommes sots, en t'expliquant ce que nous pensons [**d**] à ce propos, ou bien est-ce que je m'en abstiendrai ?

HIPPIAS

C'est à quelqu'un qui en a déjà connaissance que tu vas l'expliquer, Socrate. Car je connais quelles sont les dispositions individuelles de ceux qui s'appliquent aux raisonnements [1]. Toutefois, si cela te fait plaisir, parle.

SOCRATE

Oh oui, cela me fait plaisir. Car nous, excellent homme, nous étions tellement stupides, avant que tu ne nous fasses ces remarques, que notre opinion était, à propos de toi et moi, que chacun de nous deux est un, c'est-à-dire que ce qu'est chacun de nous deux, nous ne le sommes pas tous les deux ; en effet, nous, nous ne sommes pas un, mais deux. Notre sottise était si grande ! Mais maintenant [**e**] tu nous as fait comprendre que si nous sommes deux tous les deux, il est nécessaire que chacun de nous deux également soit deux, tandis que si chacun de nous deux est un, il est nécessaire que tous deux nous soyons un ; car il n'est pas possible, selon le discours continu de la réalité

1. Hippias prétend par son savoir pouvoir prendre la mesure de chacun de ses interlocuteurs, identifiant le type de discours qui est le sien, le type d'argument qu'il est en mesure de développer. C'est en somme le bénéfice de la maîtrise rhétorique que de pouvoir bien parler, et d'identifier le type de discours et d'argument de l'autre. Le verbe *diakeintai*, employé ici, fait écho au participe *diakeimenos*, qui qualifiait le beau *logos* troyen évoqué par Hippias dans la première partie du dialogue (286a). Le terme a une valeur technique ; il renvoie à la capacité d'agencer mots et arguments.

d'Hippias [1], qu'il en aille autrement, mais ce que les deux sont, cela, chacun des deux l'est aussi, et ce qu'est chacun des deux, les deux le sont. À présent, tu m'as convaincu, et je n'ai plus qu'à me poser sur un siège ici [2]. Mais avant cela, Hippias, aide-moi à me souvenir : est-ce que toi et moi, nous sommes un, ou est-ce que toi, tu es deux, et moi, deux ?

HIPPIAS

Que dis-tu là, Socrate [3] ?

SOCRATE

Exactement ce que je dis ; en réalité, j'ai peur que tu ne me dises clairement [**302a**] que tu es fâché contre moi, étant donné que tu as la conviction d'avoir énoncé quelque chose d'important ; néanmoins, dis-moi encore : est-ce que chacun de nous deux n'est pas un, et est-ce qu'il n'a pas ce caractère, d'être un ?

HIPPIAS

Oui, bien sûr.

SOCRATE

Donc, s'il est un, chacun de nous deux sera égale-

---

1. Socrate fait glisser le prédicat de continuité, des corps (301b6) au discours. Cela résulte moins d'une imprécision que de la conviction que le discours manifeste les qualités mêmes de la réalité, et plus précisément de la réalité telle qu'on se la représente. **2**. Le caractère théâtral du dialogue ressort bien ici. La mise en scène montrerait Socrate se dirigeant vers un siège, puis tout à coup se redressant, et, tout en se rapprochant d'Hippias, reprenant la parole. **3**. Hippias n'a, hélas pour lui ! que trop bien compris dès maintenant...

ment impair ; à moins que tu ne sois pas d'avis que l'un soit impair ?

HIPPIAS

Mais si, c'est mon avis !

SOCRATE

Et est-ce que tous deux nous sommes impairs, du fait que nous sommes deux ?

HIPPIAS

Cela ne saurait être, Socrate.

SOCRATE

C'est donc pairs que nous sommes tous deux, oui ou non ?

HIPPIAS

Oui, bien sûr.

SOCRATE

Est-ce qu'alors, parce que tous deux nous sommes pairs, pour cette raison chacun de nous deux aussi [**b**] est pair ?

HIPPIAS

Certes non !

SOCRATE

Il n'est donc pas absolument nécessaire, comme tu le soutenais il y a un instant, que ce que nous sommes tous deux, cela, chacun de nous deux le soit aussi, et que ce que chacun de nous deux est, nous le soyons aussi tous les deux.

HIPPIAS

Ce n'est pas nécessaire dans de tels cas, mais ça l'est dans ceux que moi, je mentionnais précédemment [1].

SOCRATE

Cela suffit, Hippias ; nous pouvons bien nous satisfaire de ces cas, puisque certains se présentent ainsi, et d'autres non. De fait, je disais pour ma part, si tu te rappelles quel a été le point de départ de notre raisonnement, que le plaisir qui se produit par l'intermédiaire de la vue et celui qui se produit par l'intermédiaire de l'ouïe [2] ne sont pas beaux par un caractère [**c**] dont chacun d'eux, mais pas les deux ensemble, se trouve affecté, ou dont les deux ensemble sont affectés, mais pas chacun des deux, mais ils sont beaux par ce caractère qui les affecte tous les deux et chacun des deux : pour cette raison, tu accordais que tous deux sont beaux ainsi que chacun des deux. Précisément pour cette raison, je pensais que c'est par une essence [3] qui les

---

1. Comment sauver la face ? De l'impossibilité qu'une propriété commune à deux individus n'appartienne pas à chacun des deux, Hippias passe à l'affirmation que certaines du moins sont dans ce cas. **2**. Littéralement « le plaisir qui se produit par l'intermédiaire de la vue et de l'ouïe », mais Platon accorde ce plaisir singulier avec un verbe au pluriel, d'où la nécessité de cet aménagement de la traduction. L'important est en tout cas de relever que Platon joue ici sur l'ambiguïté de ce plaisir simple et double à la fois, comme la suite va le confirmer. **3**. *Ousia*. C'est le terme même qu'a utilisé pour sa part Hippias (cf. *supra* 301b, et n. 3, p. 300 et 1,

accompagne tous deux, puisque tous deux sont beaux, que c'est par cette essence qu'il fallait qu'ils fussent beaux, et non pas par celle qui ferait défaut à l'un des deux. Et je le pense encore à présent. Mais dis-moi, en faisant comme si nous étions au commencement [1] : le plaisir qui se produit par l'intermédiaire de la vue et le plaisir qui se produit par l'intermédiaire de l'ouïe, puisque [**d**] tous deux sont beaux ainsi que chacun des deux, ne sont-ils pas rendus beaux par ce qui les accompagne tous deux et chacun des deux ?

HIPPIAS

Si, bien sûr.

SOCRATE

Est-ce donc parce que tous deux et chacun d'eux sont un plaisir, est-ce pour cette raison qu'ils sont beaux ? Ou bien, si c'était pour cela, est-ce que tous les autres plaisirs ne seraient pas moins beaux qu'eux ? Car il ne nous est nullement apparu qu'ils étaient moins des plaisirs, si tu t'en souviens [2].

---

p. 301), mais pris dans un tout autre sens. Quand il y a une *ousia* continue pour Hippias, il faut considérer qu'il y a des *ousiai* distinctes et multiples pour Platon ; ainsi, parmi d'autres, l'épineuse *ousia* du beau. Il est toutefois remarquable que Socrate ne parle d'*ousia* qu'à cet endroit, ayant plutôt désigné le beau, au point de départ de cette définition, par un neutre, puis par la notion de *pathèma* (300a-b). Cf. à ce propos *infra*, n. 1, p. 307.

1. Socrate va maintenant récapituler une à une les propositions qui ont fait auparavant l'objet d'un accord, et ajouter celle qui désormais va s'imposer de façon incontournable. **2**. Cf. *supra*, 298d-e.

HIPPIAS

Je m'en souviens.

SOCRATE

Mais c'est parce que ces plaisirs se produisent par l'intermédiaire de la vue et de l'ouïe, [**e**] que pour cette raison on a dit qu'ils étaient beaux.

HIPPIAS

C'est en effet ce que l'on a dit.

SOCRATE

Examine alors si je dis vrai. On a dit en effet, pour autant que je m'en souvienne, que ce qui est beau c'est le plaisant, pris non pas dans sa totalité, mais celui qui advient par l'intermédiaire de la vue et de l'ouïe [1].

HIPPIAS

C'est vrai.

SOCRATE

Donc, ce caractère-là [2] les accompagne si on les prend tous les deux, mais il n'accompagne pas l'un des deux ?

---

1. Cf. *supra*, 299a-b. **2**. *Touto to pathos*. Woodruff (p. 86) me semble se tromper, lorsqu'il estime qu'ici Socrate en rabat dans ses prétentions, n'ayant trouvé qu'un *pathos* au lieu d'une *ousia*. En fait, Socrate a d'emblée qualifié le beau qu'il essaie ici de définir d'abord de façon neutre (300a), puis comme un *pathèma* (300b). Comme je l'ai signalé, le terme d'*ousia* a été introduit *par Hippias* (301b), puis repris dans un autre sens par Socrate (302c). Si étonnant que cela puisse paraître, le terme-pivot pour Socrate est donc davantage *pathèma-pathos* qu'*ousia*. Affirmer le contraire revient à entreprendre une reconstruction doctrinale qui ne tient pas compte de ce que Platon fait expressément dire à Socrate ici.

Car chacun d'eux, je pense, selon ce que nous avons dit auparavant, n'est pas beau grâce à l'ensemble des deux, mais ce sont les deux qui sont beaux grâce aux deux, et non pas l'un des deux ; n'est-ce pas [1] ?

HIPPIAS

C'est cela.

SOCRATE

Donc, chacun d'eux n'est pas beau par ce qui n'accompagne pas chacun des deux ; car être l'ensemble des deux n'accompagne pas chacun des deux ; si bien qu'il est permis de dire, selon notre hypothèse, que les deux ensemble sont beaux, [**303a**] mais il n'est pas permis de dire que chacun des deux est beau. Autrement, comment s'exprimer ? N'est-ce pas nécessaire ?

HIPPIAS

Il semble.

SOCRATE

Dirons-nous alors que les deux sont beaux, et nous interdirons-nous de dire que chacun des deux est beau [2] ?

HIPPIAS

Qu'est-ce qui nous en empêche ?

---

1. Le raisonnement est aisé à suivre, si l'on se souvient qu'il est calqué strictement sur le cas des propriétés numériques. **2**. Ce paradoxe résulte de l'assimilation du beau à une propriété numérique. Cette assimilation est donc une erreur ; le reconnaître va entraîner la perte de la définition.

SOCRATE

Ceci me semble nous en empêcher, mon ami : nous l'avons vu, dans tous les cas que tu as exposés, les caractères qui surviennent ainsi en chaque chose, s'ils surviennent dans un ensemble de deux, surviennent aussi en chacun des deux, et s'ils surviennent en chacun des deux, ils surviennent aussi dans les deux ensemble ; n'est-ce pas[1] ?

HIPPIAS

Oui.

SOCRATE

Mais pour ceux que de mon côté j'ai exposés, non ; et parmi ces exemples, il y avait le chacun des deux lui-même, ainsi que les deux ensemble. C'est bien cela ?

HIPPIAS

C'est bien cela.

SOCRATE

[**b**] De laquelle des deux séries le beau te semble-t-il relever, Hippias ? De celle dont tu parlais : si je suis fort et toi aussi, nous le sommes aussi tous les deux, et si je suis juste et toi aussi, nous le sommes aussi tous les deux, et si nous le sommes tous les deux, nous le sommes aussi chacun de nous deux ; de même aussi, si je suis beau et toi aussi, nous le sommes aussi tous les deux, et si nous le sommes tous les deux, nous le sommes aussi chacun de nous deux ? Ou alors rien n'empêche qu'il soit pareil à des réalités qui, toutes

1. Les exemples d'Hippias retrouvent une pertinence... pour réfuter la définition, et retomber dans l'aporie !

les deux ensemble, sont paires, tandis que chacune des deux est soit paire, soit impaire, et encore, à des réalités qui sont, chacune prise à part, irrationnelles, tandis que leur ensemble peut être soit rationnel, soit [**c**] irrationnel [1], et ainsi pour des milliers d'autres exemples qui, je le disais, se présentaient à moi ? Dans laquelle des deux séries places-tu le beau ? Est-ce que la solution à son propos t'apparaît comme elle m'apparaît ? Car il me semble, à moi, qu'il est d'une parfaite absurdité que nous soyons beaux tous les deux, mais chacun de nous, non, ou que chacun de nous soit beau, mais tous deux, non, et toute autre affirmation de ce genre. Choisis-tu la même position que moi, ou l'autre ?

---

1. Ce nouvel exemple mobilise-t-il encore l'arithmétique, ou la géométrie ? Le cas qu'envisage Socrate n'est pas facile à identifier. Étant donné que Platon ne connaissait que des nombres irrationnels, tels que des racines carrées de nombres non carrés, le raisonnement à première vue ne semble pas tenir, puisque la somme de ces nombres irrationnels est elle-même irrationnelle. Quoi qu'il en soit, on note que le cas est inverse du précédent : au lieu de deux unités, différentes ou non, produisant un résultat identique (le pair), on envisage cette fois deux unités semblables (irrationnelles) produisant un résultat différent. La solution géométrique de Heath, 1921, p. 304, est assez vraisemblable : une ligne droite rationnelle peut être partagée en deux segments irrationnels, et une ligne droite irrationnelle *a fortiori*. Toutefois, si « pris ensemble » pouvait être compris au sens de multiplié, il serait aisé d'interpréter les cas de figure envisagés : le produit de deux racines carrées donne un entier, tandis que le produit de la diagonale du carré, irrationnelle, ne sera pas davantage rationnel. En tout cas, l'important est avant tout de voir que deux irrationnels pris ensemble (segments de droite réunis, ou racines carrées élevées au carré) peuvent donner un résultat rationnel. Cf. encore, pour une autre solution, De Strycker, 1937.

HIPPIAS

Oui, la même, Socrate.

SOCRATE

Tu fais bien, Hippias, si nous voulons échapper [**d**] à une plus longue recherche. Car si le beau appartient à cette série, ce n'est plus ce qui est plaisant par l'intermédiaire de la vue et de l'ouïe qui est beau. Car ce qui est plaisant par l'intermédiaire de la vue et de l'ouïe les rend beaux tous deux, mais pas chacun pris séparément ; or cela est impossible, comme toi et moi en sommes convenus, Hippias [1].

HIPPIAS

Nous en sommes convenus, en effet.

SOCRATE

Il est donc impossible que ce qui est plaisant par l'intermédiaire de la vue et de l'ouïe soit beau, puisqu'en devenant beau il conduit à quelque chose d'impossible.

HIPPIAS

C'est bien cela.

SOCRATE

« Reprenez à nouveau depuis le début, nous dira-t-il [2], puisque [**e**] vous vous êtes trompés ; quel est ce beau, dites-vous, qui se trouve dans les deux plaisirs,

---

1. Ainsi s'achève la réfutation de la septième définition. **2**. On voit resurgir une dernière fois l'anonyme, qui n'a décidément plus, désormais, à être introduit.

et grâce auquel vous les honorez plus que les autres, et les appelez beaux ? » Il me semble évidemment nécessaire, Hippias, de répondre que ce sont les plus innocents et les meilleurs des plaisirs, les deux ensemble et chacun pris séparément ; as-tu autre chose à dire, pour expliquer qu'ils se distinguent des autres ?

HIPPIAS

Pas du tout ; car ce sont réellement les meilleurs des plaisirs.

SOCRATE

« C'est donc cela, dira-t-il, que vous affirmez être le beau : un plaisir avantageux [1] ? » « C'est ce qui nous apparaît », répondrai-je pour ma part ; et toi ?

HIPPIAS

Moi aussi.

SOCRATE

« Ainsi donc, dira-t-il, ce qui produit le bien est avantageux, et, comme il nous est apparu auparavant, ce qui produit et ce qui est produit sont différents, et votre raisonnement nous ramène au raisonnement précédent ? En effet, le bien [**304a**] ne sera pas beau ni le beau, bon puisque chacun des deux est distinct de l'autre. » « Oui, on ne peut plus distincts », voilà ce que nous répondrons, Hippias, si nous avons notre

---

1. Voilà qui constitue, esquissée par l'anonyme lui-même, l'ébauche d'une huitième définition, aussitôt rejetée, puisqu'elle tombe sous le coup de la réfutation de la sixième définition.

raison ; car il n'est pas permis, à mon sens, de ne pas donner son accord à quelqu'un qui parle juste.

HIPPIAS

Mais voyons, Socrate, que sont toutes ces choses, selon toi ? Ce sont des raclures, des épluchures de discours, découpées par le menu, comme je le disais tout à l'heure [1]. Mais voilà ce qui est beau et qui mérite une haute estime : c'est d'être capable de disposer, de bonne et belle manière, un discours, que ce soit au tribunal, à l'Assemblée, ou devant toute [**b**] autre autorité à laquelle le discours s'adresse, et, après s'être montré persuasif, de s'en aller en emportant non pas les plus petites, mais les plus grandes des récompenses [2], le salut pour soi, pour ses biens et pour ses proches. Voilà bien à quels objectifs il faut s'attacher, en envoyant promener ces mini-discours, si tu ne veux pas donner l'impression d'un fou complet, comme c'est le cas actuellement, à te passionner pour les radotages et les niaiseries [3].

---

1. Cf. 301b. Hippias s'exprime ici à la fois avec mépris et dépit. Ridiculisé par Socrate, il ravale au rang d'ordures les arguments que ce dernier lui a opposés, et c'est à son tour de s'exprimer avec la vulgarité qu'il déplorait de la part de l'anonyme (cf. 288d). Sous une forme à peine plus civile, c'est une violence à peu près aussi grande que celle de Calliclès dans le *Gorgias*, qui s'exprime ici. **2**. L'on trouve là un ultime exemple des redondances creuses de la rhétorique d'Hippias, qui est en même temps supposée enfoncer le clou de la critique adressée à Socrate : c'est la grandeur que l'on doit viser, et non pas le petit, le minuscule. **3**. Là encore, on songe aux reproches adressés à Socrate par Calliclès, pour qui se consacrer à la philosophie à l'âge adulte relève de la niaiserie (cf. *Gorgias*, 486c).

SOCRATE

Cher Hippias, toi, tu es un bienheureux, de savoir quelles doivent être les occupations d'un homme, et de t'y être employé avec succès, comme [**c**] tu le dis ; mais moi, semble-t-il, un sort démonique[1] me possède, sans arrêt j'erre et je bute sur des impasses, et quand je vous fais la démonstration, à vous les savants, de ces impasses qui sont les miennes, je suis alors couvert de vos insultes, sitôt finie cette démonstration. Vous me dites en effet, comme c'est ton cas à présent, que je m'occupe de choses sottes, minuscules, sans valeur. Mais en revanche, lorsque, convaincu par vous, je me mets à parler comme vous, en disant que le plus fort de tout, c'est d'être capable de parfaire un discours, composé de bonne et belle manière, que ce soit au tribunal, ou devant [**d**] toute autre assemblée, certains de ceux qui m'entourent[2], et en particulier cet homme qui ne cesse de me mettre à l'épreuve, ne m'épargnent aucune critique. D'ailleurs, il se trouve être le plus proche membre de ma famille, et il vit dans la même maison que moi[3]. Ainsi, quand je rentre à la maison, chez moi, et qu'il

---

1. C'est l'unique allusion du dialogue au signe démonique qui se manifeste régulièrement à Socrate, et l'oriente dans sa vie. D'ordinaire, la manifestation du signe, telle que l'évoque Platon, est négative, poussant Socrate à se détourner de faire telle ou telle chose de positif ici, le démonique semble recéler quelque chose de positif en orientant Socrate vers le questionnement perpétuel. **2**. De qui s'agit-il ? La formule est vague (litt. « certains de ceux qui sont ici »), et peut renvoyer soit à la réunion autour des deux hommes, soit plus largement aux personnes qu'a l'habitude de côtoyer Socrate. Cette mention incidente peut en tout cas suggérer la présence de proches de Socrate dans l'assistance. **3**. Socrate n'en dira pas davantage, et n'ira pas plus loin dans l'identification

m'entend tenir ces propos, il me demande si je n'ai pas honte d'oser m'entretenir au sujet des belles occupations, alors que je suis si manifestement réfuté à propos du beau que je ne sais pas ce que peut bien être le beau même. « Eh quoi, comment sauras-tu, dit-il, [**e**] qui a réalisé, de belle façon ou non, soit un discours, soit n'importe quelle autre action, si tu ignores ce qu'est le beau [1] ? Et quand tu te trouves dans une telle situation, crois-tu qu'il soit préférable de vivre plutôt que de mourir [2] ? » Il m'est donc arrivé, comme je te le dis, de recevoir d'une part vos

---

de ce personnage anonyme, dont on ne peut plus guère douter toutefois qu'il soit le dédoublement comique et tyrannique de Socrate lui-même.

1. La question préfigure le paradoxe de Ménon dans le *Ménon* (comment peut-on chercher ce qu'on ne connaît pas ?), en pointant le paradoxe d'énoncés propositionnels incapables d'être justifiés : comment peut-on prétendre juger des choses belles, si l'on ne connaît pas le beau, c'est-à-dire si l'on ne peut pas le définir ? Cette remarque aporétique renvoie ainsi au principe de la priorité de la définition, qui apparaît comme une marque des dialogues de transition (ainsi, dans le *Lysis,* 223b, la remarque conclusive : comment prétendre être ami si l'on ne sait pas définir l'amitié ?), et qui montre à l'œuvre la réinterprétation fortement épistémologique de l'*elenchos* socratique par Platon. Par là, se trouve légitimé le prolongement essentialiste du questionnement socratique, contre le nominalisme antisthénien (cf. à ce propos, Introduction, p. 161-165). **2**. Cette réflexion, choquante par sa radicalité pour nos consciences modernes, s'apparente à d'autres tout à fait comparables qui parsèment le corpus platonicien. Elles convergent toutes vers cette idée que l'important pour un homme n'est pas de vivre à tout prix, mais de bien vivre. Dans la perspective de l'inscience socratique, cela se dit dans les termes de la fameuse formule de l'*Apologie* : « Une vie sans examen ne vaut pas d'être vécue » (*Apologie de Socrate*, 38a).

critiques et vos injures, et d'autre part ses critiques à lui ; mais peut-être était-il nécessaire d'endurer tout cela ; car il n'y aurait rien d'étonnant à ce que j'y trouve un avantage. Je crois donc réellement pour ma part, Hippias, avoir retiré un avantage de mon entretien avec vous deux : car ce que peut bien vouloir dire le proverbe : « Difficiles sont les belles choses »[1], je crois le savoir.

1. Le mot viendrait de Solon. Platon emploie cette même formule dans le *Cratyle* (384b) et la *République* (435c ; 497d).

Index sélectif des noms propres et des notions correspondant au Préambule et aux deux Introductions

Table

Achevé d'imprimer en avril 2011 en Espagne par
Black Print CPI Iberica, S.L.
Sant Andreu de la Barca (08740)
Dépôt légal 1re publication : septembre 2004
Édition 02 – avril 2011
Librairie Générale Française – 31, rue de Fleurus – 75278 Paris Cedex 06

30/0126/0